国家社科基金（15BMZ094）和山西省哲学社会科学规划课题（2020ZD014）
联合资助

易地搬迁与生计重建

——21 世纪的黄土高原生态移民户

郃秀军　鲁建杰　著

中国财经出版传媒集团
中国财政经济出版社

图书在版编目（CIP）数据

易地搬迁与生计重建：21世纪的黄土高原生态移民户／郃秀军，鲁建杰著．--北京：中国财政经济出版社，2020.12

ISBN 978-7-5223-0185-3

Ⅰ.①易… Ⅱ.①郃… ②鲁… Ⅲ.①黄土高原－移民－研究 Ⅳ.①D632.4

中国版本图书馆CIP数据核字（2020）第233869号

责任编辑：段　钢　　　　责任印制：史大鹏

封面设计：卜建辰　　　　责任校对：胡永立

中国财政经济出版社 出版

URL：http：//www.cfeph.cn

E-mail：cfeph@cfeph.cn

社址：北京市海淀区阜成路甲28号　邮政编码：100142

营销中心电话：010-88191522

天猫网店：中国财政经济出版社旗舰店

网址：https：//zgczjjcbs.tmall.com

北京财经印刷厂印刷　　各地新华书店经销

成品尺寸：170mm×240mm　16开　20.5印张　369 000字

2020年12月第1版　2020年12月北京第1次印刷

定价：88.00元

ISBN 978-7-5223-0185-3

（图书出现印装问题，本社负责调换，电话：010-88190548）

本社质量投诉电话：010-88190744

序　言

从 20 世纪 80 年代初开始，我国政府陆续在宁夏、内蒙古、陕西、山西等省（自治区）实施了一系列生态移民工程，试图实现扶贫和生态保护“一石两鸟”的双赢目标。工程的成功实施对解决自然条件恶劣地区、生态脆弱地区等“一方水土养不起一方人”地区的贫困问题起到了十分重要的作用。然而，由于我国幅员辽阔，生态移民类型众多，加之移民所处时代、经济发展水平、民族传统习俗、宗教信仰等诸多因素相互影响，我国的生态移民尤其是西部地区的生态移民成为一个复杂的问题。很长一段时间以来，国外学者和部分国内学者对我国的生态移民政策基本持否定的态度，他们认为，我国西部地区实行的生态移民，其主体多为少数民族，很容易累积民族问题和社会冲突，需要谨慎而行，不可单纯从经济角度考虑推行大规模的生态移民搬迁。

然而，经过近 40 年持续不懈的努力，我国大多数地区的生态移民取得了较明显的成功，不但解决了一大批“一方水土养不起一方人”地区的深度贫困问题，生态移民迁出地的生态问题也得到了不同程度的缓解，总结生态移民工程 40 年的经验和教训，对于我国生态移民工程下一步的工作将有着十分重要的意义。

笔者接触到生态移民这个课题是在 2013 年，当时，在一个偶然的机会遇到了我校地理学院特聘教授、澳大利亚墨尔本大学教授王耀麟老师，他当时主持国家社会科学基金资助课题“贫困地区大规模生态移民可持续发展研究”，并对山西省和陕西省 6 个国家贫困县生态移民进行了实地调研。加入他的团队并做了一段时间的课题研究后，我逐渐被“黄土高原生态移民生计重建”这个既有现实背景又有理论内涵的主题所吸引。2014 年 10 月，笔者成功申请到学校资助的出国留学指标，远赴澳大利亚墨尔本大学地理学院访学，在王耀麟老师指导下进一步研究国内外文献中有关黄土高原生态移民方面的论文，2015 年 6 月，笔者依据当时对黄土高原生态移民生计重建的理解申请到了当年的国家社会科学基金资助项目“基于民族视角的黄土高原生态移民生计研究”，2015

年10月回国后，在山西管理职业学院鲁建杰老师的帮助下，先后带领我的研究生和西安交通大学公共政策与管理学院几个研究生赴宁夏中卫、吴忠和内蒙古自治区的巴彦淖尔和鄂尔多斯等地进行了调研。在课题研究中，10多名研究生参与其中，五年的时间在无休止的讨论、争辩、思考中度过，似乎将自己的生活融入了那些背井离乡的生态移民中了。

相比国内其他著作，本书有三个特色：

第一，始终在移民研究中考虑移民民族特征的视角特色。黄土高原上较大规模的生态移民主要集中在以回族移民为主的宁夏回族自治区、甘肃省，和蒙古族为主的内蒙古自治区西部地区。因此，如果不考虑移民的民族特征所产生的经济、文化等影响，对移民生计重建的研究就不全面。本书的研究充分考虑了移民的民族特征产生的影响，先后组织了在中卫和吴忠两市的宁夏调查和在鄂尔多斯和巴彦淖尔两市的内蒙古调查，获得了大量少数民族移民在搬迁和生计重建中信息数据，并在分析中始终体现了民族特征，是本书的一个主要特色。

第二，始终以移民户家庭为主要分析单元的研究特色。我们的研究始终以移民家庭为分析单位，从搬迁和生计重建两个纵向时间维度，从经济重建、文化重建、社区重建三个横向维度，较全面较深入地回答了移民家庭生计重建中的影响因素、困难、机制及可能的解决路径等。

第三，坚持从现状分析中发现问题、理论分析中寻找思路、统计计量实证检验相结合的方法特色。坚持从现状分析中发现问题，使用理论分析在概念层面上深入分析问题，使用多种统计方法严格检验理论假设，避免了统计上的误读，在政策层面讨论可能的解决方案，尽可能地实现结论适用性和政策可行性的统一。

可以说本书是我们团队共同努力的结果，特别要感谢畅冬妮、昝欣、马凯、杨慧珍、闫鹏银、衡艺聪、赵翌彤、芦利广、冯敬杰、高爱香、向双双、陈锦雯、高碧颖、李碧郡、杨鑫、杨瑞霞等同学，在整个课题研究过程中，他们参与设计、入户调研、分析数据、撰写论文、外出研讨等，付出了努力和辛苦，最后，郃秀军和鲁建杰对全书进行了统稿和润色，在此一并表示感谢。

郃秀军于山西临汾

2020年10月

目　录

绪　论

第一节　研究背景

黄土高原地区是我国人口增长较快、生态环境恶化、深度贫困三类“顽疾”恶性循环较为突出的地区之一。干旱少雨，沙漠化使部分地区缺乏基本的生存条件，被联合国粮食开发署认定为“人类不适宜居住”的地区。从20世纪80年代初，中国政府在黄土高原的宁夏、甘肃、内蒙古、陕西、山西等省（自治区）率先实施了一系列生态扶贫移民工程，形成了许多较大规模的散居或聚居的生态移民区。据不完全统计，到目前为止，宁夏回族自治区已有近120万名生态移民，成为我国最大的生态移民区；内蒙古自治区自1998年开启“治沙禁牧、生态移民”至今，移民数量也有近百万人口。离开自然条件恶劣的地方到了生存条件较好的地方，给这部分被称为“生态移民”的贫困人口带来了改变生活的机遇和美好希望。然而，搬迁特别是中远距离的搬迁给庞大的移民人口也产生了诸如安置土地数量不足、就业无门、生活困难、心理失衡等诸多困难。

在已有的学术研究和政策实践过程中，政策制定者和学者都意识到加快移民户搬迁后的生计重建是保证生态移民建设工程顺利实施的前提（东梅，2006；Cernea，2008；McDowell and Morell，2007；刘慧等，2013）。然而，生态移民被重新安置到一个他们生产技能不能充分发挥的地方，原有组织结构和社会关系网被削弱，家族群体被分散，文化特征、传统势力、互惠网络被减弱等（Cernea，1996，1999），这些不利的因素都会影响到他们生计重建的步伐。另外，在黄土高原地区生态移民面临的生计重建困难中，还叠加了少数民族的生计转换问题，汉族、蒙古族和回族是这一区域的三个主要民族。黄土高原的北部居住着依靠畜牧业为生的蒙古族人口，西部则居住有生产方式落后、生活较为贫困的回族人口，蒙古族和回族各有自己相对独立的民族文化。生态移民改变了他们的生产和生活方式，从畜牧到农耕，从散居到聚居，经济文化类型的巨大变化在这些移民的生计重建设计与实施过程中必须给予充分的考虑（戴庆中，2013）。

近十几年，中国政府为生态移民的生计重建进行了持续的努力。项目有成功的例子，如宁夏的“吊庄移民”（罗强强，2009）。从 1983 年开始，宁夏自治区政府将南部贫困地带的人口迁移到北部灌区的平原地带，促进了宁夏北部的区域开发和宁夏南部的减贫脱贫，迁出地和迁入地都获得了较好的生态与经济效益（陈忠祥，1998）。例如，宁夏吴忠市红寺堡区被划定为移民区 20 年来，因地制宜，结合当地特色、精准扶贫，形成了一些独具特色的特色产业，如酿酒、黄花菜、枸杞种植等。移民人均可支配收入由不足 500 元快速上升到近 8000 元。然而，也有一些因没能解决好移民的生计重建使生态工程陷入了困境的案例（Zhang，2012）。2001 年，内蒙古苏尼特右旗实施了“围封禁牧”，国家提供包括饲料在内的房屋、棚圈和免费水电等，试图将蒙古族牧民的放牧方式改为圈养方式，但习惯了放牧的当地牲畜不习惯舍饲而导致部分死亡，失去牲畜财产的移民生活陷入困难，该地的“围封禁牧”项目也陷入进退两难的困境。另外，有学者发现移民工程对贫困人口减贫起重要作用的同时，也增加了贫困人口之间的收入不平等，部分群体不适应搬迁后的新生活，生活水平下降（Abdelmoneim et al.，2016），大量的问题如移民暂时性收入下降、返迁、后续生计、收入差距扩大及陷入暂时性贫困等问题（Wang，2016；黎洁，2016；邢春冰，2010；Zhang，2011）令学者和政策制定者感到困惑和两难。

究其原因，是否考虑到当地的实际情况并设计出对移民后续有益的发展对策是移民生计重建项目成功的关键。正如斯科特（1998）所说“如果排除了地方实践中蕴涵的宝贵知识的支持，对于生产问题的解决方案必然要失败”（摘自《国家的视角》，第 7 页）。在黄土高原生态移民实践中，经济贫困、环境退化中夹杂着民族问题就是最大的现实情况。在国内的学术文献中针对黄土高原生态移民的研究一直十分重视民族文化的视角（谢元媛，2010；包智明和任国英，2011；李培林、王晓毅，2013），然而到目前为止，大多数研究仍集中在一个小的安置区域或案例中讨论民族文化的保存与减贫脱贫策略的取舍，虽然有部分学者已经关注到移民原来独特而丰富的民族文化特征正在逐渐减少的严峻现实，但从民族比较的视角探讨我国黄土高原生态扶贫移民生计重建的类型、特征、影响因素与机制的研究还十分少见。本书将以黄土高原为研究对象，分析民族文化在生态扶贫移民生计重建中的作用，探寻我国黄土高原地区不同民族生态扶贫移民生计重建的独特性。

第二节 研究思路和研究框架

一、研究思路

（一）对移民搬迁自愿性理论的深化

生态移民最早在国外被称为“环境难民”（税伟等，2012），关注的是气候变化引发的被迫性生态移民问题（Warner，2011；Piguet et al.，2010；Raleigh et al.，2008；Galaz et al.，2008；Scoones et al.，2007）。然而学者也发现，与国际上称为“环境难民”不同，中国生态移民是政府主导的为恢复环境而实施的移民搬迁，强调两个行动后果：一是政府主导，二是移民是被动的非自愿性移民（杜发春，2014）。

实际上，自20世纪80年代起，国外学者就关注到因工程建设、生态建设、扶贫项目、气候变化而引发的移民群体，并进行了不同视角和不同层次的研究。学者依据搬迁主体是否拥有选择的权利而将移民分为非自愿性移民和自愿性移民（McDowell and Morrell，2007）。大部分研究将政府主导移民定义为非自愿搬迁移民，甚至认为是“强迫搬迁”（Dickinson and Webber，2007；Duan and McDonald et al.，2008）。然而，关于自愿移民与非自愿移民的概念界定一直是国内外学者争论的焦点。很多学者将由政府主导的移民统一界定为非自愿搬迁移民（Webber，2007；McDonald et al.，2008）。近几年来，一部分学者开始质疑这种区分方法（Evrard，2004；John Sharp，1982；Hansen，1982；Cernea，1993），例如，汉森（1995）指出“自愿”或“非自愿”术语用的不严谨，Yntiso（2001）、Gebre（2002）、Ian（1995）等学者认为自愿或非自愿具有复杂的含义，这样单纯地界定过于简单，不够准确，Brooke Wilmsen和Mark Wang（2015）认为这种二分法有待商榷，还需要更细致的划分方法，他在中国中部的移民考察中发现某些由政府主导的迁移仍然赋予移民户某些方面的选择权和参与权，视为一定意义上的“自愿移民”（白南生等，2000），而某些政府宣称的“自愿移民”却非名副其实。

尽管有学术上的争论，但多数研究都揭示出非自愿移民的迁移会对家庭福利造成短期和长期的损害。例如，Cernea（1997、2000）在他的研究中提出了非自愿移民存在八个方面贫困风险。Cernea（1993）指出，只要可行，应尽可能地减少甚至避免非自愿移民，因为非自愿移民具有破坏性和长远的影响，而自愿移民不大可能具有这种影响。Naruhiko等（2010）指出，尽管非自愿迁移的计划和实施会对人们生活有暂时的改善，但这种改善在长远结果上没有体现，非自愿迁移会对穷人造成更长久的贫困。可以看出，学者对非自愿移民的看法比较一致。

近十几年来，中国政府在自愿性生态移民、扶贫移民方面取得成功为世界提供了独特的经验，李聪等（2014）针对陕西安康移民搬迁工程的研究发现，由于这一工程更强调农户的自愿参与，因而避免了农户陷入Cernea（1998）所描述的搬迁窘境，农户搬迁后物质资本、金融资本、社会资本和人力资本得到了提升，搬迁家庭享受到更便利基础设施的同时，也获得了更好的发展机会和生计后果。可以肯定的是，在学术研究中，自愿迁移比非自愿迁移效果更好已逐渐成为学术界的共识（Yimin et al.，2011；Eriksen，1999）。例如，Eriksen（1999）、De Wet（2005）通过对自愿移民和非自愿移民进行比较，得出自愿移民比非自愿移民会取得更大的成功，成功概率相对要高，李聪等（2014）研究表明自愿性搬迁农户的家庭生计资本总体优于非自愿搬迁家庭。其中的原因可能是由于自愿移民有了选择性，其受到的灾害较非自愿移民少（Baird，2007），或是由于当地人参与迁移计划能减少其在生计重建时面临的风险（Cernea，1997；Dhakal，2011），在一定程度上避免了农户陷入Cernea（2000）所描述的搬迁窘境，安置工作变得更顺利，成本更低且易于执行（Kai，2007）。除了这些因素外，Yntiso（2001）的比较结果发现自愿移民比非自愿移民适应的更快更好，并显示是由于心理的、经济的、社会文化的因素，同时证明非自愿性对移民的破坏性影响是持久和深远的。近来研究也发现，移民拥有主体选择权意味着有较好的社会适应性，并能运用更广泛的策略处理自身与新环境的关系，有助于迁移稳定性。因此，人们的迁移意愿应受到学术界关注，包括他们选择是否迁移以及他们在迁移计划发展中的参与（Dhakal et al.，1997）。有学者进一步研究移民户的满意度，Dhakal等（1997）进行实证比较，表明主动积极的居民不仅改善了生计福祉，总的来说，对迁移计划也比较满意，且满意的概率高于那些非自愿的居民。可见，无论从迁移的成功、迁移的稳定性、移民家庭的生计恢复，还是从移民户自身角度的满意度来看，自愿移民都优于非自愿移民。

然而，目前从理论上对中国近10年来积极倡导并实施的以“自愿性原则”

为主的生态扶贫移民的研究还较为少见。实际上，经济因素只是影响人们迁移自愿性的一个方面。移民并不单单考虑经济收益与经济损失，一些非经济的成本和利益也起着较大的作用（时鹏等，2012），包括民族、社会、人口、经济、政治、宗教、环境、文化、心理等多个方面。本书将在对国外非自愿移民研究模型与观点进行回顾的基础上，使用公共参与理论对中国“自愿性”生态扶贫移民实践进行理论分析，比较非自愿移民和自愿移民的不同生计恢复效果，以对我国将要实施的各种类型、各种层次的移民生计恢复政策能有所启示。

（二）生计重建中经济、社会、文化三个层面间的关系

西方学者对中国生态移民的生计重建研究，大多数都关注于生态移民的经济恢复能力，如收入水平与结构（Yeh，2005）、土地与农产品的产量（Schmidt Soltau，2003）、非农工作的取得（Meyer，2006）、生计方式的转换（Webber and McDonald，2004）、其他的福利水平等。研究借鉴了 20 世纪 80 年代 Sen（1981）和 90 年代早期 Chambers 和 Conway（1992）解决贫困的可持续生计方法。大部分研究认为由于中国的生态移民是一种非自愿移民，具有很强的政策性和强制性，会给农户家庭的生计资产带来冲击，在移民的五种资本中，自然资本损失首当其冲，迫使农户生计模式转型，但在转换过程中，人力资本的“失灵”却成为资源配置的最大制约（Foggin，2011；McDonald，2006；Rogers and Wang，2006）。悲观的研究结论导致国外学者对中国的生态移民政策基本持否定的态度，西方学者认为，中国西部地区正在实行的生态移民，其主体多为少数民族生态移民工程，很容易累积民族问题和社会冲突，因此需要谨慎而行，不可单纯从经济角度考虑推行大规模的生态移民搬迁（Yeh，2009；杜发春，2014）。

然而国外学者对生态移民的生计重建研究大多集中经济层面去理解，并不足以反映移民搬迁后的复杂工作。生计概念比“工作”“收入”和“职业”有着更丰富的内涵和更大的外延（Conway，1992；Scoones，1998；李斌等，2006）。生计重建也不仅是指移民户恢复或提高了收入，寻找到稳定的工作，而且包括他们重新确立了属于他们自己的社会文化与社区参与、文化归属感等。在 Cenea（1996）经典的移民 IRR 模型中也强调，移民的组织结构和社会关系网被削弱，原有文化被冲击，但在目前的文献中，移民的社区重建和文化重建方面的研究则还很少被涉及。

相对来说，国内学者生态扶贫研究较多且关注点广泛。除了国外学者关注的经济问题外，还包括移民的文化适应（马伟华等，2007）、移民心理（彭豪祥等，2009）、社会冲突（施国庆等，2009）、搬迁满意度（张越等，2014）、

搬迁自愿性（朱乾宇等，2012）等社会问题。与国外学者的发现不同，大多数国内学者认为生态移民能够明显提高移民的收入水平（孔炜莉，2000；东梅，2006；刘慧等，2013），但同时也指出生态移民短期收入的增加可能是靠政府提供的经济扶持，其发展动力不足，需要尽快转变新的生计方式（东梅，2006，范建荣，2013）。另外，在移民的生计重建中，国内学者考虑了移民的民族文化、积极性、主动性等精神特征，如宗教（徐君，2011）、政策参与（李惠梅等，2013）、自愿性（唐丽霞等，2005）等。

然而，尽管国内学者关注到了生态移民的制度建设、文化保护等社会现象，以及少数民族移民过程中的民族、宗教、文化观念等特征，并对生态移民过程中少数民族文化特征逐渐减少表示担忧。然而，对生态移民户经济重建、社区重建、文化重建的影响因素及机理还较少有系统的研究，也缺少民族特性的生计重建模式总结。

除了生态扶贫移民的经济重建外，生态扶贫移民是如何重建新的社区制度和社会文化的？移民的经济重建、社区重建和社会文化重建有何相互影响和作用？将文化重建、社区重建纳入 Krantz（2001）的可持续生计框架理论并进而分析中国特色的生态移民生计重建的关键因素，衡量“文化重建”和“社区重建”的作用。这对生态扶贫移民研究的方法是个创新。

如何看待我国政府针对生态扶贫移民所做的生计重建努力？我国黄土高原地区汉、蒙、回三个民族生态扶贫移民在生计重建中有哪些不同的民族特征和相似的共同点？又受到哪些因素的影响？本书剖析中国黄土高原生态扶贫移民生计重建的类型、特征、影响因素与机制，进一步探讨是否存在不同民族文化生态扶贫移民生计重建模式，探寻我国民族地区生态扶贫移民生计重建的独特性。

二、研究框架和研究方法

（一）研究框架

除绪论外，本书的研究内容共分四大部分 17 章。

第一部分为现状研究，分别从不同层面分析黄土高原生态移民生产生活的现状，提出本书研究的问题。

第二部分为理论研究，是本书的核心所在，在移民自愿性理论、政策认同理论、社会影响理论、生计理论等基础上，结合黄土高原生态移民特征，提出本书的理论框架。

第三部分为实证研究，使用统计计量模型和多种统计分析方法，分析了黄土高原生态移民搬迁到新社区后面临的经济重建、文化重建与社区重建各维度的影响因素及各维度之间复杂的关系。

第四部分为政策研究，包括本书研究的主要结论、我国生态扶贫移民的主要经验和主要的政策启示。

具体的，本书的研究框架如图 0－1 所示。

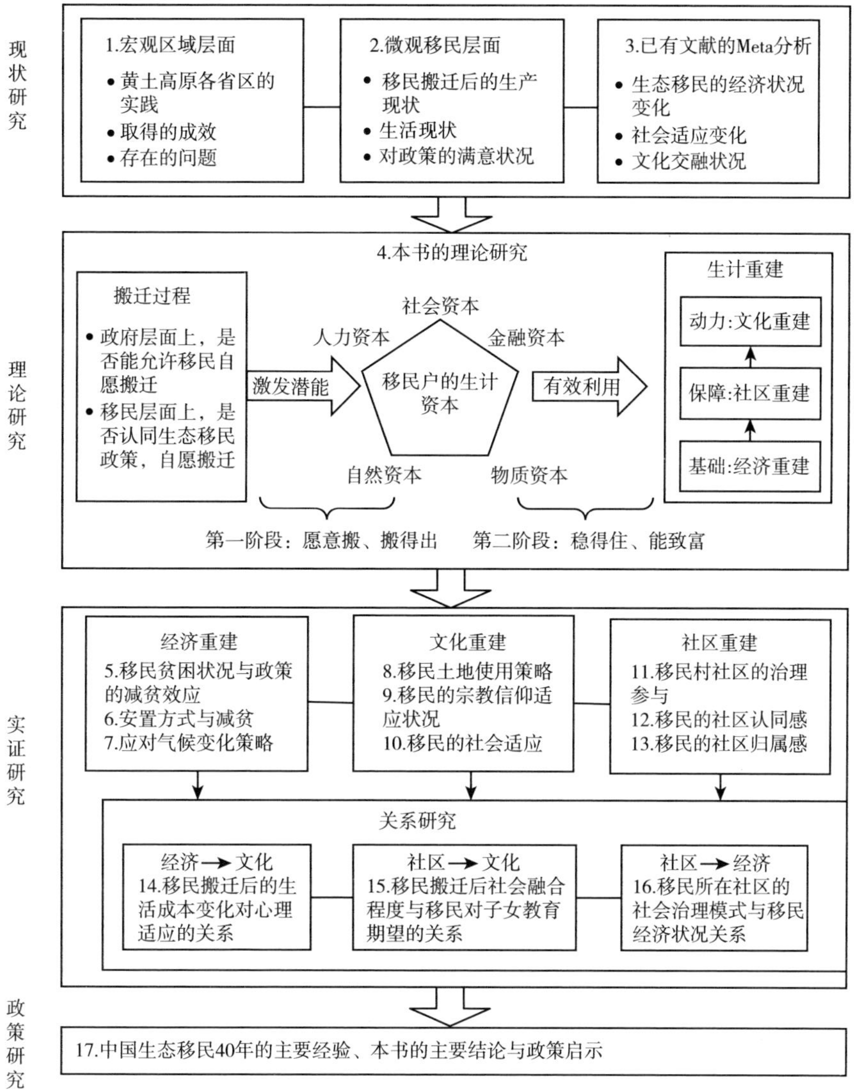

图 0－1　本书的研究框架

注：本图中的阿拉伯数字（1～17）是指本书各章的序号。

（二）研究方法

本书研究的方法主要是通过定统计模型、计量模型的定量分析方法总结移民搬迁后的生计特征、探索概念和变量间的关系为主，在解释影响因素形成的原因等深层次问题则使用了情景分析等定性分析方法。

具体的，在定量分析中，本书广泛采用了描述性统计方法、频次分析法、均值比较、方差分析、列联表分析、多元回归分析、多分类 Logistic 模型、中介效应和调节效应模型、分层模型分析方法、结构方程模型等多种统计方法。

第三节 数据资料和入户调查

在中国移民实践中，生态移民工程项目往往和扶贫工程项目、生态环境治理工程项目、水电工程项目、其他农村发展项目合并在一起进行。在有的地方，甚至很难区分生态移民、扶贫移民、工程移民等移民的种类。在国家的各级统计年鉴中，也很少有专门的生态移民统计，本书的研究数据很难依赖于国家各层次的统计数据，只能用已有文献中的数据和自微观调查数据相结合的方法进行分析。

黄土高原位于中国北方地区与西北地区的交界处，是一个独特的地理单元，主要包括山西、陕西北部，以及甘肃、青海、宁夏、河南等省（自治区）的部分地区，为世界最大的黄土堆积区。是我国人口资源环境集中、治理难度大、贫困人口最多的区域，而且区域内经济发展水平很不平衡，经济文化差异较大，贫困类型较多。

从民族人口分布上看，在黄土高原北部聚集居住着依靠畜牧业为生的蒙古族，西部则聚集居住有部分贫困的回族。蒙古族和回族各有自己相对独立的民族文化。生态移民改变了他们的生产和生活方式，从畜牧到农耕，从散居到聚居，经济文化类型的巨大变化在这些移民的生计重建设计与实施过程中必须给予充分的考虑。

为能从民族的视角更好地理解生态移民搬迁对移民生计造成的经济、文化和社区治理上的影响，本书在选择调查地点时充分考虑了区域内的经济、文化、社会、民族等差异，选取陕西北部、山西中南部、宁夏回族自治区中部、内蒙古自治区西部作为调查地点，以课题组在前期课题“贫困地区大规模生态移民可持续发展研究”（国家社科基金资助课题12BJL076）开展的晋陕调查基础上，又分别开展了宁夏调查和内蒙古调查两次较大规模的问卷与访谈调查。

一、晋陕调查

（一）调查地简介

晋陕调查是课题组在前期课题（国家社科基金资助项目）“贫困地区大规模生态移民可持续发展研究”的资助下开展的针对山西省和陕西省的6个国家贫困县生态移民进行的实地调研，获得的数据信息也是本书的基础数据之一。

2013年3~5月，课题组研究人员选取山西省吉县、平陆县、武乡县、岢岚县和陕西省延长县、定边县作为调查地点，针对6县的生态扶贫移民进行了调研。

所选各县的经济和社会特征情况具体如表0-1所示。

表0-1　晋陕调查6样本县的经济社会状况（2013年）

指标	吉县	平陆县	武乡县	岢岚县	延长县	定边县
总人口（万人）	10.45	24.6	21.17	8.4	14.85	33.05
人均耕地面积（亩）	2.23	1.81	2.91	8.48	15.32	6.3
农民人均纯收入（元）	3138	3249	2995	—	2895	3620
扶贫重点村（个）	41	—	—	—	12	29
搬迁起始时间（年）	1998	—	1996	—	1996	—
贫困人口（万人）	4.3	—	6.51	—	3.58	6.14
人均补助标准（元）	4200	3400	4200	4200	2500	—

（二）调查工具设计

调查包括访谈调查和针对已搬户和准搬户的问卷调查。访谈的目的是想了解搬迁区域中的农户对搬迁政策的态度，研究人员对已搬户（已经搬迁至新房的家庭）、准搬户（有搬迁意愿并准备搬迁的家庭）、未搬户（暂时没有搬迁的家庭）和返搬户（之前已经搬迁但因种种原因又返回原住地的家庭）进行了面对面的访谈调查。问卷调查则是想了解生态移民扶贫搬迁的实施效果，了解搬迁户的家庭情况、搬迁意愿、搬迁前后的收入、支出、住房、耕地、社会网络变化等。

（三）调查过程

2013年3月，研究人员在吉县的车城乡和东城乡进行了试调研，并根据试调查的情况对问卷进行了修改。随后，在吉县文城乡和屯里镇的4个行政村进行了调查，共收回184份问卷和67份访谈。

4月，研究人员在山西省平陆县张店镇、张村镇、坡底乡、部官乡、圣人涧镇6个乡镇的8个行政村进行了问卷调查，在岢岚县大涧乡、宋家沟乡、岚漪镇选取6个行政村进行了问卷调查，并辅以深度个人访谈，收回280份问卷和70份访谈。

5月，研究人员在山西省武乡县丰州镇下关村、红土凹、贾豁乡7个行政村及陕西省延长县、定边县的安沟乡、罗子山乡、黑家堡镇、杨井镇等7个乡镇21个行政村进行了调查，共收回290份有效问卷，120份访谈。

（四）样本村概况

吉县柏东村位于临汾市西南部，土地资源充足，村民依靠传统的耕作方式广种薄收，村民大多居住在半山腰的土窑洞里，基础设施落后，属于临汾市贫困村。柏东村移民搬迁最早始于2007年，由政府组织村民迁移到本村山下自然条件及交通条件优越的新址。

平陆县张村镇土地庙村村民居住分散，人均年纯收入仅有400元左右。村民广种薄收，信息闭塞，生活艰难。在2003年秋季，土地庙村实行村内移民、整村搬迁；平陆县政府相关部门对土地庙村投资项目多，如扶贫办投资畜牧小区实现人畜分离、水利局投资小流域治理。

岢岚县大涧乡吴家庄村的贫困户情况较好，2007年，岢岚县乡贤（国新能源岢岚分公司董事长）张春生投资7000多万元，将村里72户人家全部就近搬迁到山下，并陆续建设了蔬菜基地、杂粮加工厂等，全村人均纯收入从不足2000元一下跃升到2011年的2万元。

延长县罗子山乡呼延村地处黄河沿岸土石山区，农田面积少，坡耕地相对较多，农作物单位面积产量低，年人均收入不足1500元，生活贫困，虽然开始了移民搬迁，但绝大多数村民不愿搬迁，仍然居住在破土窑中，村里电力、道路、通讯等基础设施较差。

总之，研究人员历时3个月，与移民家庭成员进行了面对面交流，实地察看了移民搬迁后的房屋与生活状况。在晋陕两省6个县、20个乡镇、32村共收回有效问卷754份（包括555份已搬农户调查问卷和199份准搬农户调查问卷），访谈257份（包括142份已搬农户访谈、47份准搬农户访谈、31份未搬农户访谈、2份返搬农户访谈、32份村干部访谈及6份扶贫办、发改委访谈）。在数据收集完成后，又对数据进行了详细的归类、汇总和分析，具体调研结果如表0－2所示。

表0－2 晋陕调查样本村及样本户

省	县	乡（镇）	行政村（自然村）	问卷（份）	访谈（人）
山西省	吉县	车城乡	车城村、柏坡底村、桑村	36	13
		文城乡	古贤村、文城村、大圪塔村	95	29
		东城乡	柏东村	30	17
		屯里镇	太度村	23	8
	平陆县	张店镇	凹里村、张店村	66	20
		张村镇	土地庙村	60	20
		坡底乡	尖坪（粮宿村）、后窑（上庄村、姚家村）	21	6
		部官乡	郑沟村	41	13
		圣人涧镇	傅圣移民社区	17	2
	岢岚县	大涧乡	吴家庄村	45	2
		宋家沟乡	甘沟村、宋家沟村	19	7
		岚漪镇	管家庄村、长柳村、向阳村、朝阳村	11	
	武乡	丰州镇	下关村、红土凹（小庄则、康家庄、红土凹、小圪道）、贾豁乡桃峪（桃峪等）	57	26
陕西省	延长县	安沟乡	安沟社区、胡家河移民新村、北阳新农村	53	30
		罗子山乡	呼延村、白家庄村	23	11
		张家滩镇	镇中心移民点、下盘石村	28	13
		黑家堡镇	镇中心移民点	4	3
	定边县	贺圈镇	马沟泉村、红墩梁村	82	21
		杨井镇	杨井村、秦湾村	42	15
		白泥井镇	衣食梁移民社区	1	1
总计	6	20		754	257

注：“贫困地区大规模生态移民可持续发展研究”课题组研究报告。

二、宁夏调查

（一）调查地简介

早在“十二五”期间，宁夏回族自治区政府就已经投资将居住在生存条件恶劣的宁夏中南部地区的贫困人口实施了生态移民搬迁，学术界称为“吊庄移民”，移民户的安置取得了一定的成效。

课题组在宁夏回族自治区的调查地点选择在了宁夏中部的中卫市和吴忠市。

中卫市位于宁夏回族自治区中西部，从 1983 年开始，中卫市就陆续将居住在宁南山区的贫困人口迁到沙坡头区或中宁县，移民主要来自宁夏南部山区的西海固等贫困地区。吴忠市地处宁夏平原腹地，1995 年 12 月国务院正式批准建设宁夏扶贫扬黄灌溉工程（简称“1236”工程），所在的红寺堡移民开发区有数百亩集中连片、地势平坦的宜垦荒地，是我国最大的生态扶贫移民集中区，共搬迁安置宁南山区贫困人口 20 余万人，建成行政村 40 多个，开发水浇地 60 万亩，在移民安置工作中发挥着重要作用。

（二）问卷设计和调查过程

宁夏调查是以结构化的入户问卷调查为主，同时辅之针对移民村整体社区（村）问卷。首先，课题组成员根据所要研究的内容并参考已有文献中关于宁夏移民村的介绍，设计出调查问卷以及访谈提纲，在此基础上，通过小组讨论，初步确定了生态移民总调查问卷和访谈提纲。

2015 年 12 月，课题组成员利用设计好的调查问卷试调查了宁夏中部的一些生态移民村，确定了具体的调查地点并且修正了调查问卷中部分问题，正式确定了调查问卷。

（三）样本村情况

2016 年元月 9 ~ 14 日，研究人员对宁夏回族自治区中卫市和吴忠市的生态移民进行了预调查。考虑到调查地移民的经济发展水平以及人口数量等因素，研究人员在两个市各选取了 4 ~ 6 个典型移民村。

在中卫市主要选取了沙坡头区宣和镇的兴海村、海和村及曹山村，迎水桥镇的鸣沙村和鸣钟村，以及中卫市中宁县的宽口井社区的 6 个生态移民村，其中，兴海村、海和村和曹山村是靠近中卫市市区，主要是整村插花安置到沙坡头区宣和镇之中；迎水桥镇的鸣沙村和鸣钟村是靠近国家5A级旅游景区——沙坡头景区，鸣沙村地理位置优越，紧挨沙坡头旅游景区，村里的移民主要来自宁夏南部的贫困地区海原县，移民主要依托沙坡头景区开农家乐、做小生意等经营性的手段谋取生计；中宁县的宽口井社区由宁原村和杞海村两个村组成，宽口井移民社区内有九年制的学校，自来水等设施齐全，卫生所、超市等邮局和文化广场等基础设施完善，还引进了光伏发电项目促进村里的收益，村民可将土地集体出租给枸杞商，就地务工从事枸杞采摘和田间管理工作提高收入。

在吴忠市，课题组选取了红寺堡区弘德新村、同源村、团结村以及富康村4个生态移民村，四村都是整村集中安置在红寺堡区中。红寺堡镇的弘德新村移民分别从同心县和原州区两个县区5个乡镇27个行政村搬来的，土地通过流转，主要种植黄花菜、油牡丹等特色产业；团结村是一个纯回民村，目前村里未脱贫的建档立卡贫困户481户，有“一对一”的帮扶单位为团结村帮扶脱贫。

总之，在宁夏调查中，依据民族分布，选取了纯回族村6个、回汉混合村3个、纯汉族村仅有1个。依据搬迁年限，选取搬迁1~5年村6个、6~10年村1个、10年以上的村3个。所选样本村的基本情况如表0-3所示。

表0-3　宁夏调查的样本村和样本户

市	县（区）	样本村	民族	搬迁年限	总户数	调查户数	经济条件
中卫市	沙坡头区	兴海村	回汉混合	2.5年	608户	37户	中
		海和村	纯回族	3.5年	508户	31户	中
		鸣沙村	回汉混合	4年	151户	21户	较好
		鸣钟村	纯汉族	15~35年	168户	62户	较好
		曹山村	回汉混合	10年	157户	26户	中
	中宁县	宽口井区	纯回族	2.5年	1665户	42户	中
吴忠市	红寺堡区	团结村	纯回族	15年	2860户	80户	中
		弘德新村		1年	1480户	50户	较差
		同源村		5年	694户	44户	较差
		富康村		10年	60户	18户	较差

（四）样本户情况

2016年2月14~20日调查人员对样本村进行了问卷调查，同时辅以半结构化的访谈，调研的过程中主要选择家中户主和户主配偶作为调查对象，家庭主要从事农业的样本户85户，外出务工户287户，从事其他行业50户；在被调查的样本中户主男性比例约占8成，户主女性比例为近2成；年龄在18~45

岁的占6成；回族人口约占8成；政治面貌为党员的占近8成；文化程度在初中及以下的占7成。受访者的具体基本情况如表0-4所示。

表0-4　　宁夏调查样本户主要特征

项目	类别	占比（%）	项目	类别	占比（%）
性别	男	81.94	政治面貌	党员	12.30
	女	17.82		民族党派	0.70
年龄	<18岁	3.23		共青团员	8.35
	18~24岁	7.42		群众	78.42
	25~40岁	39.11	婚姻状况	初婚	76.98
	40~50岁	37.98		再婚	1.16
	>50岁	17.33		离异	8.14
民族	回族	23.20			
	汉族	76.10		丧偶	2.79
政治面貌	党员	12.30			
	民族党派	0.70	文化程度	小学及以下	44.65
	共青团员	8.35		初中	33.49
	群众	78.42		高中及以上	21.86

三、内蒙古调查

（一）调查地简介

内蒙古调查的地点选择在了内蒙古中西部的鄂尔多斯市和巴彦淖尔市，地处于亚洲中部温带草原向半干旱、干旱地带荒漠草原的过渡地带，鄂尔多斯市地处内蒙古自治区的西南部，位于鄂尔多斯高原腹地，东、南、西与晋、陕、宁接壤，北部及东北地区同内蒙古自治区最大城市包头以及首府呼和浩特隔河相望，鄂尔多斯地区东西长约400公里，南北宽约340公里，总面积为86752平方公里；巴彦淖尔市位于内蒙古自治区的西部，东部连接包头，西部连接阿拉善盟、乌海市，南部隔黄河与鄂尔多斯市相望，北部同蒙古国接壤，总面积为6.4万平方公里，巴彦淖尔中部为低山丘陵，西部则广泛而零散地分布着沙漠和戈壁，面积较大的沙漠主要有博克特沙漠。

近年来，鄂尔多斯市和巴彦淖尔市进行了大量生态移民。2013年，鄂尔多斯市搬迁杭锦旗、达拉特旗、准格尔旗3个旗（县）11个村（嘎查）882户2548人，2013～2017年，又陆续搬迁转移生态脆弱区农牧民3155户10000多人，该市是典型的受沙漠侵蚀的地区，是生态移民工程典型的迁移对象，通过对这一地区移民的调查，能够充分地了解移民对迁入地的适应状况；巴彦淖尔市是较早进行生态移民搬迁的地区之一，2000年以前就开展了生态移民的工程，2013年的数据显示巴彦淖尔市实施生态移民1919户、6393人，2013～2017年，搬迁转移生态移民9586户、32220人，该市搬迁时间较早，移民对于迁入地的适应情况具有代表性。两市的经济社会发展具体情况如表0－5所示。

表0－5　　　　内蒙古调查样本市的经济社会发展情况

样本市社会经济情况	鄂尔多斯市	巴彦淖尔市
地理位置	中西部偏南	中西部偏北
程度不同的沙化面积（万亩）	1028.2	310
程度不同盐碱化面积（万亩）	270.4	484
人口（万人）	206.87	166
地区生产总值（亿元）	3579.81	740.1
农牧民人均收入（元）	16729	15426
生态移民（户，人）	4000多户，12580人	11505户，38613人

资料来源：表中所列数据均为2017年末数据（数据来源于两市2018年政府工作报告）。

（二）问卷设计过程

问卷调查包括村问卷和户问卷，村问卷是关于移民村整体情况的问卷，由该村负责人填写，户问卷是针对搬迁户设计的问卷，由搬迁家庭的户主填写。户问卷包括四个部分：第一部分是受访者基本情况，其他三部分参考可持续生计分析框架从经济、文化、社区展开。其中，经济部分包括可持续生计框架中提到的自然资本、物质资本、人力资本和金融资本四个维度的相关问题，而社会资本维度的相关问题则穿插在社区部分。同时，结合预调研中获得的内蒙古西部生态移民村的独特情况，对问卷内容进行了重新整合。

（三）调研过程

2018年2月，课题组成员前往鄂尔多斯市的准格尔旗、乌审旗、鄂托克旗、达拉特旗，巴彦淖尔市的磴口县、乌拉特中旗等地开展调研。调研以结构化问卷调查为主，半结构化访谈为辅。在与村委/社区主任以及部分移民进行半结构化式的访谈过程中，课题组成员了解到移民对社区的认同、依恋、喜爱等方面存在较大差异。如政和园社区、蒙西社区的居民对新社区有认同感和归属感，能够积极地参与到社区组织的活动中去，关心社区整体的建设和发展。而暖水新村、阿茨嘎查等地的移民由于搬迁时间早再加上迁入地的自然环境恶劣，生活较困难。

（四）样本村和样本户概况

内蒙古调查共12个移民村，回收问卷504份。其中，蒙汉混合村7个、蒙汉回1个、纯蒙古族村1个、纯汉族村2个。搬迁10年以下的村有3个、10年以上的村5个。通过问卷整理、审核，最终收集了506份问卷。

鄂尔多斯市的移民村大多建成了城镇化小区，社区基础设施和服务相当齐全，移民户的生活生产较好。巴彦淖尔市的移民村从村庄名称到村庄的整体面貌有更多的乡村和民族特色，村与村之间相隔较远，每户独立成院，村民大多种植庄稼或者养羊为生。

12个典型移民村的特征和基本情况如表0-6所示。

表0-6　　内蒙古调查样本村情况

	村庄名称	移民时间	户数/人数	调查户数	民族
鄂尔多斯市	1. 湖西小区	2010	3000多人	24	汉丨蒙丨回
	2. 民乐小区	各村不同	—	33	汉丨蒙
	3. 暖水新村	—	200户	14	汉丨蒙
	4. 乌审召移民区	2008	100~200户	53	蒙古族
	5. 政和园小区	2009	1813/5253	85	汉丨蒙丨其他
	6. 蒙西社区	2010	664户	66	汉丨蒙
巴彦淖尔市	1. 木雷滩	2000	59户	34	汉族
	2. 阿茨嘎查	1998/2000	100多户	33	汉族
	3. 哈业乌苏	2001	200多户	43	汉丨蒙
	4. 大圣村+永胜村	2003	100多户	45	汉丨蒙
	5. 水泉村	—	100~200户	56	汉丨蒙
	6. 巴彦套海	—	—	20	汉丨蒙

注：—意味着由于调查对象说法不一，没能了解到确切的信息。

在调研的过程中主要选择家中户主作为移民户的主要调查对象，因此，在被调查的样本中以男性为主体：在调查的506个样本户中，男性约占7成，女性占比3成；蒙古族居民30%；户主的文化程度也普遍偏低，以小学文化为主；样本户情况如表0-7所示。

表 0-7 内蒙古调查样本户情况

项目	类别	占比（%）	项目	类别	占比（%）
户主性别	男	65.61	搬迁时间	10 年及以下	51.33
	女	34.39		10~19 年	29.36
户主民族	汉族	85.88		20 年及以上	19.30
	少数民族	14.12	家庭年收入	1 万元及以下	51.85
户主年龄	≤30 岁	7.57		1 万~3 万元	33.54
	31~60 岁	50.60		3 万~5 万元	8.64
	>60 岁	41.83		5 万元以上	5.97
户主政治面貌	群众	87.94	搬迁后，子女教育是否等到满足	否	14.35
	党员或团员	12.06		一般	37.97
户主文化程度	小学及以下	57.02		是	47.68
	初中	27.48	希望子女学历	高中及以下	10.85
	高中及以上	15.50		大学或大专	89.15
健康状况	不健康	16.21	搬迁距离	乡内	46.23
	一般	22.13		县内	34.62
	健康	61.66		省内	19.14

总之，2013~2017 年，课题组在前期研究基础上，对晋陕、宁夏、内蒙古等黄土高原的生态移民地进行了多次实地调研，基本上覆盖了黄土高原地区不同的移民类型。由于本书涉及区域较大，课题组难以完全了解所在区域内不同的移民情况，因此，课题组采取了“边调查、边研究”分阶段展开调研的策略，根据不断得出的研究成果和试调查结果逐步修正研究工具和问卷内容，最大限度地保障问卷更切合于实际情况和研究目的。在调查中，既有通过典型调查的访谈质性数据，又有通过大样本抽样调查获取的定量数据。本书获得的丰富数据能为“基于民族视角黄土高原生态移民户生计重建问题”的研究提供了重要的资料和数据来源。

第四节 关键概念界定、研究的特色与创新点

一、概念界定

（一）生态移民

已有研究认为生态移民是由于自然环境的恶化和自然资源的枯竭等多种原

因造成原住地生存环境恶化，人们不得不进行的迁移活动。有学者则强调生态移民是人类为了保护、改善原住地的生态环境，保持生态系统内部诸要素的相对平衡所进行的人口迁移，通过分散那些高度集中于生态脆弱区的人口，对其集中再安置，重新实现环境、资源的优化配置。包智明和任国英给生态移民下的定义是“因生态恶化或为了改善和保护生态环境所发生的迁移活动，以及由此活动而产生的迁移人口”。

虽然不同学者对生态移民的定义不同，但其内涵相同，都表达出了把生态超载的人口迁移到生态人口承载能力高的地区。本书所指的生态移民主要是指当地政府为保护脆弱生态环境和降低贫困而对居民实施迁移的人口。

（二）社会适应

社会适应是指主体在新的环境中可以良好地适应新的环境，通过调节自身的心理状态、身体状态及情绪状态等，将自身良好地融入新环境的过程。Herbert Spencer 认为个体不断地通过改造和改变自身方式适应新环境的这一过程就是社会适应过程，这一适应过程伴随着不断改善并趋于相对完善（Dhakal，2011）。

生态移民在搬迁后到达一个相对陌生的生活环境，在脱离原先生活多年的环境后，其生活环境和人际网络发生了一定的变化，移民可以通过不断调节自己的行为方式和心理状态以更好地适应新环境。适应主要包含身体、心理、风俗、生产等多个方面，其中身体和环境的适应是最基础的，其次是风俗习惯、心理等方面。本书对于移民社会适应的分析主要涉及移民搬迁之后其生活方式、生产方式、习俗和人际关系的适应方面。

（三）心理适应

心理适应从情感反应的角度，指向移民区文化接触中的生活满意感和心理归属感。心理适应对移民的迁后重建意义重大，它是移民真正适应迁后生活的主要标志，是移民文化适应的最终体现（Harpham，1994）；是移民社会文化融入程度和文化适应深度的有效反映（黎洁、李树茁等，2017），而生活满意度对移民心理适应有重要的评价作用，影响着移民的适应（丁凤琴等，2016）。移民只有明确认识自己的身份的转变，能够较好地认同当地的社区，才能真正地融入当地社区，适应新的环境，学习新的生产生活技能，进而能够在移民点稳定致富。

（四）生计资本

生计资本包含农户生存和发展所需的能力，是个人或家庭为改善长远的生活状况所拥有和获得的谋生能力、有收入活动的基础，是贫困农户在新环境所拥有的生产生活等各种资本的总称。在英国国际发展署的定义中生计资本主要是指移民所拥有或可以使用的人力、自然、物质、社会和金融五大资本。本书也使用这一界定。

（五）宗教观念与行为

戴康生等（2007）在《宗教社会学》中将宗教定义为通过特定的组织制度和行为活动来体现其社会意识和情感的社会体系。各宗教都有一套说明其信仰的观念及其论证体系，由此形成了宗教观念。

有宗教信仰的人通常将内在的宗教体验与观念通过外在的身体动作和语言形式表现出来，这就是宗教行为，因而，宗教行为是崇拜超自然力量的观念的外在显现，同时也强化宗教教徒之间联系的重要纽带，也是宗教教徒接受所信仰的宗教思想、强化情感的重要方式。此外，有了崇拜对象之后，必须有这些对象的供奉之地，以便为信众提供宗教活动的场所——寺庙、教堂、祠堂，信众在供奉之地对崇拜对象，基于尊敬、爱慕、敬畏、祈祷等崇拜活动，各种宗教把这些自发而分散的行为规范化、礼仪化，并附加神圣的意义。

（六）生活成本

生活成本不仅包括移民在迁入地区日常生活所花费的全部费用，而且包括移民在迁入地区为了解决生计问题所花费的全部费用与原住地用于日常生活所花费用的比较差额也应在内。因为即使不搬迁，在原住地移民同样需要为生活支付一定开支，而这部分费用并不是搬迁后移民的生活成本变化，变化应该包含一个渐变比较的过程，移民因搬迁产生的成本变更应该是迁入地区和迁出区两者之间的生活成本比较。

（七）民意诉求

就生态移民而言，民意诉求就是在搬迁过程中，大多数移民对于与切身利益相关的政策所形成的态度、意见和策略的总和，移民会选择可以代表自身或小部分群体的个人为民意代表，代替他们表达自身的主观评价（Wilmsen and Wang，2015）。移民的民意诉求是指移民以一定的表达路径将自身对于某件事、移民政策的态度和意见表达出来，使移民有关部门调整政策，维护移民群体的利益的过程（陈绍军，2003）。通过对移民诉求的主体和相关内容的分析会对移民整体的政策态度有一个较为直观的了解。通过这些分析，有关政府部门可以对移民的具体要求、诉求有直观的了解，政府部门积极响应移民的诉求，将广大的移民引入政府议题的讨论中来，不断扩大和拓宽移民对于政府政策制定的了解和监督，才能获得移民对于搬迁工程的有效参与和支持，本书主要从移民对于政策的了解情况、对于政府期望值等方面分析移民的民意诉求情况。

（八）移民对子女的教育期望

教育期望是个体对未来学业成就的设想和期待，已有研究发现，父母对子女的教育期望大多把教育期望界定为学历期望、职业期望和能力期望等方面。有些学者认为我国地大物博且民族众多，加之户籍制度的影响，教育期望存在城乡、民族和户籍差异，本书研究家庭因素和学校层面对教育期望的影响时又考虑进这些独有的差异因素（丁百仁、王毅杰，2016）。

（九）社会融合

从移民角度来说，社会融合是迁入人口在迁入地逐步接受与适应迁入地的社会文化，并以此构建良性的互动交往和良好的社会网络，最终达到相互认可，相互“渗透、交融、互惠、互补”（周皓，2012）。本书根据生态移民的实际情况分别从经济融合、文化融合、社区融合三个方面来理解社会融合的内涵。

（十）社区归属感

Hummon（1992）认为社区归属感是居民从内心接受该社区，认定自己是社区内的一员，对该社区形成依恋，投入感情，最后自发地喜欢社区的一切构成。而 Jennifer E. Cross（2001）则认为应从人类感情方面去定义社区归属感，他把社区归属感定义为个体对他所居住地区的一种亲密感倾向，包括强烈的社区认同、依恋等情感。丘海雄认为“社区归属感”是社区内的居民对社区地域和人群集合体的认同、喜爱和依恋的心理感觉（丘海雄，1989）。

本书将社区归属感界定为人们把自己归为某一地域人群集合的一种心理状态。这种心理包括对社区地域的认同，对自己社区身份的确认，以及人们通过互动形成的具有一定强度的和数量的个体情感。

二、本书的研究特色和可能创新点

（一）本书的研究特色

（1）始终在移民研究中考虑移民民族特征的视角特色。黄土高原上较大规模的生态移民主要集中在：以回族移民为主的宁夏回族自治区、甘肃省和以蒙古族为主的蒙古西部地区。因此，如果不考虑移民的民族特征所产生的经济、文化等影响，对移民生计重建的研究就不全面。本书研究充分考虑了移民的民族特征产生的影响，先后组织了在中卫和吴忠两市的宁夏调查和在鄂尔多斯和巴彦淖尔两市的内蒙古调查，获得了大量少数民族移民在搬迁和生计重建中信息数据，并在分析中体现了民族特征，是本书研究的一个主要特色。

（2）始终以移民家庭为主要分析单元的研究特色。移民的生计涉及移民的生产、生活、社交、心理等方方面面，具体且琐碎。要了解移民在搬迁后的生计重建的困难、问题与解决途径就必须以移民家庭为分析单位，深入剖析移民家庭所拥有的禀赋、所面临的内外部环境、所思所想等，才能发现问题，分析问题，进而解决问题。本书始终以移民家庭为分析单位，从搬迁和生计重建两个纵向时间维度，从经济重建、文化重建、社区重建三个横向维度，较全面较深入地回答了移民家庭生计重建中的影响因素、困难、机制及可能的解决路径等。

（3）坚持从现状分析发现问题、理论分析寻找思路、计量实证检验相结合的方法特色。无论是报告整体还是单个研究专题的章节，本书都采用了现状分析、理论分析、实证分析和政策分析四个部分依次进行的研究范式。首先，从现状分析中发现问题，避免研究不接地气；其次，使用理论分析在概念层面上深入分析问题，避免研究结论缺乏深度；再次，使用多种统计方法严格检验理论假设，避免了统计上的误读；最后，在政策层面讨论可能的解决方案，尽可能地实现结论适用性和政策可行性的统一。总之，严格遵守研究方法论的原则，完整且规范地开展各专题的研究，保证研究质量是本书始终遵循的原则。

（二）本书努力的突破点

通过研究，本书试图在以下几点得到突破和有所创新：

（1）构建了黄土高原生态移民搬迁出—生计重建的“两阶段模型”，深化了移民搬迁和生态移民生计重建研究。已有很多研究发现，无论是工程移民、扶贫移民还是生态移民，自愿搬迁的移民比非自愿搬迁的移民的经济、社会恢复要好，然而，大多数研究仅是零星的实证分析，缺乏完整且清晰的理论框架。本书尝试将移民搬迁后的生计重建划分为经济重建、社区重建、文化重建，并从民族文化的视角理解其影响因素和相互关系，在逻辑关系上，将移民的搬迁与生计重建划分为两个阶段，并认为这两个阶段存在重要的联系，而影响这两个阶段顺利开展的，除了移民的生计资本外，还有与民族文化相关的复杂的精神方面的因素。这一理论框架拓展了生计研究的范畴，连接了移民搬迁和移民生计重建两部分研究的联系，也是对移民研究的深化发展。

（2）细化了搬迁自愿性、生计资本、期望确认、多维贫困、社区治理参与、社区认同等与移民搬迁、生计重建相关变量的测量方法。在本书的研究中，我们发现已有文献中与生态移民相关的一些变量测量有的较为粗糙，有的并不符合黄土高原生态移民的实际情况。例如，在测量移民的搬迁自愿性时，已有文献将搬迁意愿划分为自愿移民和非自愿移民，我们发现从黄土高原的生态移民来说，他们之间的界线并不是明显的。自愿搬迁的移民对搬迁补偿能否到位有忧虑，表现出了不愿意搬迁的一面。非自愿搬迁的移民也有愿意改善生活条件、愿意搬迁的一面。我们在已有文献将移民的搬迁意愿划分为自愿移民和非自愿移民的二分法基础上，将移民的搬迁意愿划分为完全自愿、诱导式自愿、强制性自愿和非自愿四种类型，以细分在当今中国复杂现实背景下移民“愿意”中又“不愿意”，“不愿意”中又“愿意”的微妙心理。类似的测量方法的细化丰富了移民研究，更有利于得出新的发现。

（3）揭示了黄土高原生态移民在生计重建中经济、社会、心理、参与社区治理等方面关系的研究发现。本书通过开展涉及移民贫困、安置方式、土地使用、社会适应、社区治理参与、应对气候变化等 13 个专题的研究，大量细致的实证研究得出了一些独到的研究发现，例如，揭示了如集中不连片移民安置方式在移民减贫脱贫方面更占优势；移民在应对气候变化时所采取的适应性策略的影响因素中除了有土地沙化感知和自我主观效能评价外，还受到了原住地村民的社会影响；移民搬迁前的期望确认在移民的搬迁自愿性对搬迁后生计恢复的影响关系中具有中介效应等诸多研究发现，为更好地从实践中帮扶支持移民生计重建提供了理论上的依据。

（4）在系统总结中国生态移民 40 年经验的基础上，给出了黄土高原区域今后开展生态移民搬迁和生计重建的若干政策启示。本书在研究结论的基础上，系统总结了包括黄土高原生态移民在内的中国生态移民的实践经验，包括政府主导是生态移民搬迁和生计恢复顺利进行的根本保障；移民的自觉自愿是生态移民搬迁和生计恢复顺利进行的内生动力；面向市场的扶持措施是移民生计恢复与发展的快速路径三条主要经验。在此基础上，提出了针对黄土高原生态移民的政策启示，对黄土高原进一步开展生态移民搬迁和生计重建有现实意义。

第一章

宏观视角下黄土高原生态移民政策实施与存在的问题

黄土高原横跨中国青海、甘肃、宁夏、内蒙古、陕西、山西、河南7省（区）全部、大部或一部，是中国最早实施生态移民工程的区域。早在20世纪80年代初，宁夏回族自治区、甘肃省就开始实施生态移民工程。经过40年的实践，黄土高原各省区开展了大量各具地方特色、丰富的生态移民实践模式，但由于黄土高原各省区的经济状况、财政能力都较弱，在生态移民实践中也存在很多问题。本章利用新闻报道、已有文献和本书前期课题的研究成果等资料，系统整理黄土高原各省区生态移民政策的实施情况、成效与存在问题。

第一节 黄土高原各省区生态移民政策实施情况

一、宁夏回族自治区

宁夏南部山区干旱少雨，生态环境脆弱，居住着大量贫困人口，自治区政府一直把宁南山区的脱贫致富作为促进全区发展的重点任务。1983年5月自治区提出了“以川济山，山川共济”的人口迁移重大决策，拉开了宁夏移民扶贫开发的序幕。自治区投资近4亿元，搬迁安置南部山区移民34.5万人，芦草洼、隆湖开发区和华西村成为宁夏吊庄移民成功的典范。1998年，宁夏启动扶贫扬黄灌溉工程移民，也叫“1236”移民，工程开发的主战场红寺堡移民开发区共搬迁安置贫困群众19.4万人，建成大型行政村40多个，内含自然村落170多个，开发水浇地40万亩，成为我国扶贫移民与城镇化相结合的典范。

2000年后，宁夏扶贫移民更加重视生态恢复建设与扶贫协调发展，2001～2009年，宁夏南部山区陆续有几十万贫困人口被政府有组织地整村搬迁、集中安置，实现了山区群众走出大山、脱贫致富的愿望。“十二五”期间，宁夏启动了西海固扶贫移民工程，投资105亿元，用5年时间把35万人搬出来，让他们实现异地安家，再用5年时间帮助其脱贫致富。2011年，全区生态移民工程开工建设81个移民安置区，建设3.2万户移民住房，同时建设配套的有基础设施、社会事业、公共服务工程。宁夏生态移民有效促进了贫困地区可持续发展，对于转变经济发展方式、实现民生改善、统筹区域协调发展具有重大意义。

二、陕西省北部地区

陕西黄土高原地区内的移民区主要集中在陕北白于山区、黄河沿岸土石山区、洛河峡谷地带。

20世纪90年代末开始，随着生态型贫困问题日益严重，陕北地区开展了生态扶贫移民。1998年以来，陕北靖边县筹资7050多万元，搬迁白于山区3700户19200人，共建成20户以上的移民新村46个，新建房屋9200多间，建成了全省易地移民扶贫的典型——望夏村和全省最大的生态移民扶贫示范区。移民迁入后主要从事猪、羊、牛等的“多畜并举”养殖之路；吴旗县位于陕北黄土高原丘陵沟壑区，曾是水土流失最严重县份之一，在全国退耕之前吴旗县率先退耕还林，1999年一次性退耕155.5万亩，是全国退耕面积最大的县，其后又结合扶贫开发启动移民工程，先后被国家有关部委确定为“全国退耕还林试点示范县”“全国造林先进县”和“全国退耕还林与扶贫开发工作结合试点县”，吴旗县退耕及生态扶贫移民工作对黄土高原丘陵沟壑区退耕、生态扶贫移民工作具有典型意义。另外，2011年陕西省委省政府制定了《陕北移民搬迁安置若干政策规定》，启动了《白于山区扶贫移民搬迁规划（2011～2015年）》《陕北黄河沿岸土石山区（洛河峡谷地带）扶贫移民搬迁规划（2011～2020年）》工程；2016年陕西省出台了《陕西省“十三五”易地扶贫搬迁工作实施方案》和《陕西省移民（脱贫）搬迁工作实施细则》等。

三、甘肃省

甘肃省自然条件严酷、生态环境脆弱、贫困人口较多，尤其是中南部水土流失面积较大，定西地区是生态恶化致贫区域的典型。从 1983 年起甘肃省开始实施“三西”移民，省政府提出“兴河西之利，济中部之贫”的跨区域生态扶贫移民构想，对生活在无水资源、降雨少、人口多、土地贫瘠的中部旱区、山区农民向河西和中部引黄灌区迁移。

甘肃省投入易地扶贫搬迁工程专项资金 6.2 亿元，按照整村整社（自然社）整体搬迁、集中安置，按群众自愿的原则，对 12 个市（州）68 个县（市、区）256 个乡（镇）的 14 万群众实施了易地扶贫搬迁，其中生态贫困区搬迁 7.5 万人，生态恶劣区移民 5.7 万人，地质灾害避险搬迁 0.8 万人。从 2004 年开始，甘肃省连续两年被国家列为全国易地扶贫搬迁试点省份，共安排国债资金 5.2 亿元，搬迁群众 11.8 万人，其中搬迁生态贫困人口 6.6 万人，生态恶劣区移民 3.4 万人，受地质灾害威胁严重人口 0.8 万人，搬迁人数和国家补助资金规模连续两年均居全国开展此项工作的省、区之首。

2016 年甘肃省出台了《甘肃省“十三五”易地扶贫搬迁规划》，“十三五”期间，甘肃省易地扶贫搬迁规模 17.39 万户 73.14 万人，其中建档立卡户 11.96 万户 50 万人，到 2020 年 50 万建档立卡搬迁群众全部实现稳定脱贫。

四、内蒙古自治区

内蒙古扶贫移民工程启动于 20 世纪 90 年代末，1998 年第一期移民工程主要是为减轻阴山北麓生态脆弱区贫困人口对生态环境的压力，项目总投资 1 亿元，移民 1.5 万人，移民村建设在一些地方也取得了成果，如内蒙古阿拉善盟最大的生态扶贫移民区——孪井滩从 1994 年正式开始移民至今。2001 年内蒙古自治区以政策引导、群众自愿为原则，在全区范围内对荒漠化、草原退化和水土流失严重的生态贫困区实施了大规模的扶贫移民，投资上亿元实施生态移民 65 万人。2012 年，内蒙古自治区启动生态脆弱区移民扶贫工程并制定了《内蒙古自治区生态脆弱地区移民扶贫规划》，从 2013 年开始，用 5 年时间，把生活在这些不适宜生存的生态脆弱区的农牧民全部迁移，并逐步达到“移得出、稳得住、能致富”的目标。

五、山西省

山西省东西两山的山前丘陵沟壑区、沿黄峡谷地段是黄土高原水蚀最为严重的地区之一，严重的水土流失引发了生态型贫困。

2008 年山西省从根治贫困、发展林草、保护和恢复生态环境出发，对汾河源头 2 个乡镇内 57 个村庄进行移民搬迁，以期在改善贫困人口的生存生活环境的同时，保护当地生态环境，据统计，2001～2012 年，汾河源头的宁武县全县共移民 2518 户，涉及 8912 人。

2016 年，山西省政府出台了关于《“十三五”时期易地扶贫搬迁工作方案》，搬迁对象主要是居住在吕梁山黄土残垣沟壑区、太行山干石山区、晋北高寒冷冻区、限制或禁止开发区、煤炭等矿产开采沉陷区、地质灾害威胁区等区域的建档立卡贫困人口。在“十三五”期间，全省 11 市 86 个县（市、区）完成 56 万人易地扶贫搬迁任务，其中，搬迁 45 万建档立卡贫困人口、11 万确需同步搬迁的农村人口，到 2020 年，搬迁对象生产生活条件得到明显改善。

六、青海省

20 世纪 80 年代初，青海东部地区农业人口开始主要以投靠亲友形式，自发地、有规模地迁移到海西乌兰、都兰一带从事农业并定居下来；1986 年青海省政府制定了“兴海西之利，济海东之贫”的“跨区域开发扶贫移民”的策略，把扶贫移民当作解决东部干旱山区贫困人口脱贫的战略举措，实施大规模的移民工程，到 1997 年底，海西州属各县（市）和国有农场通过投靠亲友、调庄等不同形式，接纳安置海东贫困山区贫困户 6600 多户、3 万多人；青海省在 2004 年开始实施的三江源扶贫型生态移民工程，搬迁移民约 5.58 万人。

第二节　黄土高原生态移民取得的效益

黄土高原生态移民实施 40 年来，投资巨大，搬迁贫困人口数量众多，为解决黄土高原区域内的贫困问题和保护脆弱生态环境做出了巨大的贡献，产生了较好的经济效益、社会效益和生态效益。

一、经济效益

（1）移民收入大幅增长。在宁夏移民扶贫开发成效中，许多移民搬迁后，生产条件和生活条件很快发生了很大变化，生活水平大幅提升，大部分移民在迁移定居后的第二年就可以基本解决温饱。内蒙古伊克昭盟生态移民在搬迁后，生存条件大为改善，收入大幅增加。过去，伊克昭盟农牧民人均1500亩地，但收入增加有限。现在，农牧民通过舍饲圈养羊群，增加了收入。并且在科学技术的支撑下，绒山羊品种得到改良，每一只成年绒山羊年产0.6~0.7公斤羊绒，在饲养山羊数量不变甚至减少的情况下，农牧民的收入有了较大幅度的增加（刘学敏，2002）。在内蒙古科右前旗，通过实施生态移民项目后，在两个方面增加了移民收入：一是从舍饲养殖中增加收入，通过政府协调农牧业贴息贷款，户均养殖母羊50只，按当时的羊肉价格来算，每个养殖户一年可获纯利润10000元，这不仅增加了农牧民收入，也提高了项目区及周边地区养羊的技术水平；另外，移民积极参与市场经济，增强竞争意识，从中抓住了赚钱的商机，多方开源增加收入。青海藏区移民在搬迁后，发展非农产业，产生的经济效益每个月超过1万元，同时带动了其他产业，移民收入大幅增加（马桂芳，2017）

（2）移民迁入地经济得到了发展。移民开发促进了迁入地的经济发展（韩秀丽、高桂英，2010）。移民搬迁至移民新区后，把原荒废的土地开发成了生产基地，把缺乏生存条件地区的剩余劳动力、迁入地的闲置土地资源和国家的扶贫资金结合起来，积极发展生产，使移民走上了致富之路。还有部分移民群众从山区搬到移民新区，实现了雨养农业向灌溉农业、灌溉农业向现代农业的跨越。宁夏红寺堡区，移民前红寺堡很荒凉，移民后十几年来，红寺堡区经济得到了迅速发展（马吉，2014）。红寺堡区接收生态移民后，地区生产总值连年增加，由2009年的5.53亿元增长到2013年的13亿元，短短5年增幅近两倍，显示出生态移民带来的巨大经济效益。

（3）经济结构得到了优化。生态移民提高了农地的利用效率，促进了移民地区的产业结构调整，农地经营更加规模化、集约化，土地向收益最大的产业转移；同时，生态移民又为加工业的发展提供了更多的劳动力，也使第三产业的进一步发展成为可能。

总之，生态移民经济效益的快速提高得益于农业生产条件的改善、收入来源呈现出多元化趋势，导致家庭经济收入总量、粮食总量、人均水平呈现出逐年增加的势头。

二、社会效益

黄土高原的生态移民大部分都是将贫困、落后、偏远山区的人口迁移到了平川地区，移民搬到新迁入地后，基础设施得到大幅改善，文化教育等社会效益明显。

（1）基础设施的改善。陕西省靖边县小桥畔村由于长期发展畜牧业，草地减少，生态环境逐渐恶化，实施生态移民后。移民村建在地势平坦区，除了整齐的新房屋外，还建了一条5.6公里长、20米宽的街道两条“丁”字街、一条“十”字街等配套工程，铺设了9.8公里长的柏油路，并修起水塔，村民吃上了自来水，架设了有线电视线路和电话线等，众多基础设施的完善切实改善了移民的生活，移民的生活水平得到提高（孙曼莉，2008）。宁夏红寺堡区生态移民的开发建设解决了困难群众的基本生活难题，移民吃上了安全卫生的自来水、用上了清洁能源、走上了平坦的柏油马路，实现了村村通水 、通电、通路，移民群众的“上学难、看病难”的问题得到了解决（韩秀丽、高桂英，2010），藏区生态移民突然从牛毛帐篷住进了宽敞明亮的砖瓦房，居住环境与原先相比可以说是天壤之别，饮用水也干净卫生了，出行道路宽阔平坦，子女就近上学，移民的就医条件也得到改善。青海藏区新建的移民社区及安置点，对居住区的水、电、路、教、医、卫等基础设施也都全方位地给予了配套（马桂芳，2017）。

（2）促进了民族团结。少数民族地区的移民搬迁不仅仅只是简单的空间位置的移动，由于族际迁移必然带来不同文化的相互接触，会对当地的民族关系产生一系列的社会影响。如伴随着回汉迁移，贫困地区农民走出了长期处于封闭状态的环境，突破了族际的界限，带来了族际通婚的可能性；族际迁移使原来毫无关系、互不相干的许多民族交错杂居在一起，人们积累的这些宝贵经验和知识得以传播和交流，各民族取长补短，共同发展，能很好地促进族际文化接触和民族的融合（罗强强，2009）。宁夏红寺堡区移民一半以上是回族，各族移民群众相互融合，不同地区民族的文化、宗教信仰和风俗习惯，经过相互碰撞、交融，形成了独具特色的新型移民文化，实现了不同地域、不同民族的团结和共同繁荣，对维护社会稳定产生了积极的推动作用（韩秀丽、高桂英，2010）。

（3）社会保障体系更加完善。内蒙古东胜区开始生态移民后，取得了显著的成效（周波，2012；张伟、张爱国，2016）。居民社会保障体系逐步完善，居民得到更大实惠。全面统筹城乡的养老保险制度，凡东胜区农村居民，在缴纳一定比例的自筹资金后，男年满60周岁、女年满55周岁即可享受每月不低于260元的养老金，如果退出农牧业生产便可享受每月550元的养老金。此外，东胜区从养老保险、医疗保险、最低生活保障、公益岗位用人、行政事业举位招考、参军入伍、义务教育等多方面加强移民的社会保障体系建设，确保移民能移得出、能稳得住、能致富。

三、生态效益

生态效益是生态移民的首要功能，对迁出地来说，生态移民减轻了人口对土地的压力，改善了生态环境；对迁入地来说，生态移民同样可以改善生态环境，产生生态效益。

（1）环境得到了改善。宁夏红寺堡移民区开发前，土地撂荒、沙化严重，土地沙化有向周边市县扩张之势。自移民开发建设以来，大力种草植树，退耕还林还草，围栏封育，荒山造林，有效地遏制了风蚀、水蚀，改善了红寺堡的生态和人居环境（韩秀丽、高桂英，2010）。移民也减轻了人口增长过快给生态环境造成的沉重压力，缓解了日趋紧张的人与环境的关系，为保持六盘山水源涵养林创造了条件。移民迁出区退耕还林还草，把生态移民与扶贫开发、农业产业化、城镇化等结合起来，实现扶贫开发与生态建设的“双赢”目标。少数民族地区构建了以生态林、生态农业为优势种群的植物群落，并形成以人为本的生物圈，改造和提高了自然社会生态景观。同时，在一定地域内充分发挥对农业生产区域的生态平衡和生物资源的多次利用、多层利用以及综合利用的保障性作用（罗强强，2009）。

（2）脆弱生态得到修复。对迁出地的生态移民来说，在减少生态压力的同时，还减缓了对珍稀物种的破坏；对迁入地的移民来讲，不但转变了移民传统落后的思想观念，而且促进了当地经济的发展。青海藏区有两个较为典型的生态移民县，在移民后，该区域草地植被覆盖度明显提高，好转草地占13.5%、终止或减缓退化草地占86%、零星退化草地仅为0.05%，覆盖率较高的草地面积分别增加43.2万亩和16.5万亩，重点治理区草原植被覆盖率提高10.13个百分点。并且当地的异常气候也随之缓和，使原先最为原始和脆弱的生态环境得到了初步遏制。几十个小湖泊也得以复现，森林面积、湿地面积逐年增加，新增湿地28.57平方公里（马桂芳，2017）。内蒙古科右前旗通过实施移民等措施，自然植被得到恢复和生态环境得以改善，对周边地区的生态气候也产生良好影响，为经济和社会发展创造良好的生态条件（李生，2015）。内蒙古伊克昭盟实施生态移民以后，由于不再有人畜进入禁牧区，即使是遭遇了连续几年的大旱，原来的草地也能不同程度地得到恢复（刘学敏，2002）。

第三节

黄土高原生态移民生计重建中存在的主要问题

已有黄土高原生态移民的文献更多的是从问题的视角揭示了生态移民工程中存在的问题。一方面由于黄土高原各省（区）经济财政能力弱；另一方面由于部分地区在政策实施时未能考虑民族文化等因素，贪多求快，试图让地处深山的少数民族一步到位实现“现代化”，也产生了“经济贫困、心理不适应、社会矛盾”等暂时的社会问题。

一、经济方面存在的问题

（一）土地资源的适宜性与分配不合理，流转程序不规范

大多数移民都来自贫困地区或山区，习惯于依靠土地获得收入，而目前移民在土地资源分配和流转等方面均遇到较大问题。宁夏在吊庄移民时，规定按人均 2 亩耕地的标准给移民分配土地，但事实上，土地质量存在差异，有的土地开发后有较多的粮食收成，而有的土地因盐渍化严重或流沙层严重，治理难度大，不适合种粮食作物，移民就不得不撂荒或者转移到其他地方谋生。有些土地的地力需要移民花费劳力、时间培养，培养期间移民得不到收入（李培林、王晓毅，2013）。还有移民搬迁后在移民安置点拥有土地，但有的土地实行集体化经营，解放了大量劳动力（李靖等，2015），但找不到合适的工作，无所事事。

在土地流转方面，存在土地流转程序不规范和土地流转资金制约流转规模等问题（罗秀雪，2018）。在外打工的移民会把土地的经营权转移给其他农民，但大多只是简单的口头协议，很少有书面合同，即使有书面合同，内容也相对简单，没有规定双方权利、义务、违约责任等问题，极易造成纠纷。宁夏中宁县生态移民就存在土地管理不规范等问题，迁入移民人口流动性大，土地及宅基地无序流动，土地执法队伍及管理网络不健全，造成土地管理工作滞后，乱占、乱建和土地倒卖现象较严重，造成了一些社会矛盾，影响了地方经济发展和社会和谐稳定（张学科等，2013）；加之迁入的移民越来越多，又导致迁入地土地超载，产生土地沙化、盐渍化等问题，影响移民区经济、社会、生态效益的协调发展（杨龙等，2004）。

（二）移民非农就业困难，就业培训内容有待完善

移民搬迁后，尽管有分配的土地，但土地面积比移民前减少很多，土地产出不足以维持移民的生计，移民要增加收入需要依靠非农就业。尽管移民村距离城市较近，为移民打工提供了方便，但由于移民缺少必要的专业技能，工资收入经常较低（李培林、王晓毅，2013）。虽然多数移民点有就业培训，但培训内容与移民职业就业联系不紧密，培训过程存在与市场脱节的现象（李靖等，2015）。另外，一些传统观念也制约了回族女性移民外出择业（闫丽娟、张俊明，2013）。

（三）为搬迁负债较多，生产生活艰难

虽然国家为移民搬迁投入了大量资金，但是移民自身为了搬迁也支出了不少，这对贫困家庭来说构成了比较大的负担（张闽剑，2006；李培林、王晓毅，2013）。在宁夏最大的移民区红寺堡随机调查中了解到，平均每户搬迁费用和建房费用达 1.2 万元，个人自筹约为 55.6%，其余均为贷款或借款。大多数农民负债搬迁，生活十分艰苦。根据宁夏大学 2000 年红寺堡移民搬迁 1～2 年经济收益民意调查发现，根本好转的仅占 3.5%。移民进入新社区后各项新的支出要远高于原居住地，支出迅速增加、经济基础差、生产力低下，决定了生态移民初期需要依赖政策投资（杨龙等，2004）。

（四）移民后续产业发展滞后

许多移民原本对搬迁到移民村镇后的新生活寄予极大期待，但搬迁后的现实却让他们备感失望。由于多种原因，政府没有及时妥善建立起移民后续产业，致使一些移民的生活和就业出现矛盾，有部分移民仅靠国家补贴生活，后续生计难以为继，生活水平下降甚至入不敷出。一些移民由于无业可就、无事可做，不稳定因素增加，社会矛盾出现。导致移民后续产业发展慢的影响因素有：一是产业支撑力弱。移民安置区的已有产业发展规模较小，发展水平较低，新建立起来的产业又处于初始阶段，难以支撑移民脱贫致富和稳定发展。二是产业结构单一。当地政府主要依托本地区比较有影响力的企业，尤其是龙头企业来进行选择和设计，而一般移民区龙头企业很少，这必然导致安置产业高度趋同，结构单一，市场风险较高。三是产业集约化程度低。移民安置区的各种产业尚属空白，安置产业大多是新开发建设。而基础产业建立并初步有所发展需要 3 年左右的时间，主导产业的生产基地建设和主导产品的市场打造时

间则会更长。

（五）生态环境承载压力大，水资源短缺

生态移民区水资源短缺的形势严峻，已成为制约生态移民开发的首要问题（杨龙等，2004）。干旱缺水的状况使许多移民区的土地资源、矿藏资源不能得到充分的开发利用，造成移民区土沙漠化、盐碱化。加之移民缺乏现代耕作技术，在水资源奇缺的移民区，大水漫灌、大量浪费宝贵水资源的现象仍较普遍。大部分黄土高原移民区均处于干旱半干旱地带，如果没有有效的节水措施，就会造成水资源的矛盾。

二、社区治理方面

（一）生态移民的组织管理部门协调不够，组织领导层级偏低

生态移民工程的实施需要多个管理部门的相互协调、相互合作。许多生态移民工程存在政府部门间管理碎片、治权分散、权责重叠等不合理现象，各政府部门更多关心的是本部门承担的任务实现问题，忽视了与其他部门间的合作，甚至有的部门因利益之争发生冲突，导致重要事项错过了最佳处理期，实施预期效果无法完成（李生，2015）。另外，有部分地区生态移民组织领导层级偏低。在生态移民项目实际操作中，一般是由生态移民项目所在县来具体实施，虽然这样涉及的领导层少，容易协调沟通，但行政级别较低，县域范围有限，选择余地少，很可能会出现不仅没有减轻环境压力，反而带来新的环境问题，导致“二次搬迁”现象的发生（李生，2015）。

（二）移民参与不够，决策者和移民脱节

政府和移民是生态移民的主体，移民是利益攸关方，是最不应该也最不能被忽视的主体。然而，内蒙古在生态移民实施过程中存在移民实践“主题错位”问题，政府部门完全主导了移民工程的各个环节，移民很少或根本没有参与的机会（李生，2015）。同时，移民在对政策的了解程度上，大多仅限于住房保障和医疗保障等方面，对土地所有权、住房转让、就业政策了解少之又少（李靖等，2015），已了解的政策实施的有效性不足，有移民反映，搬迁前宣传的许多政策在搬迁后没有落到实处，移民没有享受到政策的优惠，有一种被“忽悠”的感觉，让移民对政策产生误解，不信任，也加大了政府以及社区的

管理难度（闫丽娟、张俊明，2013）。

（三）标准化的安置方式难以满足移民的差异化需求

移民搬迁到新安置区后，政府对移民制定了统一的操作模式和整齐划一的房屋，但移民的需求是多样的，每个家庭的条件也是不同的。政府按照统一标准分配的住房，对于人口较多的家庭来说就会感觉住房紧张，人均居住面积小，不能满足家庭需要。整齐划一的移民房屋建设有利于移民的规划，也能避免社会矛盾，但是无法满足移民多样化的需求（李培林，2013）。

（四）生态移民社会治理问题尤为迫切

移民来自山区和贫困地区，参与社区治理缺少传统和参与能力，社区自我管理能力较弱，基层组织发挥作用不够，社会纠纷需要政府出面解决，不仅增加了社会管理的成本，而且还不利于社会稳定（李耀松等，2012）。另外，由于移民期望较高，当不能实现时，移民就会有各种各样的“抱怨”声，甚至频繁上访，给移民安置地的社会管理带来了难度。

三、文化方面

（一）移民应对文化冲突能力弱

移民社区成员来自不同的地方，有不同的传统文化。移民搬迁前后迁入地和迁出地区域文化差异、移民人际互动关系差异、环境和制度因素等造成移民的归属感和认同感不强（张丽君，2013）。例如，宁夏中宁县移民新村，回族移民与安置地居民互动时时有发生小的冲突，并常常处于被动状态（闫丽娟、张俊明，2013）。由于双方的了解不够、文化差异、交往深度不足，容易让对新环境陌生的部分回族移民认为当地居民看不起他们，排斥他们，部分回族移民社会交际圈的内聚性十分明显，自我疏离感增强。

（二）移民的教育管理问题有待加强

在移民的师资力量方面，西北干旱半干旱移民区学校教师大多数是随移民搬迁而来的边教边农的双重身份的教师，文化素质普遍较低，学生旷课现象较普遍，教学质量差，校舍条件也较差，师资力量严重不足，文盲率高达22.6%，小学文化程度占39.6%。在教育方面多数移民区没有初、高中学校，职业教育更无从谈起（杨龙等，2004）。

（三）有些地方存在影响宗教信仰活动正常进行和对民族文化传承关注不足的问题

部分地方移民主体大部分是有宗教信仰的少数民族移民，个别穆斯林群众做礼拜和进行正常的宗教活动还要去县城里，造成了很多不便。如果在移民工程实施过程当中少考虑移民主体的民族性和宗教性，很有可能会出现一些问题，在民族地区演变成民族问题。另外，目前移民工程注重社会效果、经济效果、生态效果，对民族文化的保护传承方面关注不足，对民族文化的保护和创新不够充分。

（四）有些地方移民对迁入地难以产生认同感和归属感

移民成效是社会关注的主要问题，移民对迁入地新环境的接受程度也影响着移民后续的生计重建。许多移民在较短时间内存在角色转化困难，加之生活和心理压力较大，一时难以适应搬迁后新生活，难于产生认同感和归属感（张丽君，2013）。宁夏中宁县移民村移民因对比产生了对现状的不满情绪，一些移民形成了应激性抵触心理，使移民不去主动适应因搬迁而带来的生产生活方式的变迁，不能很好地融入新的生活环境中，对迁入地缺乏认同感、安全感和归属感（闫丽娟、张俊明，2013）。除了在生活环境和文化适应上难以产生认同感和归属感外，移民在身份的认同上也说不清楚。

本章小结

生态移民是黄土高原各省（区）为解决贫困问题和生态环境脆弱问题实施的迫不得已的举措。自 20 世纪 80 年代至今，各省（区）投入巨大，也产生了良好的经济效益、社会效益和生态效益，但在实施过程中，也产生了如土地资源缺乏、移民收入增长乏力、部分移民适应困难等实际问题和困难，需要对黄土高原生态移民 40 年来的成功经验进行总结及对存在问题进行认真研究。

第二章

微观视角下黄土高原生态移民搬迁后的生计现状

在本书的第一章，我们从宏观层面总结了已有研究黄土高原生态移民的文献，归纳了黄土高原生态移民政策的实施状况以及取得的成绩和存在的问题。本章我们将从微观视角，使用课题组在宁夏中卫市鸣沙村、鸣钟村和宽口井移民区的移民调查数据，使用描述性统计和访谈调查方法，深入分析移民搬迁后的生活、生产变化。

第一节 移民搬迁后的生产现状

一、农业生产情况变化

（一）耕作农作物变化

移民前，农作物种植种类仅以传统的小麦和玉米为主的移民比例达到92.8%；4.3%的移民还兼种植油菜、胡麻等经济作物，但种植面积少、种类单一；只有1%的移民种果树，经济效益较高的林果业没有得到很好的发展。

移民后，在迁入地政府的积极引导下，移民改善了农作物的耕作结构，以小麦和玉米为主的种植为生的移民比例降低到53%，比移民前低了40%；而经济作物变化不大，有4.8%的移民在种植经济作物；经济效益较高的林果业种植比例增长较快，有21.6%的移民种植果树，而且种类丰富，主要有苹果树、枣树、葡萄、枸杞等。

移民前后耕作农作物的种类变化较大，粮食作物比例较大缩小，林果面积明显增加，耕作农作物结构逐渐合理。

（二）生产工具变化

生产工具在种植业中发挥着重要作用，移民搬迁前后生产工具的变化情况值得关注，能反映移民搬迁前后农业生产变化情况。

移民前，由于生产技术方法落后和交通不便，该地农民手工劳作比例达92.8%，使用工具主要有铁齿粑、铁锨、镰刀、犁、石磙、斧头等，运输工具主要有木轮车、铁轮车、抬把子等。消耗劳动量大，而且生产效率极低。移民后，由于生产技术不断提高，交通条件改善，农业机械生产工具明显增多，农业机械化率显著提高。农业生产工具主要有推土机、铲运机、平地机、耕地机、播种机等。目前，72%的移民已经使用机械化的方式进行农业耕作，比移民前增加约65%。现代化工具的使用不仅减轻了农民们的劳作压力，而且提高了农业生产的效率，有助于移民收入提高。

（三）田间管理变化

移民前后田间管理方工的变化，如图2－1所示。

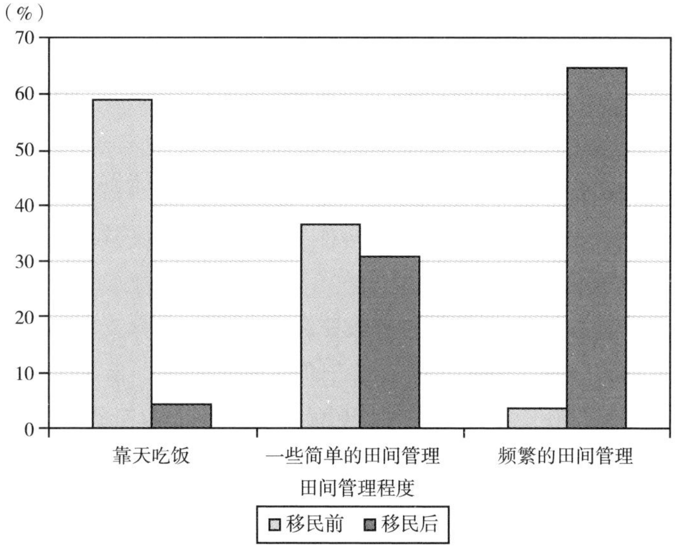

图2－1 移民前后田间管理频次调查

移民前，有59.2%的移民是靠天吃饭，广种薄收，很少有田间管理行为，36.8%的移民有一些简单的田间管理行为，只有4%的移民经常、频繁地管理土地。移民后，移民土地数量减少，质量提高，开始精耕细作，65%的移民频繁进行田间管理，30.7%的移民进行简单田间管理。移民开始精耕细作的耕作方式以及频繁的田间管理活动，提高了农业生产效率，增加了农业收入。这主要得益于迁入地政府的指导，以及移民生产技术的提高和思想观念的进步。

（四）生产性支出变化

生产性支出变化是种植业变化的重要组成因素。移民搬迁前后生产性支出变化情况如图2-2所示。

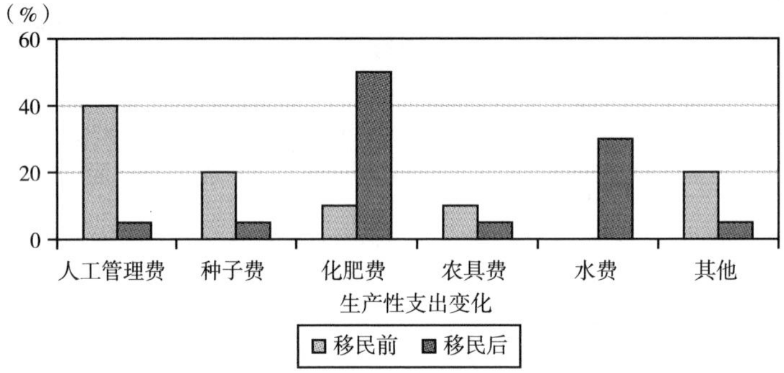

图2-2　移民前后生产性支出的变化情况

搬迁前移民种地时，生产性支出最多的是人工管理费，占40%，化肥费和农具费相对较少，各占10%，移民不需要支付水费。搬迁后，移民进行土地耕种时，生产性支出的比例发生变化。化肥支出比例占到了50%，其次是水费，移民后是统一交钱提水而不是移民前的提黄灌溉，水费所占比例高达30%，然后是人工管理费、种子费、农具费、其他费用各占5%。这表明移民后农业生产技术进步，机械化程度提高。

下面以一个访谈实例来比较一下农民移民前后生产性支出的变化。

村民罗某，60多岁，初中文化，儿子们都在外打工，家里只有自己和80多岁的父亲以及老伴、孙子和孙女。罗先生细致地描述了移民前后自己家里生产性支出的变化。移民前，由于生产工具落后，人工管理的花费很高，达到40元；化肥每亩地施5~9公斤，每公斤1元，共20多元；种子每亩地6公斤，每公斤1元，共24元；农具15元，其他花费20元，一亩地总共花费120元左右，也仅仅能满足一家人的温饱，没有剩余的粮食去卖。移民后，生产工具机械化了，人工管理费下降，但化肥施用量急剧上升。现在每亩地化肥300多元，种子每亩70多元，水费每立方米1元，一亩地需浇120立方米水左右，共120元，加上农药费、收割费等其他费用，每亩地总共花费550元左右，这比移民前每亩地生产性支出高了4倍。移民前后生产性支出变化非常明显，且支出的侧重点发生了改变。

二、养殖业情况变化

（一）养殖种类变化

生态移民会带来养殖业的变化，而养殖种类也会发生变化。移民前后养殖种类变化情况如表2－1所示。

表2－1 移民前后养殖种类变化情况 单位：%

时间	牛	羊	鸡	鸭	水产	其他
移民前	3	72	26.4	1.6	0	3.2
移民后	16	60	43	8	0	8

移民前移民养殖的主要牲畜是牛、羊、鸡，其中，养羊的比例高达72%，养鸡的比例达26.4%。而移民后主要养殖种类变为羊和鸡，其中养羊的比例比移民前减少了12%，鸡的比例上升了17%，饲养其他种类的也较移民前有所增多。移民后牲畜养殖种类增多，多样化程度提高。由于保护生态环境的需要，草场受到严格控制，养羊的移民数量大幅减少，许多移民转而开始养猪、鸭等禽畜。

（二）养殖方式变化

移民前后养殖方式变化巨大。移民前，家畜的养殖方式主要是散养，其比例达到所有养殖户的46%，因为移民前的村子位于山坡上，所以村民就在山坡上养殖，以散养为主；圈养的比例不高，只有24%；同时，散养和圈养结合的养殖方式占30%。移民后，由于鸣钟村处于沙漠和农田交界处，草地受到严格保护，因而养殖方式不得不改变。移民采用圈养方式的比例高达79%，散养的比例下降到了13%，圈养和散养结合的养殖方式下降到10.5%。

三、外出务工已成为主要谋生方式

移民工作变化情况是移民后居民生活情况变化的主要表现之一，关系着移民生活水平、生活方式的变化。调查显示，移民搬迁前只有7.2%的移民以外出打工为生，移民后，外出打工比例增长到66.4%，多数人已经选择出去打工，原因之一是机械化程度提高，农闲时间大大增加；原因之二是打工会带来丰厚收入。

移民搬迁前，有高达 79.2% 的移民从事农业生产，移民后，这一比例降到 7.2%，人们不再只以农业为生，更多地开始从事收入较高的非农工作，例如，移民搬迁后有 12% 的居民开设了副食店，2% 的居民开设饭馆，66% 的居民外出务工。此外，买卖小商品等副业增长也很快，原来只有 1.6% 的移民从事此行业，移民搬迁后，有 12% 的移民选择以买卖小商品等副业为生。即搬迁前后移民的工作情况发生了很大变化，搬迁后单纯从事农业生产的移民明显减少，而打工和小商品从业者显著增多。这得益于政府的积极引导，移民后当地政府积极开展各类工作技能培训，包括挖掘机和装载机驾驶技术、妇女刺绣和枸杞修剪等，积极引导移民就业，据了解，有 31% 的移民因此找到了工作，此外，一些企业如天元锰业在此招工，吸收了很多劳动力，这些都使移民后移民工作种类多样化。

村民赵某，50 岁，有两个孩子，大儿子 29 岁，开个副食店，小女儿已经出嫁。老父母都在。移民前家里有 15 亩地，主要种植小麦和玉米，且常年在家务农，没有其他收入来源，每年的收入基本与开支一样，勉强维持家庭基本生活，但是没有结余，没有钱做其他事。移民后，政府积极开展工作技能培训活动，并引领一些企业到这里来进行招工。赵先生说，他觉得自己很幸运，被某个挖掘机公司看中，现在在那里上班，每个月能拿到 3500 元工资，同时，田地里农忙时也可以临时回来收获，这样两不耽误，都能获得收入。据他介绍，现在每年他大概能赚 55000 元，比移民前每年的收入翻了 10 倍！这让他非常高兴。他对我们说，现在工作好了，有钱了，就想好好孝敬一下父母，因为老母亲已经 80 多岁了，他想尽自己所有的力量孝顺她！

在宁夏移民搬迁过程中一些新村出现了无地、少地或土地被集体转包。移民多选择外出务工作为新收入来源，调研中发现有务工经历的移民占样本总数的 72% 以上，如图 2－3 所示。

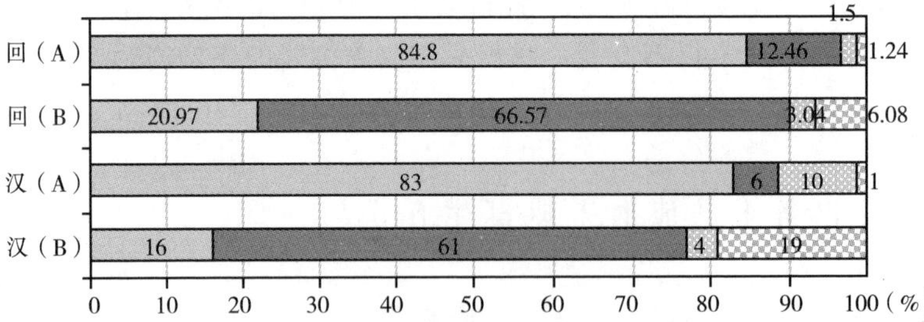

图 2－3 调研地区移民搬迁前后就业方式

数据来源：数据来自课题组的宁夏调查。

虽然越来越多的移民选择外出务工作为收入来源，但回汉移民在务工选择方面存在不同。民族宗教因素是回族移民选择外出务工、务工时间以及务工距离的主要因素。

（一）回汉移民户外出务工的距离比较

回族移民多以就近务工为主，且一般多集中在西北地区的市区，如甘肃、新疆等地，多在清真寺周边及回族社区就业、居住，以方便沟通和生活。回族移民多聚集在具有民族特色的清真餐饮、食品加工等行业内（西北地区），而汉族移民户则喜欢从事建筑业、服务业等相关行业。

如表 2－2 所示，调查发现近一半以上的回族移民选择在本省务工，其中有接近 20% 选择在本地就近打工；相比较之下，汉族移民更能够接受较远距离的外出（有外省打工经历占 51.39%）。然而，因移民新村周边的就业吸纳能力有限，回族移民也不得不前往距离更远，环境陌生的地区寻求新的工作机会。相对来说，老一辈的回族移民相对保守，认为远距离务工困难大，生活不方便；而年轻人则认为外出就业机会更多，前景较好，能得到锻炼。

表 2－2　　移民户外出务工的距离与时间　　单位：%

	距离			时间（一年为期）			
	县内	省内	省外	<3 个月	3～6 个月	6～9 个月	>9 个月
穆斯林	18.6	33.88	47.52	23.14	38.84	23.97	14.05
汉族	11.11	37.5	51.39	20.83	23.61	25	30.56

数据来源：宁夏调查。

（二）回汉移民外出务工的时间比较

回族移民外出时间多集中在半年以内（小于 3 个月占 23.14%；3～6 个月的为 38.84%），务工时间相对较短；而超过半数的汉族移民一年内有半年的时间在外打工，且以超过 9 个月的比例最高。许多回族移民认为难以融入务工地区环境，有较大落差，交流和饮食方面也难以适应。村民 Y（30 岁，穆斯林，宁夏弘德新村人），搬迁后仅在 2015 年不到 3 个月的时间里在陕西宝鸡一家货运公司打工，他提及，“虽然那边比在这边县城打工挣得多，但跟那边的人也吃住不到一起，他们吃大肉喝酒，打工的地方附近只有一家清真拉面馆，也没有亲戚朋友在这边，时间久了就想回老家，哪怕挣得少也认了，许多朋友也遇到这样的问题”，回族移民外出时间较短，除了自身文化程度和职业技能较低外，还受民族宗教因素影响，对于没有务工经历的移民尤其如此。

第二节

移民搬迁后的生活现状

一、居住变化情况

生态移民后，移民居住条件发生变化，房屋结构既是影响居住情况的关键，也是移民关心的重要方面。移民前后房屋结构变化情况如表 2－3 所示。

表 2－3 移民前后房屋结构变化情况 单位：%

	窑洞	土木结构	砖木结构	混凝土结构	其他
移民前	4	72.8	22.4	1	0
移民后	0	5.6	74	21	0

移民前，大部分移民居住的是土木结构的房屋，占比达到 72.8%；22.4% 的移民居住的是结构较好的砖木结构房屋，只有 1% 的移民住的是最牢固的混凝土结构的房屋，整体看来，移民前移民的住房结构较为落后。移民后，有 74% 的移民住进了砖木结构的房屋里，这比移民前提高了 52.4%，还有 21% 的移民住上了最牢固的混凝土结构房屋，此外，居住土木结构房屋的比例下降到 5.6%，而且没有移民住在窑洞里。大多移民在移民后住在了质量较好的砖木结构和混凝土结构的房屋中，房屋安全性提高，生活质量上升，这主要得益于当地政府对移民房屋的统一规划和建设。

村民李某，30 多岁，初中文化，以外出打工和种植枸杞为生。有一个 8 岁的儿子和 6 岁的女儿，都在镇里上小学。他说，移民前他们住的房屋都是土木结构的，非常不牢固，刮风下雨时屋顶总有漏水现象，而且墙皮脱落严重，一些土粒经常往下掉，他们一家提心吊胆地生活在里面，他们的邻居有些人甚至还住在窑洞里，没有自己单独的房子，生活很艰难。他对移民前的房屋结构很不满意。而移民到宽口井移民区后，当地政府统一规划建设了一批新的砖木结构及混凝土结构的移民房，使移民在里面住的非常舒服、安全。而且李先生又单独购置了一套混凝土房，这使他生活条件非常好。李先生高兴地说道：现在住的比原来好了，吃的比原来好了，挣的钱也比原来多了，一家人能开开心心地生活了。由此可见，村民对移民后房屋结构的变化相当满意。

在对移民后房屋舒适性实地调查过程中，绝大多数移民认为移民后的房屋舒适性比移民前有提高，只有极少部分移民认为生活条件变差了。这得益于移民后房屋建设的区位较合理，采光、隔热和布局都明显改善，加上居民自己的装饰、布置，使房屋居住更加舒适（见图2－4）。

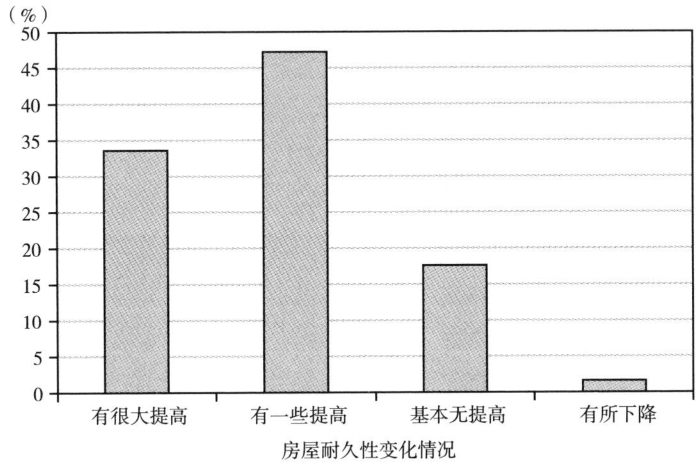

图2－4　移民后移民房屋安全耐久性情况

绝大多数移民认为移民后的房屋安全耐久性比移民前有提高，感觉房屋质量较好。迁入地政府在移民前统一进行房屋规划、建设时，充分考虑了房屋的安全耐久性，保证移民居住的安全、持久，提升幸福度。

总之，移民前后居住情况发生了很大变化。移民前生活水平低，房屋结构、质量也不好。而移民搬迁后通过国家的财政支持、有关部门的积极领导，不论是房屋结构、舒适性还是安全耐久性都比移民前有很大提高，移民对现有居住情况的满意度也很高。

二、饮食情况变化

回族的饮食习俗是深受伊斯兰教义严格规制的清真文化，有着独特饮食方式和加工技艺，在特定三大节日（开斋节、古尔邦节、圣纪节）内通过民族特色饮食来欢庆节气。在回族看来，饮食习俗不单纯是一种生活方式，往往还寄托一定的宗教感情。

饮食结构的好坏关系到移民生活质量的高低，关系着人民的幸福指数。移民前后移民饮食结构变化情况如表2－4所示。

表 2－4　移民后移民饮食结构变化情况　单位：%

	完全吃肉，无米面菜	肉为主，米面菜为辅	米面菜为主，肉为辅	完全是米面菜，无肉
移民前	5.6	5.6	68	20.8
移民后	0	6.4	79.2	14.4

移民前后居民饮食结构变化不大，大部分居民以米、面、菜为主，偶尔吃肉。这主要是因为移民迁移距离不长，饮食习惯相似。移民区接收的移民属于市内迁移，同属中卫市，饮食结构相差不大。

饮食适应情况关系到移民后居民生活的质量高低，是衡量移民是否成功的标准之一。移民后对饮食情况比较适应的移民占到了 36.8%，很适应的占 32%，即有近 70% 的移民对移民后的饮食情况是适应的。还有 24% 的移民认为对移民后饮食情况适应的一般，只有 5% 的移民不太适应移民后的饮食情况。虽然进行了生态移民，但由于迁移距离较短，饮食情况比较相似，适应起来并不难，使移民的饮食情况基本没受影响，绝大多数移民能够适应这种饮食情况的变化。

而超过 60% 的移民觉得饮食情况比移民前更好，生活水平有所提高。这主要得益于搬迁后收入增加，饮食支出也相应增加，移民后饮食支出所占比例达 15%，比移民前增加 5%，饮食情况得到改善，生活质量提升。

很多移民新村的老人表示，搬迁后他们交往的对象主要是本村回族和亲戚，同其他人交往较少，在饮食方面受到影响较少，另外，回族非务工移民户在饮食观念上大多仍坚持穆斯林传统，饮食习俗变化很小，而务工移民和年轻回族移民交往范围扩大，尤其在与汉、蒙等民族的交往中，在他们“把酒见真情”的酒文化影响下，为了“融入”这一社会文化环境，一部分移民青年甚至开始接触或学会饮酒。

三、移民后穆斯林婚丧观念的变化

回族婚姻观念深受伊斯兰信仰的影响，讲究回族内部通婚，尤其是在较为偏远山区更是如此。适婚龄的回民一般由父母、阿訇等做主说媒，并以教门、根基与贫困度为择偶标准，强调门当户对，有着严格的回女不外嫁传统。然而，随着移民外出务工的增加，回族传统的婚姻观念也发生变化。调查显示，多数移民（务工 69.83%；在家 79.76%）在选择配偶时仍考虑配偶的民族身份，但务工移民在择偶范围中“不考虑”对方的民族身份和“无所谓”的比率已超过 30%，大于非务工移民的 20%。以中青年为主的务工移民的择偶观念发生变化，一些年轻的农户不再完全遵循严格的族内婚观念。

虽然伊斯兰教倡导穆斯林婚姻自主，但搬迁后，非务工移民较少有机会接触到新的婚姻观念，一些老年人认为族际通婚不光彩，一起生活不方便。外出务工活动或升学使部分回族移民接触到新的婚姻观念，部分移民的择偶观念正发生变化，注重自由、平等的择偶方式，将感情、经济基础、职业前途等作为新的择偶标准。另外，外出务工也使移民择偶社会关系网从亲缘发展为业缘（同事、朋友等），择偶范围随之增加，调研过程中经常遇到回汉通婚的实例。新老移民对族际通婚存在不同看法。

此外，传统回族婚庆仪式有浓厚伊斯兰色彩，宗教仪式感十足，宴席多为流水席，较为节俭。但部分移民有更多的机会参加更为现代的婚礼仪式，开始接受新式婚礼，一些年轻人选择节假日在酒店举行婚礼，无论是婚礼着装（西装、婚纱）还是婚宴仪式都发生变化，宗教元素减弱，许多移民认为婚礼的花费较以前大幅增加。

四、生活耐用品拥有量变化情况

移民的生活耐用品拥有量在搬迁前后的变化情况如表2－5所示。

表2－5　　移民生活耐用品拥有量变化情况　　单位：%

	电视	电脑	冰箱	洗衣机	拖拉机	机动三轮	货车	摩托车	轿车	智能手机	无线Wifi
移民前	60.8	2.4	16	30.4	15.2	36.8	1.6	36.8	1.6	16	1.6
移民后	96.8	30.4	72	83.2	18.4	39.2	7.2	62.4	22.4	74.4	36

移民生活耐用品拥有量变化明显。搬迁后移民生活耐用品的拥有量迅速增加，种类也更丰富，档次更高级，这一方面得益于政府政策支持和补贴，如一些“家电下乡活动”可以使移民买家电得到优惠；另一方面是移民搬迁后家庭收入增加，增补了许多生活耐用品。

村民徐某，28岁，小学文化，现在在当地一家果品加工厂上班。孩子3岁半，在家由爷爷奶奶照看。移民前他们住在北长滩村，家里一贫如洗，几乎什么都没有，只有一台机动三轮车，平时用于拉一些设备、工具进行田间耕作。没有手机、电脑之类的高端耐用品，更没有轿车、货车。移民后，他们搬到了鸣沙村，由于该村附近有一个大的果品加工厂，所以徐某去那里上班，闲暇时间照看地里的农事，这样两边都有收入。不到3年的时间，徐某新买了冰箱、洗衣机、摩托车、电视和智能手机等多种生活耐用品，生活质量得到显著提升，家庭幸福感也慢慢得到提高。两份收入让徐某的生活越来越好，他激动地说道："政府的政策太好了，让他们搬出了穷困潦倒的原居住地，来到新的居住区，并找到工作，增加了收入，增添了很多生活耐用品，生活质量大幅提升。"

五、交通条件和基础设施的变化

移民安置地交通设施和水电网煤气等基础设施的建设更为重要，关系着移民日常出行、生活的便利度。移民后交通条件和基础设施的变化如图 2－5 所示。

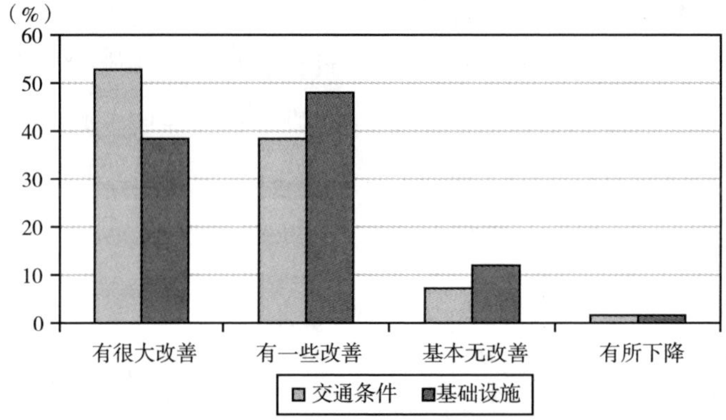

图 2－5　移民后交通条件和基础设施的变化情况

从图 2－5 中可以看出，无论是移民搬迁后的交通条件还是基础设施都得到了很大改善，移民满意度很高。通过访谈我们也得知，移民后当地政府和村委会积极带头搞建设，修路（现在三个移民区的道路都是柏油路，交通很方便）、建设基础设施（包括卫生室、配电室以及体育娱乐活动场所）等，现在移民新村都有 1～2 个卫生室或诊所，两个配电室，一个综合体育广场（包括一整套健身器材以及两个篮球场）。

第三节

移民搬迁后的收入与支出现状

一、移民收入增加，但仍不稳定

移民搬迁后，收入来源有限，结构比较单一，可选择性较少。从收入来源来说，农牧民主要靠家庭经营收入为主，包括有限的庭院经济、小规模的牛羊养殖等，而转移性和财产性收入、固定性的工资收入比例很少。产业结构上农牧业占比较高，非农收入比重偏低。虽然安置地政府近年来扶持力度加大，加上“一免三补”政策的落实，但农牧民资金有限、投资意识差等因素在很大程度上限制了移民的增收渠道（见表2－6）。

表2－6　　搬迁前后收入来源变化

		种植业	养殖业	家庭经营	务工	观光旅游业	政府补助
搬迁前	频数	312	120	10	36	1	8
	占比	(62.90%)	(24.19%)	(2.02%)	(7.26%)	(0.20%)	(1.61%)
搬迁后	频数	157	24	15	106	2	160
	占比	(32.30%)	(4.94%)	(3.09%)	(21.8%)	(0.41%)	(32.92%)

数据来源：内蒙古调查。

移民收入水平和移民对收入增加的主观感受结果如表2－7所示。

表2－7　　搬迁前后年均收入对比

	10000元以下	10000～30000元	30000～50000元	50000元以上
搬迁前	325 (68.71%)	101 (21.35%)	32 (6.76%)	48 (3.17%)
搬迁后	252 (51.85%)	163 (33.54%)	42 (8.64%)	29 (5.97%)
增加（减少）	－73 (－16.86%)	62 (12.19%)	10 (1.88%)	－19 (－2.80%)

数据来源：内蒙古调查。

从表2－7中可以看出，搬迁后移民的收入水平没有发生太大改变，移民在搬迁后收入在10000元以下占比减少，10000～50000元占比增加，50000元以上移民占比减少，其中10000～30000元占比变化较明显；但是收入在10000元以下人群仍占半数以上，大部分移民仍处于中低收入状态，收入增加幅度有限。

二、移民的消费多样化，刚性支出增加

移民搬迁后大多数家庭支出增加。调查显示，84%的移民家庭支出比移民前增加了，11.2%的移民支出无变化，只有4.8%的移民家庭支出比移民前减少。一方面是因为移民搬迁后收入增加，购买力增加；另一方面是搬迁后刚性

需求增加或者迁入地物价增长导致生活成本上升，支出相应上升。

在对移民家庭支出分类后发现，有32.8%的移民支出主要在饮食上，32%的移民主要支出是教育，18%的移民是家用电器，此外还有医疗支出、服装支出、交通支出，但所占比例很小，三项支出占17%（见表2－8）。

表2－8　　家庭主要花费方面

	饮食	服装	家具/家电	种植/养殖	教育	交通	医疗	宗教及其他
人数	246	7	21	13	67	3	130	11
占比	49.40	1.41	4.22	2.61	13.45	0.60	26.10	2.21

数据来源：内蒙古调查。

在生活方面，搬迁前移民的饮食主要靠自养的牛羊肉为主，粮食、蔬菜也是自给自足，而搬迁后由于缺乏自养的牲畜，饮食所需的牛羊肉食品也从市场上购得，虽然每家有种蔬菜的小庭院，与搬迁前的规模化种植相比远远不够。以用电为例，搬迁之前移民定居在相对偏远的山区，部分地区的通电设施未到位，电费支出非常小，搬迁后移民被安置到基础设施齐全的村社，做饭洗衣甚至家庭生产都要用电，电费支出比明显增加。用水方面，搬迁前大部分移民是自家打水井，虽然打井花费较大，但对于他们来讲是一劳永逸的事情，生产灌溉中即便用水量大，也不会觉得影响生活成本，而搬迁后，移民的自来水都是政府统一规划“五通”基础设施，生活生产用水让移民感觉水电费已经成为家庭开支中的重要部分。燃料方面，农牧民在牧区时，主要通过牛粪作为燃料烧饭取暖，从市场上购买燃料的时候很少；搬迁后没有了牛羊，无法烧牛粪，做饭取暖便主要靠煤、燃气等，燃料开支占比增加；通信费比重搬迁后也同样比搬迁前增加。

当调查者询问“您觉得您家的整体生活水平较移民前?”有60%认为生活水平提高了，30%认为没有变化，10%认为下降了。但微观上，我们从调查问卷中“近期您家的月支出额平均是多少”及“近三年您家的年收入平均是多少”的数据比较计算：移民近期纯收入＝年平均收入－月支出额×12。结果如表2－9所示。

表2－9　　收支对比情况

收支对比情况	收入 < 支出	收入 = 支出	收入 > 支出
幅度	－10000元以下	－10000～5000元	5000元以上
人数	267	79	159
占比	52.87%	15.64%	31.49%

数据来源：内蒙古调查。

从表 2 -9 中可知，半数以上处于收入小于支出，收入大于支出者占比 31%，移民在搬迁后的生活仍处于较为不理想的状态，这也是移民最主要的生活困扰。移民在搬迁前自给自足的生活变为搬迁后的完全市场经济，收入的非农化及消费的市场化使移民的生活支出发生很大的变化。在日常消费方面，移民表示新区提供更便捷消费市场的同时，虽然生活必需品支出占家庭总收入的比重在不断下降，但其在家庭总支出中所占比重却明显升高。据调查，由于搬迁产生的住房建设费用、生活必需品开支以及家庭收入不稳定等方面的因素，是移民心理压力的主要原因。据调查，46.15% 的移民认为两年之内可以恢复到搬迁前的生活水平，有 28.65% 的人五年之内可以达到搬迁前水平，有 25.2% 的移民则需要 6 年以上的时间才能恢复到搬迁前的水平，如表 2 -10 所示。

表 2 -10　　生活水平恢复时间

时间	频数	占比（%）
两年之内	174	46.15
三到五年	108	28.65
六年及以上	95	25.20

数据来源：内蒙古调查。

移民的存贷款情况如表 2 -11 所示。

表 2 -11　　移民户的存款及借贷款情况

存贷款状况	有/无		若有存/贷款，那么金额为多少		
	有	无	≤30000 元	30000 ~ 50000 元	≥50000 元
存款	111 （22.42%）	384 （77.58%）	60 （54.05%）	19 （17.12%）	32 （28.83%）
贷款	155 （32.70%）	319 （67.30%）	52 （30.95%）	46 （27.38%）	70 （41.67%）
借款	202 （43.53%）	262 （56.47%）	——		

数据来源：内蒙古调查。

移民贷款的总体数额高于存款，主要是由于近年来的建筑材料价格逐渐攀升，移民自身负担比例逐年增加，但国家相应的资金补贴政策标准并未及时更新，移民大部分本身属于贫困人口，补助标准偏低，自筹比例大大加重了改建房资金的负担，移民户变得更加贫困，只能通过借贷款来救急。

总之，搬迁后移民通过优化农业生产和增加外出务工较快地增加了收入，但并不稳定。同时，区域产业的溢出效应不足，移民家庭人均土地太少，农业生产潜力很少，但移民安置区刚性支出增加，移民普遍感到生活成本加大。

第四节

移民搬迁后的社会与心理适应现状

一、移民的心理状况

移民搬迁到新环境的过程中，不仅仅是生活、生产方式的变化，更重要的是由此带来的社会身份的转变、人际关系网络的破坏、背井离乡的精神打击，这些连锁变化（税伟、徐国伟等，2012）大大影响移民的身心适应。也就是说，如果移民不能很好地完成新旧环境之间生活、生产及社会角色的转变，特别是在负面生活事件的背景中，移民更倾向于体会到孤立无援、焦虑抑郁等心理不适应的情绪，与非移民搬迁者相比，移民更容易对新环境不适应，需要处理的负性事件更多，心理压力更大，导致心理压力甚至紊乱的可能性就越大（田晓娟，2012）。

以往研究认为，社会经济因素是影响移民心态的重要因素，移民悲观情绪的原因之一是收入水平不高（韦惠兰、王光耀，2017），搬迁前农牧民生活自给自足，自产自收，社会网络关系健全，搬迁后生活必需的蔬菜、粮食、水果都需要从市场购得，日常开销大，生活支出加大，部分移民对现状不满意。调查也发现，移民搬迁前后农作物的种植方式相差甚远或者生计方式发生较大变化，再加上安置地土地质量不一样，移民的粮食产量和劳动收入不稳定，收入的非农化及消费的市场化可能造成生活成本增加，对现状生活不满意，导致压力增加负面情绪增多。

研究发现，移民所拥有的资本也影响着移民的收入进而作用于生活成本，并反映在移民心理适应状况上。另外，移民个人才是心理适应的主体，是心理适应的内因，其客观影响因素只是外因，外因通过内因才能起作用。所以在看到客观影响因素的同时，应注意到移民的个人禀赋（包括移民的年龄及文化程度、身体状况等）在生活成本变化中对心理适应中不容忽视的作用。例如，有研究认为较其他移民而言，搬迁距离远的移民、女性移民及 45～60 岁的移民更易产生各种心理问题，在对新环境的适应上也存在一定的困难（李静、刘继杰，2014）。有大约38%的移民认为自己非常健康，55%认为一般，7%认为不是很健康。移民在搬迁后需要适应新的生活生产环境，部分移民出现心理无法适应的现象，产生睡眠质量不好甚至心理压抑、焦虑等症状（见表2－12）。

表2－12 样本移民户心理适应情况

项目		有（人/占比）	无（人/占比）
心理健康状况自评		33（6.56%）	470（93.44%）
心理适应	睡眠质量好	302（60.04%）	201（39.96%）
	归属感强烈	57（11.56%）	436（88.44%）
心理压力	睡眠质量不好	201（39.96%）	302（60.04%）
	压抑	70（13.86%）	435（86.14%）
心理焦虑	强迫症	9（1.92%）	497（98.22%）
	抑郁	8（1.58%）	497（98.42%）
	焦虑	47（9.33%）	457（90.67%）
心理疾病	敌对	26（5.24%）	470（94.76%）
	精神恍惚或衰弱	65（12.95%）	437（87.05%）

数据来源：内蒙古调查。

移民的社会与心理适应是一种精神层面的指标，在访谈的过程中，有些移民表示，搬迁所在地的自然条件恶劣、土地贫瘠、各方面基础设施不是很完善，移民经常抱怨搬迁带来的一系列问题没有得到妥善的处理，特别是在20世纪90年代末期搬迁的移民，他们并没有对迁入地产生强烈的依恋和不舍之情。

二、移民的社区归属感

社区归属感是移民把自己归为某一地域人群集合的一种心理状态，能够反映移民对于社区生活的适应状况，心理归属通过对社区归属感的指标进行单变量描述性统计。内蒙古生态移民社区归属感程度的统计结果如表2－13所示。

表2－13 内蒙古生态移民社区归属感调查

变量	1. 否定	2. 一般	3. 比较肯定	4. 肯定	均值
公共事务关心程度	7.78%	56.09%	27.15%	8.98%	2.37
社区地域认同	3.85%	54.56%	30.02%	11.56%	2.49
社区依恋	5.88%	14.81%	17.04%	62.27%	3.36
人际关系拓展意愿	4.77%	52.49%	33.40%	9.34%	2.47

调查显示，大约有三成的移民认为社区事务是与自己息息相关的，而只有少数的移民表示不关心社区公共事务，缺乏群体意识、责任意识。有41.58%的移民（30.02%的移民持比较肯定的态度，11.56%的移民持肯定的态度）表现出较为强烈的社区地域认同感，仅有3.85%的移民依然缺乏地域上的认同。这表明，地域情节仍然渗透在相当多的生态移民的意识深处。有79.31%的生态移民表示不愿意返迁到原来居住的地方，他们对社区有了一定程度的留恋之情，而只有5.88%的移民表现出较强的返迁意愿。这表明，绝大部分的移民已经建立起了与社区的纽带关系，对社区已经产生了自然感情。

有42.74%的移民怀有较强的人际关系扩展意愿，希望扩展自己的交际圈，与社区内的人员保持良好的人际关系。这意味着移民不仅希望融入所生活的社区，还希望得到一种感情上的牵挂与依恋。

第五节 移民搬迁后的宗教活动现状

宁夏地区的生态移民安置考虑到了回族特殊的宗教信仰和教派关系，多采用整乡整村搬迁，集中安置的形式，目的是原则上基本保持原来的居住格局、邻里关系和宗教关系。许多移民新村因回民较多，在前期规划建设中划区供村民抽签选择居住地点，并在新建房周围帮助搭建临时的宗教活动场所以方便正常的宗教活动开展。

一、集体宗教活动参与

在有组织的宗教活动方面，在走访的过程中，对于穆斯林前往移民新村内的清真寺的情况，M阿訇表示：“搬来这段时间，为了生活许多农户都外出务工，尤其是年轻人来寺里做的少了很多，但是如果遇到重大节假日如斋月则参加的人数较多。”

调查发现，穆斯林外出务工的时间、距离不同对集体的宗教活动参与情况不同，务工时间的长短对其影响更明显。首先，选择在移民新村周边进行打工的、一年内工作时间在一季度内的务工穆斯林在前往清真寺参加集体活动次数的比例与非务工移民户基本一致，每天至少一次前往清真寺的比例最高（占到40%左右），然后是每周一次（约30%），不存在没有前往清真寺参加活动的情况，这表明短距离、短时间内因宗教氛围变化不大，这种情况下务工对移民穆斯林集体宗教活动参与的影响较小；其次，前往省内其他地方打工和打工时间在半年内的基本一致，以每周一次前往清真寺的比例最高，相较之下不难看出随着务工时间和距离在一定范围的增加，因条件限制，多数移民户不再每天前往清真寺，而选择一周去一次；其次，前往省外务工，时间超过半年的移民穆斯林中出现了务工期间从未去过清真寺参加集体活动的情况，尤其是务工时间超过9个月的更是以每月前往一次的比例最高（见图2-6）。

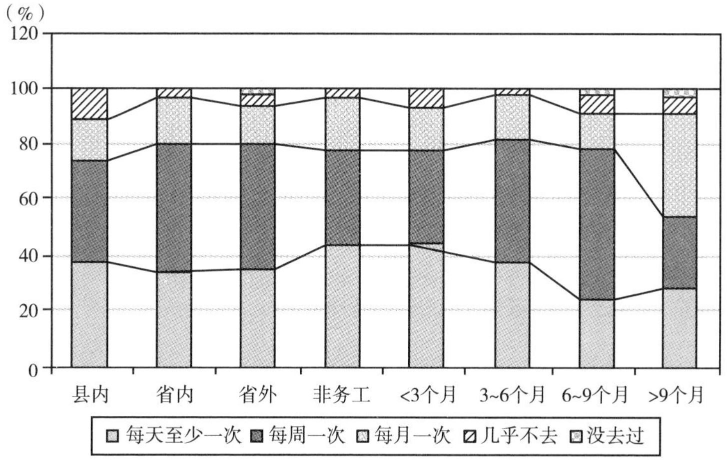

图2-6　回族生态移民户前往清真寺参加宗教活动的次数

二、个人的宗教活动方面

个人的宗教活动主要体现在在家进行宗教活动的频率上，这些宗教活动包括祈祷、诵读经书等，一些回民受条件限制如果不能一天多次前往清真寺做礼拜，就会选择在家进行日常的宗教活动，而活动次数在一定层面上也可以反映其宗教信仰程度。

调查发现，移民个人宗教活动的次数随务工时间的变化出现波动，其中，在务工时间小于3个月移民回民中，1/3左右的以每天多次进行个人宗教活动，务工期间没有任何个人活动的很少；务工时间在3~6个月的移民，以每月一次或几次为频率的比例是各种务工时间段内最高的；17.24%的移民（时间为6~9个月）在务工期间没有进行任何的个人宗教活动；务工时间超过9个月的与非务工农进行礼拜、诵经等个人宗教活动的频数较多（见图2-7）。

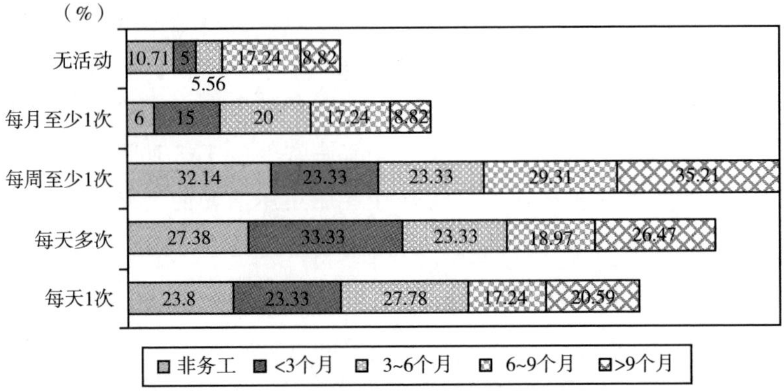

图 2－7　不同务工时间下回族生态移民在家做礼拜的频率

第六节

移民搬迁后参与社会治理现状

一、移民参与村委选举

调查发现约45%的人表示没有参加过村委会选举，这样的结果令人困惑，因为目前全国普通农村的参选率已经普遍达到90%以上。且按我国法律规定，村委会选举有效至少满足“双过半”的“前一个过半”，即在人数上首先达到要求。那么，要使村委会选举有效，什么原因起了重要作用呢？

在研究中，发现调研地的村委会直选中的委托投票率较高。其中，汉族移民的委托投票率约为14%，而回族移民的委托投票率则达约29%。具体如表2－14所示。

表 2－14　移民参与委托投票情况分析　单位：%

项目		委托投票占比	委托对象				
			配偶	儿女	父母	亲朋	其他
民族	回族	29.1	44.8	28	12	7.2	13.6
	汉族	13.9	33.3	8	11.7	26.7	15

这也就能解释为什么参与村委会选举的实际人数不多但是村委会选举结果依然有效了。委托投票制度保障了换选时不在村内的选民的投票权，也保证了

换届选举工作的顺利进行。但是这种委托投票的方式对基层民主的成长和群众权益的保障来说，并不是好事。按规定选举有效必须达到“双过半”，委托投票保证了“双过半”中“前一个过半”的达成。在已有学者研究表明换届选举时被委托人成为候选人拉票的主要对象。在此次考察过程中也了解到，个别外出打工的移民户都表示自己并没有参与村干部的选举，例如，春节打工返乡的回民马某说道：“村干部肯定是我们自己选上去的”，但他同时也说道：“我反正没见过选票。”

二、移民参与村集体事务民主决策

根据《中华人民共和国村民委员会组织法》的规定，村民委员会对村民会议负责并且报告工作，村民会议是村民参与社会治理中的民主决策机构。凡是涉及村民利益的重大事项，如关于本村重大基本项目的决策、本村享受务工补贴的人员和补贴标准以及从村集体经济所得收益的分配问题等的决策，村委会必须提请村民会议讨论决定，形成决议、方可执行。

调研发现，移民对于村内公共事务的关心度并不高，仅有约13%的移民表示非常关心村内公共事务，约43%的移民认为村务与自己无关，表示不关心。回汉两族移民对村内公共事务的关心程度均偏低，且回族移民的关心程度低于汉族移民（见表2－15）。

表2－15　村民对村内公共事务的关心程度　单位：%

项目		非常关心	较关心	不关心
对村务的关心程度	回族	12.8	40.86	46.34
	汉族	13	55	32

根据与当地移民户的交流也不难发现这些现象，在考察过程中听到较多的就是“我们这村里头能有啥事”“我反正没开过什么村民大会”之类的话。回族移民王某也说道：“我一天忙着赚钱，哪有时间去关心村里的事情。人家村干部也不找我，我也不去找他，除非有啥大事，再说我一年大部分时间都在外面打工，也没啥事需要找他。”等等诸如此类的话。

第七节

移民搬迁后的满意度现状

一、移民对搬迁补偿满意度研究

搬迁补偿是生态移民过程中的重要方面，也是移民最在意的一笔资金。补偿满意度的高低关系到生态移民的稳定与否。移民搬迁补偿满意度情况如图 2 – 8 所示。

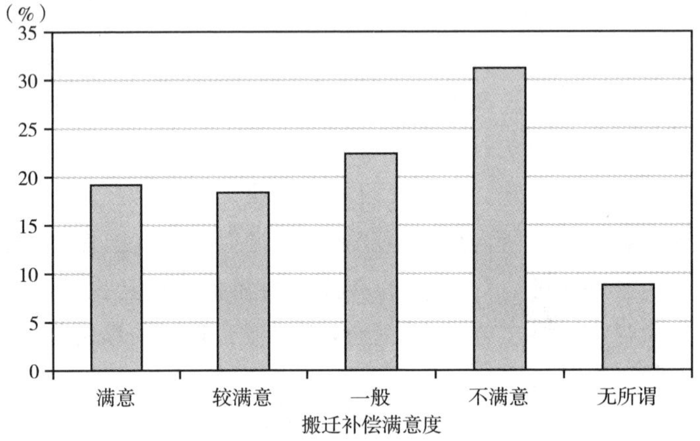

图 2 – 8 移民对搬迁补偿的满意度

只有 19.2% 的移民对移民搬迁补偿表示满意，18.4% 的移民表示较满意，即对移民搬迁补偿基本满意的移民只占 37%。有 22.4% 的移民认为一般，有高达 31.2% 的移民对搬迁补偿不满意。在对移民不满意的原因进行调查时发现，26.4% 的移民认为补偿金额太少，32.8% 的移民认为搬迁后土地补偿不够。此外，还有 16.8% 的移民是由于搬迁后的工作问题而不满。以上数据均可看出，移民对搬迁补偿的满意度并不高，只有不到半数的移民对此满意。而不满意的原因集中在补偿资金、土地和工作上，另外，有些移民也有其他的原因。这些都是后期需要关注以及解决的问题。

二、移民对生产变化情况的满意度研究

移民后的生产变化很重要，关系着移民的收入增加与否。移民对搬迁后生

产变化的满意度情况如表 2 - 16 所示。

表 2 - 16 移民对生产变化的满意度 单位:%

指标	非常满意	比较满意	基本满意	不太满意	很不满意	无所谓
比例	12	42.4	32.8	8.8	0.8	3.2

由表 2 - 16 可知，移民后 12% 的移民对生产变化情况非常满意，42.4% 的移民表示比较满意，32.8% 的移民对此基本满意，即有 87% 的移民对移民后生产方面的变化是满意的。此外，8.8% 的移民对生产方面的变化不太满意，0.8% 的移民很不满意，不满意的原因是他们认为移民后农业产量提升幅度小。还有 3.2% 的移民无所谓。即绝大多数移民对移民后的生产变化满意，少数移民不满意。这得益于移民搬迁后政府的政策，移民搬迁后政府组织移民进行农业知识培训、农业生产技术培训、农机培训等一系列培训措施，增强移民农业生产能力，移民收入增加。因此移民满意度较高。

村民张某，60 多岁，小学文化，儿子在外打工，家里只有父母、妻子和孙子，以务农为生。据他介绍，移民前在北长滩时，农业生产时用的是传统的农具，机械化程度很低，播种、施肥、浇水等各个环节都不便利，每年地里的产出也很低，勉强可以维持一家人的生计，根本没有额外的经济收入。如果遇到大旱年份，地里的收成甚至不能养活整个家，需要向别人借钱，因此他对以前的生产情况很不满意。移民到鸣钟村后，当地政府组织了农业生产技术培训，专门请农业专家来地里指导农民生产，机械化程度大大提升，播种、施肥、浇水都由机器可以完成，生产效率大大提升，生产状况得到极大改善，现在的收入不仅能养活一家老小，每年还有不少盈余，比移民前强太多了。课题组研究人员进行访谈时，张叔叔高兴地说道：现在干的活比以前少了，收入却比以前增加了，一家人能过上好日子了。由此可见，村民对移民后生产方面的变化相当满意。

三、移民对饮用水质量满意度研究

饮用水质量关乎移民自身安全，与居民生活幸福感息息相关，所以是生态移民需要重点关注的问题。移民对饮用水质量满意度情况如图 2 - 9 所示。

由图 2 - 9 可知，有 18.4% 的移民对搬迁后饮用水质量很满意，30.4% 的移民对此比较满意，32.8% 的移民基本满意，即有 82% 的移民满意搬迁后的饮用水质量。此外，14.4% 的移民对搬迁后饮用水质量不太满意，4% 的移民很

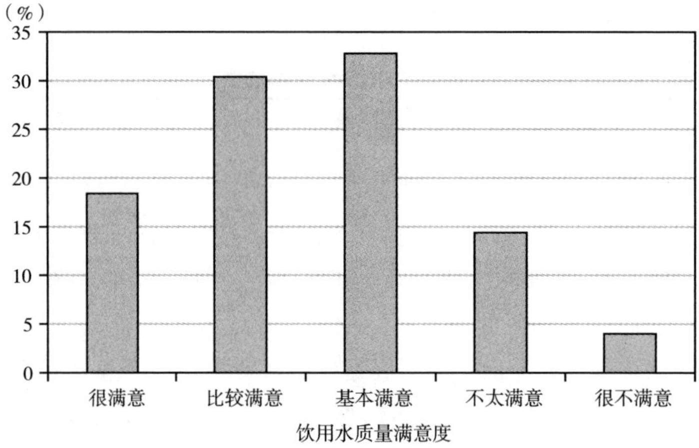

图 2-9　移民饮用水质量满意度调查情况

不满意，他们不满意的原因是饮用水偶尔有水锈。但绝大部分移民对搬迁后的饮用水质量是满意的，他们觉得搬迁后不论是水质还是水量都比移民前更好，饮用起来也更安全。据了解，这主要得益于搬迁后政府对饮用水设施的改造和净化，铺设专门的饮用水管道，防止饮用水被污染，而且安装了饮用水净化处理设施，每家都安装了一台净水器，进一步保证了饮用水的安全，使饮用水质量得到提高。

综上所述，移民对搬迁后的生活总体上满意度较高。对于居住、饮食和饮用水质量，多数的移民是持基本满意态度的，认为搬迁后生活水平比移民前整体得到提升。其主要原因是政府发挥了决定性的作用，出台的各项积极政策，包括规划房屋、修筑饮用水设施等都切实保障了搬迁后生活水平的提高。

四、村委会选举满意度

村委会是一个村庄最重要的机构，是村决策、执行的机构，因此它的选举非常重要，关系着移民村的稳定与发展。移民对村委会选举满意度情况如图 2-10 所示。

在对村委会选举满意度调查中，只有 5.6% 的移民表示对村委会选举结果非常满意，25.6% 的移民表示满意，即只有 31% 的移民对村委会的选举结果满意。而认为村委会选举结果一般的移民达到了 59.2%，此外，不满意的移民比例有 8%，非常不满意的移民则占 1.6%。即村委会选举结果并没有让多数人感

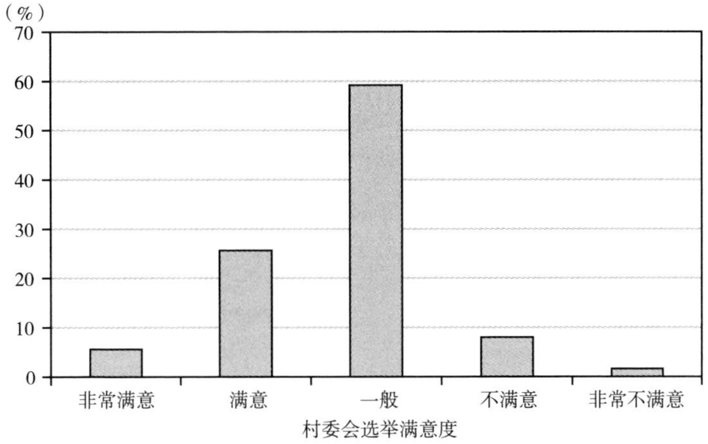

图 2-10　村委会选举满意度调查情况

到满意，认为一般的移民占了大多数，而且很多人对此不满意。据了解，移民对此不满意的原因是多方面的，选举组织工作经验的欠缺，选举监督工作的不完善以及一些私下权钱交易等行为都是导致移民对此满意度不高的因素，还有投诉平台的缺失也使移民没有发声的机会，导致一些私下谋私行为的滋生。这些问题都是需要尽快制定相关措施改善和避免的。

五、村委会办事效率满意度

只有 8.8% 的移民满意村委会的办事效率，认为村委会办事效率一般的达到 56.8%，有 34.4% 的移民不满意村委会的办事效率。据调查了解，移民不满意的原因是村委会办事太拖沓，处理问题程序烦琐。而造成这一现象的原因是多方面的，如管理制度的匮乏、组织工作的不到位、个人能力较低等，这些都直接制约了村委会办事效率的提高。因此，建立相关的监督机制是必要的，如监管委员会、监察委员会等，能有效地制衡村委会，并提高村委会办事效率，使其更好地为移民服务。

本章小结

移民搬迁前后的生产、生活变化较大。从总体上来说，移民改变了原来"广种薄收"的生产生活方式，但由于在新安置地分配到的土地较少或没有分配到土地，移民在新安置区的生产生活缺乏稳步增长的保障，同时，受到民族文化等的影响，少数民族移民外出务工也不能像汉族移民那样成为家庭收入主要来源，风俗观念增加了少数民族移民出外出务工选择的困难，且在务工的过程中不少移民因饮食上、风俗上的不适应而难以去更远的地方进行更持续性的务工活动。移民收入来源不稳定，但刚性支出增加，移民生活成本和心理焦虑感增加，社会治理的参与等满意度也较低。

第三章

生态移民生计重建的文献分析

自宁夏回族自治区开始实施首个生态移民工程以来，国内外许多学者就移民搬迁所产生的社会问题展开了大量研究，所涉及的研究领域不断扩大，涵盖了经济、文化、社会等多个方面，研究中所进行的调查也富有意义，是宝贵的历史资料。本章从已有文献中搜集了从20世纪80年代至今的黄土高原生态移民调查，分类进行了分析和整理。

第一节

搬迁后的收入变化

一、资料和方法

移民在搬迁后能否取得稳定增长的收入是移民实现“搬得出、稳得住、能致富”的前提，也是检验生态移民工程能否实现预期目标的指标之一。近40年来，学者们也对移民搬迁后能否取得稳定增长的收入进行了大量的研究。本节试图通过分析已有文献中的移民调查，研究移民搬迁后的收入增长和区域差异。

本节的文献数据主要来源中文期刊全文数据库（CNKI）。在CNKI数据库中，以“生态移民、移民收入、易地搬迁、移民效益、移民影响因素”为主题进行反复检索，检索年度跨度为1990~2016年，研究区域为黄土高原各省（区），最终，共检索到期刊论文160篇，选取有移民户微观调查20篇做具体研究。

本节所采用分析方法是一种类似Meta的分析方法，就是使用已有文献中的调查数据分析生态移民收入的增加情况和区域间的差异。由于文献中的数据时间跨度大，又有区域差异，我们依据时间和区域进行了相应的处理。

二、移民搬迁后的收入变化

通过总结已有20篇有微观移民收入方面的文献，我们发现已有研究移民收入增加的文献的研究领域虽为黄土高原各省（区），但仍较为分散，因而我们选取较有典型意义的陕西、宁夏和内蒙古。分析移民搬迁后的收入变化和区域差异，所得的结果如图3－1所示。

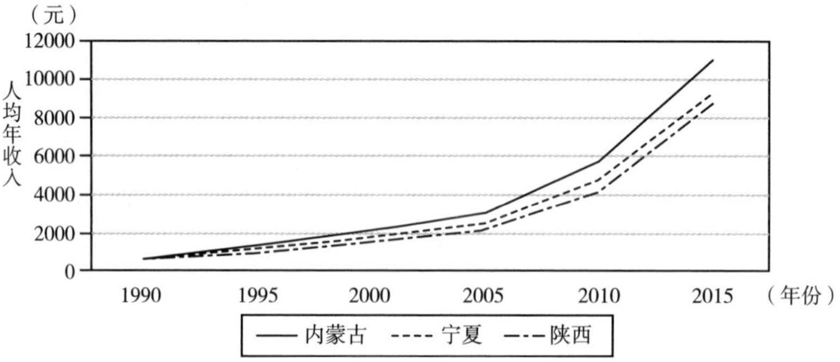

图3－1　人均可支配收入变化

（一）收入的变化情况

1990～2005年基本属于生态移民工程实施的早期阶段，移民的收入虽然有所提升，但增长较为缓慢，但移民政策对移民收入的提升作用已经有所显现。敖敦高娃（2009）研究内蒙古生态移民时发现移民搬迁后的人均纯收入由2002年的2590元增长为2004年的3959元，2004年全区农民人均年收入为2606元，说明生态移民政策已经取得一些成果。2005～2015年移民人口的收入增加比之前更加明显，2010年后，移民收入增长变快。纳慧（2016）发现，生态移民搬迁后2013年底农民纯收入为5305元，比2008年增长一倍，2015年更是增加到了9500元，收入增速增加较快。

（二）收入的区域差异

内蒙古、宁夏、陕西三省（区）在刚开始实施生态移民工程时，移民收入都较低，1990年内蒙古人均年收入为647元、宁夏人均年收入为594元、陕西人均年收入为530元，史俊宏（2006）指出，2000年内蒙古农户的人均年收入增长到1955元，同比宁夏此时仍有25万贫困人口的年人均纯收入在625元以下，陕西生态移民工作才开始大规模开展，内蒙古自治区移民的人均年收入逐渐与宁夏、陕西拉开差距，到 2015 年，内蒙古的人均年收入已经达到 1 万多元，而宁夏和陕西仍在 8000 ~ 9000 元。宁夏生态移民搬迁后移民人口的收入增长略低于内蒙古。2008 年宁夏中南部山区农民人均纯收入达 2582 元，比 2000 年增加了 1595 元，增长 1.6 倍，年增长 12.8%，从 20 世纪 90 年代到 2015 年，红寺堡区移民人均可支配收入由搬迁前的不到 500 元提高到 8000 元左右。陕西虽然生态移民工程开始时间较晚，但增长速度也较快，2015 年人均年收入增长到 8689 元，是 2010 年的两倍，中央领导到陕调研时称其“为全国提供了借鉴”。

三、产生变化的原因分析

通过对移民搬迁后收入变化和区域差异分析，我们发现在 1990 ~ 2015 年生态移民的进程中，移民人口的收入变化总体呈上升趋势，前期收入增长缓慢，目前近几年期增长的速度加快，同时区域差异开始显现。

（一）我国生态移民政策的不断完善

2000 年后，我国生态移民政策不断完善，坚持“政府引导、群众自愿、政策协调、讲求实效”的原则，一方面更加注重政策的惠民效果与落地效果，如在 2001 年，内蒙古自治区计委指出生态移民要坚持政策引导、群众自愿搬迁的原则；另一方面，更加注重提高移民的积极性与参与度，以宁夏为例，2011 年推行大规模移民工程时，宁夏移民局编撰了一本手册，对移民工程的相关情况予以详细解读，人手一册，共发给了 35 万移民，起到了很好的宣传动员效果。这些措施都对生态移民搬迁后期农户收入的恢复产生了影响，生态移民的收入恢复效果在 2005 年后逐渐显露出来，移民的收入不断增加。

（二）生态移民搬迁后扶持政策的不断强化

随着生态移民项目的深入开展，各省（区）统筹“发展”和搬迁，开展了更多扶持措施，实施产业扶持与劳动力培训，多种方式促进劳动力就业。宁夏 2011 年规定每个移民区最少扶持一个农业产业化企业、支持一个涉农项目，加大政策扶持力度并且投入资金培育移民安置地的产业：陕西省政府制定“以产定搬、以搬拓城、产城融合、城乡一体”策略，布局了中小企业孵化园、云古镇景区和现代农业园区三大移民产业基地（经济日报，2015 年），为移民的就业创造了更多的机会，既有利于解决许多移民闲散劳动力的就业问题，又有利于提高移民收入。此外，从微观来看，移民个人收入方式也在变化，据2012年宁夏数据，移民搬迁后人均年可支配收入中，农业收入只占2.67%。从种地到外出打工，从拼苦力到靠技能和手艺，从老农民到新工人，赚钱的机会越来越多，收入也随之提高。

（三）移民进程中人口素质的提升

在生态移民过程中，各地都通过出台教育政策促进生态移民搬迁后移民家庭的收入恢复，人口素质提高了，移民更可能找到高收入的工作。例如，内蒙古自治区出台政策，搬迁人口随迁子女九年义务教育阶段免收学杂费和借读费等，由劳动部门为高考未考上大专以上学院的子女免费提供2个月以上的技术培训。宁夏通过教育移民来解决移民人口的问题，对未能考上高中和大学的农村孩子提供免费职业教育培训，毕业后保障其在本地就业，人口素质的提高使生态移民过程进行的更为顺畅，移民人口的配合度与积极性更高，对相关移民措施也能更好地认识与理解。

（四）已搬迁的时间较长使各方面适应性与融合性更好、就业程度更高

生态移民是一个长期的适应过程，移民的适应性越强，他所掌握的在新迁入地的生存技能越多。纳慧（2016）表明宁夏红寺堡地区收入差距与当地的产业规划、搬迁时间及居民思想观念有直接关系，迁入时间较久的居民，已经形成固定的产业模式，如红寺堡镇中圈塘村的葡萄产业发展较好，居民收入较高。迁入时间越长的移民地区与人口，在城镇生活技能、适应性等方面已形成一定的习惯，能更好地融入新的环境与新的工作，就业程度更高，收入的恢复效果更好。

第二节 搬迁后的社会适应变化

一、资料和方法

从20世纪90年代开始，学者们将更多的注意力关注到移民搬迁后的社会适应、心理适应等社会学、人类学领域。许多学者针对少数民族、贫困山区的移民户进行了调查研究，本节将利用这些学者针对黄土高原移民社会适应的文

献，分析他们搬迁后的社会适应变化和区域差异，并分析其中的原因。

我们从中国知网搜索有问卷调查访谈调查的生态移民社会适应的核心期刊论文，共查找到34篇。各年度发表篇数如表3-1所示。

表3-1　　黄土高原生态移民社会适应文献汇总

主题分类（年）	篇目（篇）	占比（%）
2012	1	2.9
2013	3	8.9
2014	4	11.8
2015	7	20.6
2016	7	20.6
2017	8	23.5
2018	4	11.8
合计	34	100

从表3-1可以得出，2012~2018年关于生态移民社会适应的研究论文逐年上升，2015年后明显增多，许多学者都关注到这个问题，而且大部分研究是针对西北地区的生态移民研究文献。

二、移民搬迁后的社会适应变化

（一）时代变化

通过整理近几年的文献，我们发现移民在不同时间段的社会适应性不同，从生活适应、社会交往、心理满意、经济生产这几个方面对比来分析，结果如表3-2所示。

表3-2　　生态移民社会适应的时代变迁

	生活适应	社会交往	心理满意	经济生产
2012年	衣食住行改善，但支出也在增多，“空巢化”	多重性社会互动，但价值观不认同，交往困难	心理隔阂，心理排斥，难以较快适应融入当地社会	务工为主为收入来源，人力资本较低，就业结构较差
2013年	传统文化受到挑战，饮食排斥，宗教排他	与当地居民不和谐，交往种类单一，情感为主	心理压力较大，社会支持，满意度不高，失去归属感	生产方式、新式工具和技术出现，经济结构有所变化

续表

	生活适应	社会交往	心理满意	经济生产
2014 年	对住房、教育敏感，交通、商业、通信较满意	彼此接纳、移民关系较融洽、参与意识增强	对政府移民工作不满，依赖政府、社会风气存在问题	务农向外出打工转变比例增加，对耕地、水资源依赖高
2015 年	较年轻、迁入时间长移民生活适应较好	社区认同感低，脱离熟人社会，不容易建立信任	不同性别、年龄段、职业改变心理健康存在差异	移民再培训意愿不强，无业失业率较高、职业变迁
2016 年	教育水平低，基础设施不完善、住房面积小	对新生活期望高，邻里关系好，村干部不到位	满意度一般，主要由于生活费用增加太多，成本提高	主动适应性强，工作方式多样，收支稳定，男女分工
2017 年	社会保障较好、征地补偿提高生活水平	移民产生失位感，交往意愿影响交际关系	身份转变、环境改变、文化冲突造成心理不适	收入有限、政府投资项目与实际就业岗位脱节
2018 年	吃穿用度适应较好，但道德有所滑坡	社会交往有的通过喝酒赌博，不利于社会发展	部分移民精神空虚、依赖性强，心理满意主动型	经济适应速度缓慢、技能不足、竞争力缺乏，懒惰

从表 3－2 不难看，近几年来，移民搬迁后生活条件改善，在生活状况、基础设施、衣食住行方面的适应也都有所改善，但仍存在一些问题，如道德滑坡、“空巢化”、教育水平低等。张铁军（2012）在对隆德县移民社会适应调查时发现，90% 以上的青壮年都选择外出打工，只剩下老幼与残疾者留在家中；在社会交往上，大体上经过了“排斥—隔阂—彼此融合接纳”的状态，人际交往向多元化、现代化方式转变，但是交往方式部分存在简单、粗暴、不文明的问题。谢治菊（2018）发现移民刚搬进不久就被偷了 6 辆摩托，移民为尽快融入新的安置区，就通过与当地人喝酒赌博、交朋友等方式拉近关系；另外，心理满意度整体有所上升，但存在依赖性强等问题，且受经济、文化、年龄等方面影响较大，孙琳等（2014）对宁夏生态移民村调查发现仅多数移民认为政府缺乏后续支持；移民生活支出增加，入不敷出，经济状况不容客观，搬迁后不能适应安置地的生活。

（二）区域差异

将西北地区的移民同我国西南、华北、中部等其他区域移民的社会适应状况进行对比，结果如表 3－3 所示。

表 3－3　　生态移民社会适应的地区差异

	西北地区	西南地区	华北地区	中部地区
生活适应	民族融合度不高，交通饮水基本改善，向现代化方式转变	生活消费适应难，搬迁后支出增加，目前收入消费不相适应	住房改善，对政府依赖性较强，文化程度较高，文化冲突存在	基础设施改善，但供水有所不足，交通便利，饮食变化不大
社会交往	社会关系网络单一，内容简单，居民关系和谐，邻里关系密切	社会交往认同较难，搬迁后由于文化差异，交往范围缩小	搬迁移民数量少，时间长，与当地居民基本融合，障碍较少	邻里亲朋来往密切，基本没有隔阂，但村干部起作用太少
心理健康	心理隔阂存在，难以较快适应，观念转变困难，受年龄影响多	心理落差大，原有生活状态与现有生活的冲突显现，怀恋老家	环境改变使心理焦虑、不安全没有归属感，受生活，经济影响大	村民普遍满意度较高，适应性较好，认同感强，达到政府预期
经济生产	收入转向务工为主，生产力普遍不高，技术含量较低，收支不均	生产方式改变很大，由种植业养殖业转向公益性岗位，个体经商	就业问题解决较好，合理与当地优势产业结合，经济发展良好	搬迁距离较近，生产方式基本变化不大，经济收入没有变化

从表 3－3 中不难看出，每个区域的移民在搬迁后的生活设施都有所改善，但仍呈现出一些地区差别，西北地区少数民族较多，民族融合度不高，西南地区则表现在收入与消费不平衡。聂雪红（2013）对宁夏生态移民调查发现，回汉移民通婚比例仅有 4.5%，仅有 32.3% 的回族移民喜欢汉族节日；社会交往方面，整体来看，邻里关系比较密切，障碍隔阂较少，融合认同度较高，但西南地区由于文化、民族差异，人际关系适应性不太理想，社会交往较困难，生活圈子小，居民间需要互相磨合、彼此接纳。马荣芳（2013）发现，宁夏太阳梁移民搬迁前后“有困难选择兄弟姐妹帮忙的”比例由 61.2% 变到 60.9% 变动不大，有 52% 的移民认为当地居民大多数不存在歧视，只有少部分认为存在歧视；心理健康方面，常康康（2016）在对山西吉县生态移民的调查中发现，从搬迁的满意程度上来看有 86.87% 的移民是比较满意的，不满意的较少。

三、产生变化的原因分析

通过对近几年生态移民社会适应相关文献的分析，我们不难发现，随着国家对移民的逐渐重视和投入的逐步增加，移民的生活条件不断改善，但深层次的问题仍未能得到解决。

一方面，政府给予的住房补贴基本满足人们的生活需求；移民多从交通不便、贫瘠的地方迁移到经济发展较平稳、交通便利的地区，人们的生活在很大程度上得到便利；且迁入地生活成本一般都较搬迁前高，收支没有同步增加，移民心理较排斥，但 2012 ~ 2018 年，地方部门也采取一些措施，从经济收入等方面提高移民的心理满意度。

另一方面，随着我国经济发展向好，移民的生活水平与收入也得到提升，许多生活内容趋向现代化，生活幸福感，心理满意度增加，生活适应性自然也随之提高。近年来，地方政府在少数民族搬迁时，也注意到了宗教文化、生活风俗、语言交流等问题的解决，如移民迁出地和迁入地差异缩小；移民们的社会认同感增加，邻里之间更容易建立起信任，生活生产更容易引起共鸣，社会交往适应性提高。

但移民在社会适应方面仍存在较多问题。首先，搬迁后移民的收入来源发生转变，外出打工已成为主流，但是移民缺乏必要的生产技能和市场竞争意识，找到的非农工作不稳定，收入与支出难以平衡；其次，政府提供的职业培训大多不起实际效果；最后，经济结构多数没有与当地特色相结合，人们迁移后过度依赖政府扶持，内生动力不足。

一些少数民族地区由于宗教文化差异大，移民与原居民的风俗相差甚远，且互不认同；山区居民思想多闭塞，难以接受容纳新的事物，都各自独立保持原有的习惯，交往范围也都在原有的亲戚血缘关系上，人际关系不太理想。例如，西北地区的许多生态移民在安置时涉及回汉两族的关系，回族在饮食习惯、宗教信仰、通婚上都有特殊的要求，使两个民族在融合上有相当大的困难，彼此很难较快接纳对方。

总之，从已有文献的研究结论看，随着生态移民工程的逐步推进，移民的生活适应能力已经明显好转，移民的人际关系与社会交往也逐渐打破隔阂，心理满意程度上升，但移民的生产成为新的焦点，解决的不好，移民满意度会下降，社会适应性就不好。

第三节

搬迁后的文化交融变化

我国的生态移民大多是在民族地区进行，少数民族移民有自身独有的文化，当迁入到新的安置地时，多种文化交融、冲突就会发生。许多民族学、社会学、人类学学者对这一现象进行了大量调查研究，本节将对生态移民在迁入地的文化交融进行总结对比和分析。

一、资料和方法

从中国知网下载了有关生态移民文化交融方面的文献资料总共约 80 多篇，其中有一手数据的有效资料有 27 篇，占总篇数的 33.75%。文献资料分布如表 3－4 所示。

表 3－4　　文献资料分布

分类		文献数量（篇）	占有效文献比例（%）
时代变迁	生态移民初期 10 年	5	18.52
	生态移民 10 年至 20 年	9	33.33
	生态移民二十年至今	17	62.96
地区差异	西北地区	18	66.67
	西南地区	6	22.22
	其他地区	3	11.11
民族差异	汉回之间	11	40.74
	汉藏之间	5	18.52
	汉蒙之间	2	7.41

从表 3－4 可以看出，研究生态移民文化交融现象的文献逐年上升，这个问题也越来越受重视；西北宁夏少数民族地区生态移民开始较早，研究宁夏回族生态移民文化交融的文献也较多。

二、移民搬迁后的文化交融变化

（一）时代变迁

生态移民文化交融的程度随着移民时间而逐渐加深，我们分别用“生态移民初期 10 年”“生态移民 10 年至 20 年”和“生态移民 20 年至今”这三项表示，如表 3－5 所示。

表 3-5　　生态移民文化交融的时代变迁

	生态移民初期 10 年	生态移民 10 年至 20 年	生态移民 20 年至今
宗教	初期移民人群主要是青壮年，他们在搬迁地投身于开发建设之中，各教派之间关系平静	移民搬迁后不同教派之间有争夺教众的现象，引发利益格局与宗教资源占有上的不平衡，各教派之间关系冷漠	教派之间比较和睦，互不干涉，教派观念越来越淡
教育	修建小学、新校舍，配备先进教学设备。建立培训职业技术学习班，学习实用技术	移民父母对子女教育期望的变化，希望自己的孩子能够凭借学习成绩摆脱“受苦、受累”的农民工阶层。从而移民子女受教育人数呈上升趋势	移民仍然集中在对子女文化课程的投入，对其他才艺兴趣班则并不重视。移民受教育人数上升，男女受教育机会平等
语言	主要使用家乡话，进一步学习普通话	移民对普通话的认可度上升，与非本族人交流及学校生活中使用普通话	在家庭语言使用和社会交际方面以家乡话和普通话为主，学校语言使用则以普通话为主
饮食	移民在新环境尽可能保持原先饮食习惯	在不违背家乡饮食禁忌或特殊要求的前提下，移民对当地饮食有所尝试	移民饮食结构发生变化，各类食品合理搭配。但回族完全不能适应迁入地饮食，必须按照中国穆斯林饮食习惯
服饰	移民仍然穿戴家乡服饰	移民以穿戴家乡服饰为主，当地服饰为辅	服饰汉化，穿戴家乡服饰的移民人数逐渐下降

从表 3-5 不难看出，移民时间越久，文化融合程度越深。丁凤琴（2014）在宁夏调查发现，居住半年以上的移民没有因为宗教信仰与周围居民发生冲突的占比为 40.2%。移民对汉语的认可度逐年上升，对汉语的学习方便移民积极与汉族交往、吸收汉文化。周永军（2018）调查宁夏红寺堡发现，定居 10 年的移民认为普通话具有实用性的占 70.6%，定居 20 年的移民认为普通话具有实用性的占 43.6%，定居 30 年的移民认为普通话具有实用性的占 31.0%。另外，除回族必须按照中国穆斯林饮食习惯外，大多数移民都可以逐渐适应当地饮食并进行合理饮食搭配，同时移民在过节或待客时仍会选择家乡特色饮食。移民对教育期望逐年上升的同时移民子女受教育人数逐年上升。移民服饰随时间的流逝而逐渐汉化。

（二）区域差异

我国历史悠久、民族众多，多种文化都在此处碰撞融合。而即使是在同一个文化圈中，一个地域仍有一个地域的文化特征。结合现有文献资料，我们选择陕西、甘肃、青海、宁夏、新疆组成的西北地区，以贵州、四川为代表的西南地区和以内蒙古和湖南为代表的其他地区进行对比，如表3-6所示。

表3-6　　生态移民文化交融的地区差异

	西北	西南	其他
宗教	修建新的宗教场所，在家进行简单的宗教仪式	或受汉族影响，信仰佛教、道教。或因祭祀条件难以满足，祭祀活动的次数、规模以及形式随之发生改变	宗教信仰活动在规模和方式上更多地变为单个人的行为
教育	参加职业技术学习班，学习实用技术，提高自身职业技能，鼓励外出务工。移民对子女教育期望上升，且受教育人数呈上升趋势		
语言	家庭语言使用和社会交际方面以家乡话和普通话为主，学校语言使用则以普通话为主	能保持家乡语言。大部分移民会说汉语	较少使用家乡语言，且家乡语言衰落，交流大多用汉语
饮食	移民搬迁后，他们的日常饮食中面条、蔬菜、鸡蛋、米饭等主食和蔬菜类逐渐增多。回族完全不能适应迁入地饮食，必须按照中国穆斯林饮食习惯	饮食文化大环境没有发生太大变化，以咸辣酸为主，喜糯食，主食以大米为主，部分兼杂粮。但一些民族传统特色食品制作、加工受到影响，同时只有在山野里才可以获取特殊食材制作的传统食品也渐渐淡出移民们的餐桌	由传统饮食转变为各类饮食合理搭配。过节或待客时仍会选择民族特色饮食
服饰	经常穿民族服饰的人略多于穿现代服饰的人	传统服饰除老年人外，青年移民除节日外基本上不再穿戴	过节和重要活动穿传统服饰。日常时，年纪大的人偶尔穿穿，年轻人不爱穿

从表3-6不难看出，日常与外界接触较多的地区，文化融合面临问题程度越低，进程越快。各地区的移民在宗教场所和家里皆可进行宗教仪式；其中，西南地区部分移民会受汉族影响改变信仰。李婷婷（2018）发现西北宁夏红寺堡移民保留宗教习俗的占81.92%，不保留的占18.08%。另外，各地区移民对子女的教育期望上升，移民子女受教育人数上升。李婷婷（2018）发现西北宁夏红寺堡移民小学及以下文化水平占45.75%，初中水平占35.11%，高中水平占14.89%，大专及以上水平占4.26%。移民对汉语的认可度上升，西北地区本民族语与汉语并重；大多数移民会说汉语。各地区移民在过节和重要活动穿传统服饰；日常时，穿传统服饰的人较少。江波（2007）发现西北甘肃裕固族生活服饰已看不出民族特色。

（三）民族差异

每个民族都有其自身历史与文化，因而在生态移民文化交融中民族差异较为明显。我们选取回族、藏族、蒙古族进行对比，如表3－7所示。

表3－7　　生态移民文化交融的民族差异

	汉回之间	汉藏之间	汉蒙之间
宗教	回族几乎全民仰伊斯兰教，回族穆斯林各个教派之间细微的宗教仪式差别逐渐趋同。汉族人民尊重回族移民宗教信仰	在寺院中举行比例较大但有所下降。在家庭举行的比例有所增加，并在家中专辟一块相对独立的空间设置佛龛和佛堂供奉佛像、唐卡等	部分移民信仰藏传佛教。宗教信仰活动在规模和方式上更多地变为个人行为
教育	回族移民父母对子女教育期望上升，希望子女参加“经堂教育”，而不是鼓励子女接受九年义务教育。建立培训职业技术学习班，让移民学习实用技术，提高自身职业技能	部分牧民为子女教育选择搬迁，有所成效。少数牧民参加过后续技能培训，但收效甚微	认识到了教育的价值，政府保证了教育的可获性，接受九年义务教育。同时，蒙语教育衰落
语言	回族移民对普通话态度的认可度不高，大部分移民并没有很好地融入当地。回汉交流使用普通话	相当大一部分移民还不会说汉语，精通汉语的人极少	极少数中老年蒙古族人之间会使用蒙古语交谈。在家庭内部，年青一代的交流大多用汉语
饮食	并严格按照穆斯林饮食习惯。汉族则采取“兼容并蓄”的“多元饮食”策略	日常饮食中面条、蔬菜、鸡蛋、米饭等主食和蔬菜类逐渐增多，而以牛羊肉、各式奶制品为主的传统饮食结构和生活方式发生了变化	由过去肉食、奶食为主向肉食、奶食与蔬菜、谷类合理搭配转变。过节或待客时仍会选择烤全羊、手抓肉、奶酒和乳制品等民族特色饮食
服饰	回族移民戴白帽，戴盖头的人数量逐渐下降，服饰穿着逐渐与汉族趋同	经常穿民族服饰的人略多于穿现代服饰的人	日常时，年纪大的人偶尔穿穿，年轻人不爱穿。过节和重要活动穿传统服饰

从表3－7不难看出，与汉族交往越悠久学习汉文化越主动的民族，有较好的文化融合。回族穆斯林各个教派之间细微的宗教仪式差别在减少；藏族则在宗教场所、生产队和家中进行宗教仪式；蒙古族的宗教活动则更多地变为个人活动；无论面对什么民族信仰，汉族人民都能尊重移民的宗教信仰。另外，各族移民对子女的教育期望上升，移民子女受教育人数上升，同时各民族服饰逐渐汉化等。

（四）移民年龄在文化交融中的影响

不同年龄段对文化交融的适应程度不同，青少年尚处于习惯养成、肯学习的时期，中壮年为谋生，会积极学习适应迁入地文化，而老年移民搬迁后易怀旧，相对来说各方面较难适应，如表 3-8 所示。

表 3-8 生态移民文化交融的移民年龄差异

	青少年	壮年	老年
宗教	时间充裕，可以跟随老年人一起频繁参加宗教活动	年轻人不太适应祖辈的作息习惯，因而错过一些代际间宗教文化传递与交流的机会	仍然延续自己的作息习惯并例行每日的宗教仪式
教育	修建小学、新校舍，配备先进教学设备，父母对子女教育期望变高，移民子女受教育人数呈上升趋势	参加职业技术学习班，学习实用技术，提高自身职业技能，进而外出务工	希望小辈人能够传承家乡文化
语言	家庭语言使用和社会交际方面以家乡话和普通话为主。学校教授普通话，学校语言使用则以普通话为主	家庭语言使用和社会交际方面以家乡话和普通话为主	大部分老年移民还不会说汉语，日常交际使用家乡话
饮食	食用传统饮食的观念较淡。回族穆斯林则必须按照中国穆斯林饮食习俗	坚持饮用传统饮食的观念较淡，能够适应迁入地饮食，回族穆斯林则必须按照中国穆斯林饮食习俗	根据迁入区条件，尽可能坚持传统饮食，回族会坚持传统饮食
服饰	穿着传统服饰的观念较淡	主要穿着现代服饰，在过节和重要活动则穿传统服饰	坚持穿着传统服饰

从表 3-8 不难看出，年龄越小，思维固化越弱，学习新知识适应新环境的能力越强，文化隔阂越小，文化融合越顺利。青少年有较多时间参加宗教活动；壮年由于外出务工较多，宗教意识淡薄；老年人则可以延续其多年的宗教仪式。

三、产生变化的原因分析

首先，生态移民是从环境恶劣、交通不便且贫困的地区搬移到经济发展较平稳、交通便利的地区，并得到政府的住房补贴与其他补贴，移民的生活水平与收入增加，日常生活得到了保障，开始追求自己的精神世界。而少数民族大多有自己的宗教信仰，日常与其他民族交流时难免有生活差异与文化隔阂。同时，他们进行宗教活动需要专门的场地，如政府为回族穆斯林生态移民修建清真寺。

其次，随着市场经济的发展，拉近了人与人之间的距离，少数民族加强了与汉族之间经济交往，少数民族生产的产品更多地需要卖给汉族消费者，为了更好地交流合作，抓住商机，文化交流必不可少。现如今蒙古族的蒙古包、篝火晚会等民族特色风俗活动已经商业化，专为外来游客消费体验。

然而，移民的文化融合也产生了一些其他问题，如文化的多样性减少、文化的生命力下降。如今许多地区或民族只有在传统节日时才会举行传统的习俗活动，有些人甚至连其本地方言、传统服饰与古老技术等也无传承。如蒙古语、少数民族服饰、编织扎制工艺、鎏金技术等的衰落，这些都是在生态移民工作中更需要值得警惕的。

本章小结

从近30年学者对黄土高原生态移民的研究文献上可以发现，搬迁后的移民的经济收入逐步增加，且近10多年来由于国家政策和宏观经济形势的原因，增速在明显加快；同时，移民的社会融合问题已成为社会学者、人类学者、民族学者的关注焦点，大量研究发现，移民的生产安置已成为引起移民是否能较好地社会融合的重要因素；在民族文化上，搬迁地政府较好地考虑了各个民族的文化特色并在新的移民点得到较好体现，少数民族移民搬迁后能较好地同汉族文化融合，但在市场经济冲击下也产生了文化多样性减少等现实问题，这些均已引起了学者们的担忧。

第四章

生态移民生计重建中的理论问题

自研究水库移民的著名学者 Cernea 提出非自愿移民的八大风险后，许多国内外学者均使用 Cernea 的风险框架对中国的生态移民进行了多方面的研究。然而，相比水库移民等工程移民来说，中国的生态移民在搬迁自愿性、民族文化、生计重建等方面有其自身独有的特征。本章将在分析中国黄土高原生态移民特征的基础上，研究移民搬迁自愿性、民族文化、社区治理与移民生计重建间的复杂关系，为本书的研究提供理论框架。

第一节 移民搬迁前的自愿性对搬迁后生计重建的影响

一、已有研究中非自愿性移民的风险

第二次世界大战后，许多发展中国家为摆脱贫困、发展经济，实施了许多大型的工程建设，这些工程往往伴随着大量的移民（Sukhan Jackson and Adrian Sleigh，2000）。自 20 世纪 80 年代，国外学者关注到因工程建设、生态建设、扶贫项目、气候变化而引发的移民群体，并进行了不同视角和不同层次的研究。学者依据搬迁主体是否拥有选择的权利而将移民分为非自愿性移民和自愿性移民（McDowell and Morrell，2007）。大部分研究将政府主导移民定义为非自愿搬迁移民，甚至认为是“强迫搬迁”（Dickinson and Webber，2007；Duan and McDonald et al.，2008）。

Cernea（1996，1998）认为，在非自愿移民搬迁后，原有的生产体系被破坏，收入来源丧失，人们被重新安置到另一个可能使他们的生产技能不能充分

发挥的地方，原有的组织结构和社会关系网被削弱，家族群体被分散，文化特征、传统势力及潜在的互相帮助作用被减弱等。同时，由于搬迁剥夺了他们的资产但也没有能给予足够的政府支持，移民在搬迁后并没有获得可持续的生计，搬迁会成为移民致贫的重要因素（Cernea，2008）。许多按 Cernea 框架所做的实证研究也证明了移民搬迁后的困难，如 Parasuraman（1999）发现在印度因各种工程而非自愿搬迁的 2100 万居民中，有 1500 万的生活状况比未搬迁时过得更差。这不仅是由于安置后的村庄位于遥远的资源稀缺的山区，而且是搬迁项目和发展计划是分离实施的，造成后续移民诸多困难。

国内学者的部分研究也支持了上述说法，陈丽晖和李勤（2003）发现漫湾库区移民搬迁后生活水平下降了。风笑天（2006）对三峡移民的研究发现搬迁 5 年多来，大多数移民的经济生产适应情况还处于一个艰难的转化阶段，并且搬迁时间短的移民对经济生产适应性的主观评价要高于搬迁时间较长的移民。叶嘉国和雷洪（2000）发现移民的收入比迁移前普遍有较大幅度减少，绝大多数移民对搬迁后家庭经济状况感受不满意。

总之，大部分研究认为非自愿搬迁的移民对新的生产劳动方式不满意。移民搬迁后原有的收入渠道被切断，新的收入渠道还未找到，收入会出现暂时性的减少或中断，同时由于搬迁产生了负债，再加上家庭缺乏提高生产和改善生活的资金和技能，搬迁户会陷入生计难以持续的状况（鲁碧华和李艳美，2012）。安置户经历了较大的收入和生产水平下降，生活水平下降，贫困发生率增加，特别是那些安置工作做的并不完善的地方（Scudder，1997；Bartolome et al.，2000；Cernea，2003）。搬迁容易引起移民的消极情绪并影响对未来的信心，激起他们对社会的不满情绪，诱发不稳定因素。还有，移民们遇到的问题是原有社会结构的瓦解。他们需要接受和习惯当地的方言、礼仪风俗、文化背景、生活方式，这个过程对大多数移民来说是漫长和痛苦的。

在许多非自愿搬迁中，地方政府为完成项目的要求，往往使用较激烈的强制方法以图更快地节省成本和提高效率，但实际上，受影响的人们既便再弱小，也有自己的抗争方式（Scott，1985）。Zhang（2012）发现因保护草场而搬迁的牧民经常用返迁来威胁当地政府并索要更高的补偿费。与当地政府产生了矛盾，其原因就在于地方政府官员按他们的利益和思路设计了生态环境保护政策，参与的农户会依据他们自身的利益选择合作、适应或反抗。因此，在非自愿移民过程中，不自愿的搬迁态度、不充足的搬迁协商和不够用的搬迁补偿加重了因搬迁产生的经济、心理和社会文化方面的压力。Scudder 和 Colson（1982）提出了一个移民在搬迁过程中的心理和社会文化的压力模型，可以更好地理解因“强迫搬迁”而致贫的原因。按照这个模型，他们将搬迁过程分为宣传发动、生计转换、潜力发展和社区融入四个阶段。第一个阶段强调了移民意识到他们成了搬迁对象，此时应该更注意为移民户提供发展机会，而不要将他们的注意力集中在补偿和收入恢复上；第二个阶段是实际的搬迁过程，移民户通常将经历面对未来不确定的压力，按 Scudder 和 Colson（1982）的说法：压力是多维的，涉及心理、生理和社会文化部分。在压力面前，移民户只是用传统的生产技术将不会采取新的生计策略，因此，给他们发展机会是重要的；第三个阶段将是社区的发展过程，人们将会采取有风险的创新的生产方法以获得更新的生计策略，这一过程将持续数年，新的社区将逐渐形成；第四个阶段是困难和复杂的过程，关系到移民户的可持续发展。

二、什么是真正的自愿性移民？

由于非自愿移民存在诸多风险，近 20 多年来，包括中国在内的许多发展中国家都将自愿搬迁设置为首要原则。2001 年 6 月，国务院发布的《中国农村扶贫开发纲要（2001 ~2010 年）》规定稳步推进自愿移民搬迁。要求各地对于扶贫移民户是否搬迁、何时搬迁、迁往何地、是分批搬迁还是集中搬迁、是分散安置还是统一安置等问题应充分尊重移民的意愿。遵循“群众自愿、就近安置、量力而行、适当补助”的原则。

然而，由于较长链条的行政体系，当政策实施到基层，已经有部分偏离了原来的初衷。许多关于移民满意度的研究发现，移民缺乏参与和表达的渠道是一个重要的因素。在移民的早期阶段，项目的计划完全依赖于专家并且当事人参与度很低。Jane singer 和 Hai Hoang（2014）对越南中部四个因修建水电大坝而被迫迁移的村庄进行了研究，发现居民在被重新安置过程中没有被允许有意义的参与，尽管当地政府做出努力，但被重新安置的移民仍居住在低质量的房屋中，生计没有保障，移民们的不满意度很高。作者认为缺乏有效的正式参与渠道是造成安置失败的主要原因。按照亚洲发展银行采纳的最新修订的移民安置保障，安置应该看作整个计划的一部分，并且被安置的人们“应该被完全告知并且就安置和补偿选择充分咨询”。

的确，完全意义上的自愿性移民搬迁是在特定条件下农户主动追求脱贫致富的经济行为过程，是由于人们赖以生存的自然环境恶化而引起的人口迁移，它强调的是农户的自主决策，但农户的自主决策是建立在对自己所拥有的资本的理性考虑之上（唐丽霞等，2005）。从中国的现实情况来看，随着精准扶贫战略的持续推进，中国政府给予的搬迁补偿标准在不断提高，许多生存条件恶劣地区的农户也焦急盼望着能搬迁到更加适于生存、利于生产的环境中（Xue et al.，2013）。在这种情形下，因势利导，积极引导移民户了解政策、参与决策并形成真正的自愿搬迁就是“双赢”的选择。通过移民参与和协商活动，“有助于消除移民对于将来失去土地等各种资源、生计、社区和社会关系网络，或者在补偿、安置等权利资格可能被欺骗的担心，并赋予移民生产、生活安置和重建活动决策的权力”，使那些并不愿意搬迁的移民户“从最初的反对者转化为积极的参与者”（曹静晖，2010）。从公共政策的角度看，从政策宣传、移民决策参与及搬迁实施方面都实施尊重移民户的“自愿性”的搬迁模式，并在搬迁后培育搬迁移民户的生计资本，使他们尽快恢复生计并最终转型为可持续的农户生计模式。

总之，已有研究发现移民的自愿性态度和对搬迁时间、地点及方式等事关当事者未来生计决策的参与将对搬迁者有重要的影响。实际上，这些研究成果符合公共参与理论的观点，该理论认为公共事务的参与是受益人影响发展项目实施及项目方向的一种积极主动的过程，这种影响主要是为了改善和加强他们自己的生活条件，如收入、自主能力及其他方面追求。公众积极参与发展项目，一定会提高项目的成功率，因此，对公众参与意识进行培养，提高其自身的参与能力，他们会更清晰、更准确地分析和判断自己的情况，更好组织自己，从而对项目起到创新性的作用。Paul Duggan（2012）对埃及移民的研究发现，最好的办法来自移民自身，移民对安置计划的参与应贯穿安置工作的整个全过程。从移民政策制定的过程看，自愿性的扶贫移民涉及政策的了解、咨询与商议、决策到搬迁的整个过程（Jane singer et al.，2014）。本章提出自愿性原则的三个维度，如图 4－1 所示。

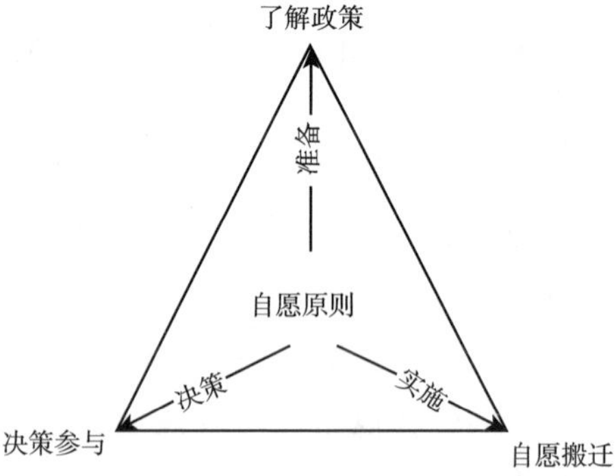

图 4－1　自愿原则的三个维度

三、移民的搬迁自愿性如何转化为生计重建的内生动力?

在目前的研究中，移民户的搬迁与生计重建总是被划分为两个阶段，大量研究也认为这两个阶段存在重要的联系（Van den Berg，2010；Xue，Wang and Xue，2013；李聪等，2014）。非自愿移民在搬迁中会遭受资本损失，搬迁后会陷入收入下降长、生产生活困难等困境（刘伟等，2015；史俊宏和赵立娟，2015），自愿性移民搬迁后的状况则要好得多（李聪等，2014），但还少有研究从理论上探讨两者间的机制关系。

实际上，从搬迁自愿性来说，生态移民并不像西方学者所认为的“非自愿移民”甚至是“强迫移民”。一方面，我国生态移民大多来自西部、北部生态贫困地区环境脆弱且自然资源匮乏，生活在周边地区的农民生计在环境风险的暴露度较高，许多准生态移民户也认为只有搬出去才是破解上述问题的“不二选择”（罗万云等，2018）。罗万云等（2018）发现荒漠植被破坏程度与农民生态移民意愿在10%的显著水平上呈正相关。韦惠兰和罗万云（2019）发现农民面对的沙漠化风险越高，农民搬迁意愿越强烈。另一方面，随着我国经济社会的不断进步，即使是偏远地区的农民也对诸多教育、医疗、养老、休闲娱乐等需要不断增加，而这一切只有搬迁到城镇或离城镇较近的区域才能实现，居住在偏远山区的农户也有搬迁的强烈需求。贫困农民更希望通过生态移民获得充分就业机会（邵景安等，2012）。因此，在迁出地“推力”和迁出地“拉力”的共同作用下，移民对我国生态移民政策有较强的政策认同和搬迁自愿性。王文略等（2018）发现农户遭遇的风险对其移民决策有推力作用，移民搬迁后获得的外部机会对其移民决策有拉力作用，农户通过移民搬迁能获得的子女教育、金融、信息、就业等机会，是其移民搬迁决策的重要驱动因素。

在生态移民的实际操作中，各地也充分开展了宣传倡导、自愿申报、参观新安置点、增加补偿等尊重移民意愿的做法（薛涛等，2018）。例如，由各县移民负责机构做好移民宣传、组织、审批工作；所选移民在自愿的基础上进行，村民有权选择搬或不搬，移民可以在政府部门提供的目标地选择可能的从业（白南生、卢迈，2000）。然而，尽管有严苛的程序和步骤，也很难确保所搬迁的移民是心甘情愿、心悦诚服的“完全自愿”。因为移民抛离的是熟悉的家乡，面对的则是陌生的环境。移民的搬迁在对我国实现生态移民政策有较强认同感的基础上，还受到政府、新闻媒体、其他移民等各群体综合的社会影响。

政策认同理论认为一项政策的贯彻执行，依赖于政策受众的心理认同与自觉行动支持（王国红，2007），政策实施的效果取决于接受者的自觉认同与内化，取决于接受者的主动配合程度（彭忠益和粟多树，2015）。朱要龙（2018）对云南省9个县农民城镇化后承包地和宅基地“退地”的研究表明，政策认同能够内化为农户退地的自主行动，农户的政策认同度越高，“两地”退出意愿越强。

但是，社会公众常常根据自己的价值判断，权衡遵守与不遵守政策所能得到的利益与损失之后，才决定是否认同该项政策（王国红，2007）。就生态移民户而言，自身生活水平的提高才是其原动力；如果搬迁仅仅改善了迁出区恶劣的生存环境，而不能改善移民的生活水平，那么移民工程的实施将举步维艰。由于部分生态移民工程管理制度与政策落实不到位，搬迁后农户生活环境与经济收入难以保障，生态移民积极性就会不高，移民搬迁后也有较大意见（唐宏，2011）。移民在搬迁阶段的自愿性就会转换成失望、沮丧、上访，甚至用回迁来要挟安置地的基层政府，影响生态移民工程。

总之，在现阶段，移民对待搬迁既有自愿性的一面又有非自愿的一面，对生态移民政策的认同促使他们愿意早点搬迁，迎接新的生活；但对未来生活、对基层政府的不信任又使他们有搬迁非自愿的一面。因此，移民对是否搬迁的态度是复杂的，这也反映到生计重建中，一方面，移民对未来美好生活的渴望和期待，会使移民有更高的积极性或内生动力投入搬迁后生计重建的实践中；但另一方面，如果由于种种原因不能得到满足高移民的期待，移民会失望、沮丧甚至与政府对抗，对第二阶段的生计重建有消极的作用。具体的逻辑关系如图4－2所示。

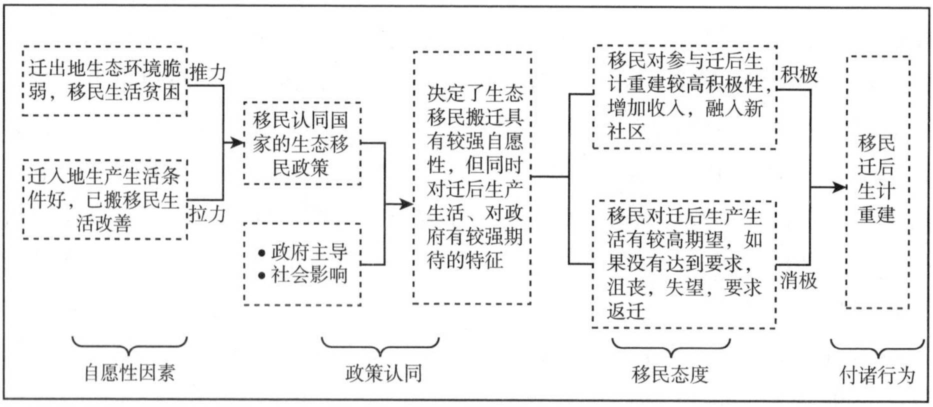

图4－2　生态移民搬迁“自愿性”影响生计重建的逻辑

因此，不难理解在生态移民工程中，只有搬迁阶段“愿意搬、搬得出”，重建阶段才“稳得住、能致富”，但同时，移民对搬迁后的过高期待如果不能得到满足，也会产生负向的消极作用。两个阶段存在较强的关联。

第二节 移民搬迁、生计重建与民族文化

一、从生计的概念理解移民的生计重建

对于移民的生计重建研究，大多数西方学者都关注于移民的经济恢复能力，如收入水平与结构（Yeh，2005）、土地与农产品的产量（Schmidt Soltau，2003）、非农工作的取得（Meyer，2006）、生计方式的转换（Webber and McDonald，2004）、其他的福利水平等。研究借鉴了20世纪80年代（Sen，1981）和90年代早期（Chambers and Conway，1992）解决贫困的可持续生计方法，并认为由于中国的生态移民是一种非自愿移民，具有很强的政策性和强制性，会给移民户家庭的生计资产带来冲击，在移民户的五种资本中，自然资本损失首当其冲，迫使移民户生计模式转型，但在转换过程中，人力资本的“失灵”是资源配置的最大制约（Foggin，2011；McDonald，2006；Rogers and Wang，2006）。悲观的研究结论导致国外学者对我国生态移民政策基本持否定的态度，大多数西方学者认为，我国西部地区正在实行的生态移民，其主体多为少数民族，容易累积民族问题和社会冲突，需要谨慎而行，不可单纯地从经济角度考虑推行大规模的生态移民搬迁（Yeh，2009；杜发春，2014）。但是，这部分国外学者对生态移民户的生计重建研究大多集中在用经济层面去理解上，并不足以反映移民户搬迁后的复杂工作。

实际上，生计活动贯穿了从生产到消费的所有环节，与经济、文化、社区结构等深度互动，呈现为紧密关联人们生产和生活实践的一种整体性活动（郑宇，2015）。Chambers 和 Conway（1992）认为生计作为谋生的方式，建立在能力、资产和活动的基础之上，其特征在于关联资产和实践中面对的选择而追求收入的不同活动（Ellis，2000）。Sen（1997）把“能力”引入了以食物和收入为基础的生计范畴，重视人的能力发展。因此，生计概念的核心是资产、权利和行动的组合（李斌等，2004），比“工作”“收入”和“职业”有着更丰富的内涵和更大的外延（Conway，1992；Scoones，1998；李斌等，2004）。

生计重建不仅是指移民恢复或提高了收入，寻找到稳定的工作，而且包括重新确立了属于他们自己的社会文化与社区参与、文化归属等较高层次的意识。Cernea（1996）在经典的移民IRR模型中也强调，移民户的组织结构和社会关系网被削弱，原有文化被冲击，削弱了移民户的生计重建效果。在这一点上，国内许多学者则对生态扶贫研究关注点广泛，如移民的文化适应（马伟华等，2007）、移民心理（彭豪祥等，2009）、社会冲突（施国庆等，2009）等社会问题。移民的生计重建不仅包括经济重建，还包括社区重建和文化重建。经济重建是移民家庭资产、收入水平的恢复，决定了移民生计资本的多寡，是家庭生计目标实现的必要基础（郝龙，2015）；社区重建改变了移民搬迁前居住分散的特点，且搬迁事务需要移民户的决策参与，决定了他们参与公共事务的方式和类型，并提供了空间上的便利，移民参与搬迁过程中公共事务的决策更有利于搬迁项目按照符合要求的方向进行，是移民生计重建的保障（李培林、王晓毅，2013）；移民与迁入地的文化差异会催生移民的被边缘化情绪，文化重建是移民在迁入地社区内的文化融合过程，文化融合使移民在迁入地重新建立文化上的集体认同感，削减移民搬迁后对文化冲击的感知程度，保证移民生计重建热情，是移民生计重建的动力（徐赣丽、黄洁，2013）。

二、民族文化在移民生计重建中的作用

民族文化涉及移民的信仰、风土习俗等生活习惯，贯穿于移民生计重建活动的全过程。回族信仰伊斯兰文化，“围寺而居”，生计方式多样化；蒙古族以游牧文化为主，“逐水草而居”，依赖天然草场打猎放牧；汉族以儒家文化为主流，主要表现为定居农耕。移民在迁入地的社会适应要经历一个文化融合的过程，族际迁移伴随着不同民族文化的相互接触（罗强强，2009），这个过程中既有生产方式的相互学习，又有较深层次的文化交融。文化融合是移民的独特民族文化与当地文化调试发展的过程，支持着移民的社群构建，以呈现当地的社会文化特性及历史过程中不同力量衔接的复杂过程（徐文德，2000），社群内成员有着共同认同的历史背景和文化传统（桂榕，2013），集体认同感决定社群关系、义务、习俗的具体内容，促进移民户融入迁入地。

近些年来，在移民的搬迁、生计重建过程中，一些地方政府在搬迁安置时并没有把民族文化放在重要位置，有的只是把少数民族文化当作“保护”

或者展示的对象以吸引旅游资源，未能考虑民族文化的移民政策会给移民生计重建带来诸多困难。目前，大多数安置区都是少数民族与汉族小聚集、大杂居，移民与迁入地及周边地区的文化差异，容易引发隔阂（周传斌，2001）。移民在安置地的人际交往减弱了移民的社会适应，使移民不能适应当地的生产生活（风笑天，2008）。在一些回族吊庄移民安置中，由于南（山区）北（川区）文化差异明显，一些移民与当地居民有时会发生偏见、歧视等，文化差异下互惠性礼仪交换失衡，移民与安置区原住居民的交往较少（周传斌，2001）；蒙古族移民搬迁后，牧民传统互惠组织瓦解，生计方式转变，搬迁安置政策与游牧文化不契合（王晓毅，2013；初春霞和孟慧君，2006）。多数移民在与当地居民的交往中存在一定程度心理隔阂（李宁，2001），加上搬迁后土地和居住面积减少（郑国琴、王朝良，2008；李培林、王晓毅，2013）、非农技能缺乏（纳慧，2016），移民生计方式转换困难，用于经济发展的资金较缺乏，政府帮扶力度有限（郭文华，2014），导致后续产业得不到充足的发展（李耀松等，2012），移民将面对经济、文化、居住等方面贫困和不适应问题。

第三节

重新理解移生计重建的影响因素

在生态移民项目进行时关注他们的民族文化及其他不同的风土习俗对“搬迁与生计重建”两阶段的作用，将汉、蒙、回不同民族文化特征下的生计重建模式考虑在搬迁安置政策中，才能实现“搬得出、稳得住、能致富”的目标。

一、民族文化因素

民族靠文化的传承而不断衍生，文化属性就烙印在生计活动之中（马海寿、陶健，2012），居住在黄土高原上的汉、蒙、回族的民族文化在移民搬迁与生计重建过程中起着重要的作用。

（一）回族移民

回族文化的核心属于伊斯兰文化，在漫长的发展中，逐渐形成了“围寺而居”的社会组织结构（马婷和张晓宇，2014；郭培培和李晓婉，2013）。由于历史上回族一直处于民族压迫中，长期被“孤群涣势”，安置在偏僻荒凉之地

（杨怀中和杨进，2014）。大部分回民都有较强的环境适应性和忍受困难的能力，生计方式也经常处在自我改变与适应的努力中（马伟华，2009；郭培培和李晓婉，2013）。坚韧的毅力和敢于改变的特点使回族移民在面对搬迁后生存困境时具有较强的适应能力，能主动适应在迁入地的生存环境。马伟华（2009）发现“西海固”移民“胆子大、闯劲足”。从1983年开始的宁夏移民，到2011年宁南贫困人口已累计搬迁84万人，其中大部分都是自愿搬迁的回族移民。回族移民与迁入地其他民族的经济交流逐渐频繁，形成了“清真餐饮业”“皮毛贩售业”等小自雇经营以及“外出务工”“农畜生产”等多样化生计方式（马海寿和陶健，2012）。迁入地的市场经济增强了回族移民的市场意识，“有时间就想办法挣钱，很少闲聊”，收入得到了显著的提高（马伟华，2009；李培林和王晓毅，2013）。

由于大分散、小聚居的居住特点，伊斯兰文化主要在小聚居区域里进行，不同派别的回族移民被安置在同一个小聚居区域中，因教义分歧、宗教资源争夺等而容易出现小的纷争（马婷和张晓宇，2014；马平，2005）。回族“寺坊组织”作为移民地区的宗教式社会组织，在凝聚人心、调解纠纷等方面发挥着重要作用（闻立军，2013）。在一个全新的环境里，回族的民族认同感上升了，教派问题被冲淡了（周传斌，2001）。清真寺建筑是保持回民“围寺而居”的传统居住方式，维系回族文化秩序的必要设施。因此，回族群众因长期文化认同而形成的伊斯兰文化约束下的饮食习俗、社群组织结构、多样化生计方式是移民迁入地选址及帮扶政策首先要考虑的问题。

（二）蒙古族移民户

在内蒙古的许多搬迁案例中，喜爱自由的蒙古族牧民无法适应相对约束的定居农耕生活，放牧惯了的牲畜也无法适应舍饲而出现部分生病和死亡（包智明、任国英，2011）。梁雪萍和崔永军（2016）的研究发现蒙古族部分移民较难以习惯迁入地的生活方式，缺乏归属感和认同感，不少游牧民存在“返迁”心理。

蒙古族移民要完成由游牧式的逐水草而居转化为定居农耕圈养生活存在困难。一方面，蒙古族游牧民在传统时代轻视农业，认为只有长不出好牧草的土地才应该种植农业，牧民缺乏相应的农耕技术，担心不能适应定居后的农耕生活（王建革，2000）。习惯了草场放养的牧民大多不熟悉饲草种植和舍饲圈养技术（赵雪雁，2007）。另一方面，蒙古族游牧历史和豪放的民族性格使他们不喜经营，牧民处在“小牧”生产阶段，商品化程度低（李建国，2016）。近几年来，在地方政府的扶持下，一些蒙古族移民建起饲草料种植基地，将栽培农业与畜牧业结合（任继周，2012；王娟娟，2011），开展农牧兼营，种植有较高收益的经济作物（包智明，2012），生产出售奶制品、加工皮毛等商业行为，既丰富了蒙古族移民的生计方式，也提高了移民的收入（乌日陶克套胡，2005）。

（三）汉族移民

汉族受安土重迁乡土观念的影响，更看重土地、家族和邻里关系（李国恩，2000）。许多三峡移民不愿离开故土，在临走前要在祖坟上取一把土，以表达对故土的怀念（田欣和赵建坤，2005）。黄土高原汉族生态移民集中在黄河中上游，主要是大山深处的山庄窝铺（郝思恭、张树彬等，2007）和煤炭、资源矿沉降等类型的生态移民（周孝、郭青霞等，2005）。安置方式有小村并大村、城镇集中安置点、移民新村及其他分散安置。总体来说，由于不存在较大文化冲击的影响，汉族移民的主要问题是经济发展问题。移民一般就近搬迁，在安置地分得的土地和居住面积减少，限制移民的农林种植和家畜饲养，房屋建设花费较大，很少有富余资金进行非农自营，搬迁补助“杯水车薪”，“安土重迁”观念下的移民仍然进行简单少量的农业种植，但外出务工比例明显增多（郭文华，2014；李聪等，2013）。

总之，移民搬到迁入地后，面对新的文化环境，往往需要长期的适应过程，须经历一定的困难才能达到原先的舒适感。文化适应的“U”形理论也认为，移民迁移到新环境时，一般会体验到文化冲击，经历兴奋、冲撞、恢复和适应的过程，移民和原居民两种文化经过适应融合会各自筛选一定文化元素，形成新的文化体系（徐赣丽、黄洁，2013）。尊重移民的文化特征会降低他们对文化冲击的感知程度，保证移民生计重建热情的潜在力量，使移民政策顺利有效实施。汉、蒙、回移民的不同民族文化，形成了不同的生计重建模式。

二、影响移民生计重建的其他因素

（一）移民的生计资本

现有生计学者认为农户拥有的自然资本、社会资本、物质资本、金融资本和人力资本是家庭降低生计脆弱性、增强风险抵御能力的基础。生计状况在很大程度上取决于各种生计资本的综合作用，如偏远山区的农户由于缺乏金融资本、人力资本和物质资本，只能更多地依赖土地、雨水等自然资本。随着市场经济的渗入，移民家庭会依据自身的人力资本选择适宜的外出务工以弥补金融资本的不足（李斌、左小云等，2004；许汉石、乐章，2012；苏芳等，2009）。在搬迁到一个新的地方后，由于分得的土地较少（李耀松等，2012），移民的自然资本普遍受损（任李付和陈忠祥，2007），物质资本大多需要重新购置（李培林、王晓毅，2013），加之原有的技能不能适应新的生产方式所形成的人力资本"失灵"（程广帅、庞会，2013；胡静、杨云彦，2009）、金融贷款难（王浩等，2012），导致其生计重建陷入困境。

（二）迁出与迁入地对搬迁政策的实施状况

从 1983 年开始，我国政府就鼓励贫困人口"自愿搬迁"到宜居的平原地带，如宁夏回族自治区在 20 世纪 80 年代和 90 年代采取了建设标准新房、分配耕地、产业扶持等优惠措施鼓励符合条件的移民搬迁。搬迁时采取了初期"两头有家、来去自由"的形式，待移民点得到开发，生产生活稳定后再完全搬迁的方式，当地人称为"吊庄移民"。2001 年，自愿性搬迁更是上升为国家原则。自愿性搬迁方式尊重移民的搬迁选择权，减少了移民与地方政府间的冲突与矛盾。许多研究也表明，相比较来说，搬迁阶段中自愿性的移民相比非自愿移民有较高的满意度（Narayan P. Dhakal，Kpisten C. Nelson and J. L. David Smith，2011）和资本恢复程度（李聪等，2014），在我国"吊庄移民"实践中，搬迁中尊重当事人意愿，移民收入也稳步增长。但在自愿移民中，较富裕农户比贫困户更加倾向于选择搬迁，易发生"搬富不搬穷"等瞄准"失灵"现象（唐丽霞等，2005）。非自愿搬迁有很强的政策性和强制性，具有利益相关人群的不可选择性，容易削弱移民的主动适应能力（施国庆，2005）。

在移民生计的重建中，移民的迁入地也探索了不同的安置方式，如县内搬迁、县外搬迁、插户搬迁等（郑国琴、王朝良，2006；罗强强，2009；王浩等，2012），分散安置方式提供的异质人际交往有利于移民之间的交流和互相学习（风笑天，2008），集中安置则可以使移民集约利用土地资源，发展新型种植业和养殖业；同时，大量移民集中在一起形成了新的市场需求和产业发展动力，有利于移民生计的恢复和发展、脱贫和减贫（Katus，et al.，2016；Adam et al.，2015；丁明俊，2013；李聪等，2013；李宏亮，2002）。

移民地的产业扶持政策实现了剩余劳动力的部分转移，蒙古族移民地建立饲草料种植加工基地，部分地区培育发展沙漠旅游业，启动从事第二、第三产业的技能培训，拓宽移民的增收渠道（张丽君、吴俊瑶，2012）。宁夏移民地政府为便利农业规模化经营而完善农地产权制度，发展葡萄、枸杞等产业园区，便利了新技术的使用和推广（任李付、陈忠祥，2007）。有些地方在移民搬迁阶段，将大部分资金用于搬迁补偿和基础设施建设，无暇顾及后续产业的发展，技能培训不能对接移民户的文化水平和接受能力，“重理论轻实践”，移民的生计重建热情得不到开发（杨欣，2015）。

（三）移民户参与的积极性和主动性

移民自愿搬迁并主动参与搬迁项目的决策、实施和监督过程，有助于移民发挥主动性和自身潜能，有效配置自身拥有的生计资本，使生计重建中的基础设施符合移民的生产和生活习惯，提高移民自我发展能力和生计重建效果（郝爱华等，2016）。近十几年来，市场经济的快速发展和国家补偿标准的提高使贫困地区的许多家庭也愿意搬到更适宜居住的平原地带生产和生活。但不同群体的搬迁意愿仍有差别，年轻人为获得好的就业机会而更愿意搬迁，较年长的农户担心搬迁后耕地不便而不愿搬迁（郝爱华等，2016）。迁出地的贫困状态和安置区的经济条件便利，形成自愿移民的推拉力，自愿移民有着对生存最根本的需求，搬迁选择权决定了移民社会关系网络的运用和重新建立，亲缘之间的互相支持坚定移民的迁移决心，缓解在迁入地的无助感，在内蒙古的研究就发现，主动搬迁的牧民在搬迁后更积极地探索新的生计模式，如经营饭馆、商店，跑个体出租车等（覃明兴，2007；包智明、任国英，2011）。非自愿移民中的移民户易产生对政府的高依赖性，生计重建也容易产生困境（盛济川、梁爽等，2009）。

本章小结

考虑了搬迁阶段和重建阶段之间的关系，以及将生计重建拓展为文化重建、社区重建、经济重建三个部分后，其复杂关系如图 4 –3 所示。

总之，生计资本的更多获得是移民搬迁的经济基础，搬迁政策是否考虑移民的具体需求决定着移民的搬迁参与热情，而移民的主动参与才是实现搬迁阶段“搬得出”、重建阶段“能致富”的动力。在民族文化背景下，移民拥有的生计资本、地方政府的搬迁扶持政策以及移民的搬迁参与情况都影响着移民的生计重建效果。

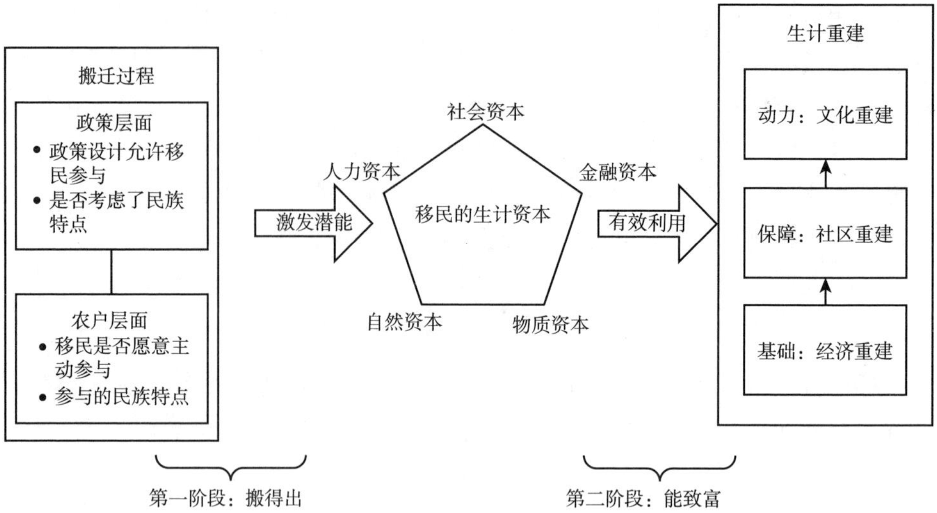

图 4-3　生计重建的两个阶段及其关系

第五章

生态移民搬迁后扶持政策的减贫效应

多种扶贫手段的"多措并举"可能产生"1+1>2"的叠加效应，也有可能产生"1+1<2"的抵消效应。本章以生态移民为研究对象，使用多维贫困理论，分析移民的减贫因子之间的替代与互补关系，为多措并举治理生态移民搬迁后的贫困提供政策建议。

第一节 研究问题

为完成在2020年完全消除"绝对贫困"的目标，中国共产党和中国政府充分动员了一切社会力量，加紧实施了一系列扶贫工程。各部门、各行业及社会力量积极行动，利用自身特点开展了具有区域特色、行业特点的扶贫项目，如"消费扶贫""产业扶贫""健康扶贫""教育扶贫"等。众多名目繁多且隶属于不同部门的扶贫项目最终都发力于同一个建档立卡的贫困户身上，有些产生了"1+1>2"的叠加效应，但也有产生"1+1<2"的抵消效应。

事实上，由于致贫原因不同，减贫手段也应该多样。多维的致贫原因对贫困的贡献程度不同会造成多种减贫措施中扶贫资源侧重点和关键致贫因素错配，导致扶贫资源浪费和扶贫效果微弱；而多手段并举的减贫方式，减贫因子间的相关性会影响各减贫因子对减贫效果的贡献度，如互补型因子会增强减贫效果，替代型因子会对减贫效果产生负向影响。例如，国家对建档立卡范围的贫困群众，用低保、危窑危房改造补贴、看病报销比例高等政策优势，却养成了少部分贫困户享受扶贫补贴，争当贫困户并引以为荣，"穷占便宜富吃亏"的反常心理，形成了"精神贫困"。此类事件经常见诸新闻报道，反映了扶贫手段之间复杂的“替代”和“互补”关系。

从生态移民来说，大多数生态移民主要来自“边、远、穷、山”等地区，搬迁前长期生活在贫困山区，交通不便、科技落后、教育水平薄弱，加之由于生态移民是国家主导的大工程，有些移民更是很容易产生“国家要我搬，搬后出现的问题，国家就该管我”的心理，如果“消费扶贫”“产业扶贫”“健康扶贫”“教育扶贫”等名目繁多的扶贫项目骤然加力于这些生态移民，“1 + 1 > 2”的叠加效应未必能够实现。

实际上，在减贫策略上，已有的很多学术研究也提到了如提升教育、提高健康水平、跟进精神观念等方面的减贫策略。但是学者在关注到各方面的致贫原因时，依然将减贫策略集中在有针对性的单项原因上在扶贫成效上，这类减贫策略一方面对提升贫困人口各方面的素养起到了有效作用，但却忽视了部分贫困人口有多种致贫原因，减贫策略需要先将这些错综复杂致贫原因之间的“替代”与“互补”关系确定的基础上，各种扶贫措施再“多管齐下”，以解决农户的多维贫困。

移民搬迁后的贫困是多种致贫因素共同作用的结果。近年来，学者通过引入多维贫困的概念并从多维角度研究减贫策略和减贫效果。在扶贫中，就被扶持的贫困个体而言，他们接受扶持的因素间也存在相关性，例如，贫困户的精神贫困会降低家庭生计资源的可获得性，健康维度的缺失会加剧精神困窘，受教育水平低会影响农户对健康维护的认知和行为，精神贫困会降低农户对利于减少贫困的因素的组合的有效性。

但现有扶贫实践在实施“多管齐下，多措并举”的扶贫策略时，实际是假设多维减贫因子的关系是互补的，忽视了这些因子间的相互作用和改变。例如，按照减贫因子间互补的假设，受益于财政扶贫的贫困户，获得了扶贫补贴，经济水平提升，便能够相应降低贫困。但在实践中，有些贫困户会陷入对补贴依赖的困境，产生较多的返贫现象。为什么消除了资本不足的致贫因素，却不能够有效持久地降低和消除贫困？目前的研究将其归咎于贫困户的“等、靠、要”心理，缺乏自我发展、自力更生的意识和能力。实际上，其中的经济因素和自我发展的意识、能力都是致贫因素中的一部分，扶贫补贴下经济水平的提升，对贫困户“等、靠、要”心理的催化，形成了一定程度上的惰性脱贫意识，加深了贫困程度，减贫因子间不仅存在互补关系，还存在相互抵消的替代关系，这种替代关系会影响减贫效果，但这方面的研究却较少看到。

第二节 理论分析

一、主要的减贫手段

梳理现有减贫文献，可以发现主要减贫手段有以下几种：

（一）提高贫困人口的教育水平和技能为主的减贫方式

教育水平不同会导致教育回报率有差异进而影响贫困家庭贫困剥夺的深度和贫困持续时间差异（周强、张全红，2017）。大量研究表明，教育作为家庭人力资本积累的主要来源，其回报率与人力资本差异成为个人和家庭收入水平差距的关键因素。但教育减贫措施（杨婷、靳小怡，2015）和利于增收的职业教育培训（罗必良等，2012）等并非惠及所有贫困个体的措施。由于家庭社会地位、阶层不平等以及学校资源分配等原因形成的教育机会不均是教育扶贫的主要障碍。在扶贫实践中，有所谓“治贫先治愚，扶贫必扶智，扶智教为重”的实践举措。

（二）改善居住环境、基础设施等“补短板”的减贫方式

农村基础设施投资既有利于农民收入增加，又有利于改善农村内部的收入不均等。Fan 和 Zhang（2004）发现，农村道路和信息基础设施对非农劳动生产率有着显著的促进作用。高颖、李善同（2006）发现基础设施可以通过降低转移成本和转移农村劳动力到城镇来促进农村减贫。近年来，多维贫困也体现在贫困群体在饮用水、道路、卫生设施等基础设施上的可得性。

（三）提高土地开发，增加农副业产量

土地是生产资料，同时对贫困群体有社会保障的功能，表现为劳动力就业、收入增加以及对养老、住房等基本生存性需求的保障（杨婷、靳小怡，2015），由于贫困群体多处于偏远山区，耕地质量和气候条件较恶劣，早期的扶贫开发出于更多考虑贫困群体的种养殖条件而为他们分配更好条件的土地（罗必良等，2012）。但近年来，依赖土地的收入边际效益快速递减，扶贫措施上鼓励贫困群体“农转非”，将土地流转给企业获取补偿成为更好的办法。

（四）提高贫困群体健康素质的减贫方式

因病致贫是现阶段贫困的主要形成原因。据统计，我国贫困地区有超过1/3存在因病致贫或因病返贫问题（姜洁等，2017）。汪辉平、王增涛等（2016）对中国西部的9省区1000多贫困户进行分析因病丧失劳动力和自付医疗费用过高、报销比例低是患病家庭贫困的主要原因。学者探索了健康减贫的作用机制，如实现地方参保机会公平、重特大疾病保障等（杭承政等，2017）。

（五）以扶志、增强贫困群体内生动力为主精神扶贫

精神贫困体现为志向“失灵”，贫困者志向缺乏、信念消极（李禄胜，2009）。在精准扶贫项目的推进中，剩余贫困人口的观念致贫成为扶贫“硬骨头”，习近平主席强调了“精神扶贫”的重要性，也就是扶贫和扶志相结合。

实际上，扶贫的手段远不止以上所列的这五类，在实际操作中，更是种类众多、名目繁杂，但最终仍要通过贫困个体才能起到作用。

二、减贫手段间的关系

（一）减贫因素间存在相关性

近年来，学者们顺着诺贝尔经济学奖获得者 Sen 贫困的可行能力视角提出的多维贫困理论出发，从多维角度关注贫困现象。除收入贫困外，更多地关注到健康、教育和生活水平多个维度的贫困（王小林、Sabina Alkire，2009），以及农户精神层面的贫困（王宗礼，2017）。

根据每个维度的定义和特征，学者分别使用了不同的指标来测度。例如，健康维度的贫困涉及医疗保障、睡眠质量、是否有慢性疾病等；精神层面的贫困从发展期望、社交意愿、公共事务的参与等指标得以反映。研究发现，这些贫困间有较强的相关性，贫困群体的贫困程度是他们综合能力应对生存环境的反应结果。

（二）减贫因素间有互补—替代关系

截至目前，对于减贫因子间的相互关系，还缺乏细致的讨论。实际上，减贫因子间具有复杂的相关性，而目前学者的研究均假设减贫因子间为互补关系，也就是说，某一贫困因子境况改善，便能减少整体性的贫困。例如，张全

红、周强（2014）借鉴人类贫困指数中维度和指标的选择，选取教育、青少年入学率、家庭就业及健康医疗等13个指标为致贫因素，测度贫困的广度、深度，得出每个因素的贫困贡献度。研究发现，较低的学历、健康状况不乐观的农户，更容易加剧多维贫困层次，多维致贫因素间的组合加剧了农户在不利环境中的贫困风险。

（三）减贫因子间互补—替代关系影响减贫结果

多维减贫因素间关系的研究反映了减贫因素间的相关性会影响减贫结果。一方面，减贫因素间的替代作用体现为一种减贫因素层次的提高意味着另一种因素层次的降低，导致减贫效果的抵消，如扶贫补贴不断提高带来的精神贫困形成的补助依赖反而会加剧多维贫困；另一方面，致贫因素间的互补作用体现为一种致贫因素层次的提高会对其他因素层次的提高起到促进作用，达到降低多维贫困的作用。

三、生态移民的减贫效应

大部分研究认为，我国的易地移民搬迁项目由于政府主导作用的发挥而往往具有非自愿性，容易冲击到家庭的生计资产。易地移民在搬迁后，由于政府力量介入下生产生活环境发生改变，原有的生产系统极易因外力冲击而受到破坏，导致家庭因搬迁引起生计资产损失而引发贫困。

但易地搬迁改善了移民户的生存环境，形成生存条件的“突变演进”也为移民创造了改善生计脆弱性的机遇。在迁入地，土地生产功能退化，移民只能主动或被动地适应生产生活，人际交往、身份认同等方面也产生了急剧转变。

参与移民搬迁的农户并非必然陷入如程广帅（2013）、杨云彦和赵锋（2009）等所描述的“介入型”生计困境，特别是在生态与贫困脆弱性相交织的情况下，由于迁入地社区环境、教育条件、交通条件等基础设施改善，移民对家庭外部资源的占有能力增加，加之，一些支持性措施如社区医疗卫生组织、教育机构、修缮公路、发展产业园等为农户提供了新的生计机遇。且易地移民本身对搬迁的期望较高，也更愿意积极迎合和主动适应移民搬迁带来的变化，并通过生计活动的选择与新的生计模式的形成来减少贫困。

总之，“易地搬迁”的外力介入对移民原有的小农生产形态造成冲击，包括生计资产上的损失和改善生计脆弱的机遇，对移民各方面不同层次减贫因子的改变为移民贫困户减贫脱贫造成了复杂影响。

第三节
模型、变量和方法

一、减贫因子指标的选取

多维贫困指标的选取借鉴 Sen 的能力贫困说以及 Alkire 和 Foster 提出的多维贫困测度模型。指标选取和赋值如表 5－1 所示。

表 5－1　多维贫困指标的选取和赋值

维度	指标	赋值	均值
教育因素	户主文化程度	小学＝1，初中＝2，高中（中专、技校）＝3，大专＝4，本科及以上＝5	1.79
	子女教育条件	不满意＝1，一般满意＝2，很满意＝3	1.38
健康因素	对医疗保险认知	完全不了解＝1，不太了解＝2，一般＝3，比较了解＝4，非常了解＝5	3.04
	对养老保险认知	完全不了解＝1，不太了解＝2，一般＝3，比较了解＝4，非常了解＝5	2.88
住房条件	住宅舒适性	更差了＝1，基本无改善＝2，有一些改善＝3，改善很多＝4	2.77
土地因素	家庭有无耕作土地	无土地＝0，有土地＝1	0.5

数据来源：宁夏调查。

（一）教育因素指标

在教育水平的测度上，选取了户主文化程度、子女教育条件的满足两个指标。户主学历对家庭获得消除贫困、提高生活质量所必需的、最基本的知识技能和观念的提升起到积极作用；移民在政府的扶贫帮助下，对子女教育条件的改变和现状十分满足。

（二）住房条件指标

在住房条件的测度上，选取了住宅舒适性评价的指标衡量。住宅舒适性评价不仅包括农民对住宅本身的面积、房屋构造、用料情况的评价，也包含对其所属的住宅区基础设施建设情况，包括公路、用电、网络电视广播、取暖等住宅体验的综合感应（张磊，2007）。

（三）健康因素指标

在健康因素的测度上，选取了对医疗保险和养老保险的认知情况作为衡量的指标。有调查显示，农民的健康状况与其生活条件密切相关，贫困居民中相当一部分是由于家庭成员因年龄增长或突发情况患有重病而陷入贫困的，医疗保险和养老保险作为社会保障的一部分，对家庭的年老劳动力和重病致贫能起到一定的保障作用（张磊，2007）。

（四）土地因素指标

在土地因素的测度上，以家庭有无耕作土地反映家庭的生计情况。由于搬迁农户处于“仍然务农”和“农转非”两种生计状况，并且土地具有除生产资料外的社会保障功能，也就是劳动力就业、收入增加，以及对养老、住房等基本生存性需求的保障，另外，农民“农转非”后务工对土地保障功能的削弱，使“有土经营”和“生计非农化”的优劣势受到关注。

（五）精神观念指标

农户的精神观念反映在他们精准扶贫项目的推进中所反映的思想观念、角色意识、价值目标和理想信仰方面（杨云峰，2007），对精神观念的测量较为复杂，主要聚焦在农户的社会活动方面，包括社会参与（a. b. c）、社会交往策略（d. e. f）、价值选择（g. j）、角色认知（h. i）等方面的综合性活动，具体题项如表5－2所示，赋值采用李克特5点评分法，从1（最消极）到5（非常积极），分值越低，代表农户在该项目上越消极。这些量表上的问题通过因子分析形成新的测度精神贫困的指标。

表5－2　　精神贫困测度量

项目内容	
a. 平常的时候您关心村里的公共事务吗	f. 您到邻居家串门的次数多少
b. 您是否就村里的公共事务提建议	g. 您是否会参加技能培训
c. 您村或社区组织群众活动您参加吗	h. 您了解所在村的选举程序吗
d. 您与村乡镇干部接触多吗	i. 您是否参加过村委会选举
e. 您和村民交流多吗	j. 您希望孩子能读到什么学历

二、多维贫困测度方法

1. “双界线”法

移民存在的多维贫困现象能够通过贫困人口或家庭的多维贫困发生率反映他们所经历的剥夺程度（范晨辉，2015）。

基于收入因素的 FGT 贫困指数（Foster Greer 和 Thorbecke 于 1984 年首先提出，后被人们简称为 F－G－T 指数）对贫困的测度忽略了贫困群体其他能力的缺失，Alkire 和 Foster（2011）提出的多维贫困测度模型，则从贫困户所享受的福利程度在教育、收入、生活等多个维度全方面对贫困家庭实现精准识别，以“双界线法”测度贫困户的多维贫困程度。“双界线”法的主要内容是判断是否贫困的两个临界值：一个是用于测度维度的每个指标上的贫困临界值，以识别个体在该指标上的贫困状况；另一个是个体或家庭在维度上的缺失得分临界值，即个体或家庭在所有指标上缺失得分和，进而与缺失得分临界值比较，识别个体或家庭是否属于多维贫困。

2. 缺失得分的临界值 k

缺失得分临界值 k 值对多维贫困指数高低有很重要的影响决定作用，如果家庭的缺失得分大于 k 值，该家庭就被判定为贫困；如果家庭的缺失得分小于 k 值，家庭就被判定为非贫困。k 值越高，意味着缺失份额的临界值越高，贫困指数将会越低。一般而言，k 值为介于 0～100% 的数值，如果 k 为 0 时，所有的家庭都被判定为贫困。如果 k 为 100%，此时无任何家庭为贫困。然而，目前的理论研究对 k 的取值并没有明确、严格的方法和结果。文献中的大部分研究，根据经验判断将 k 取值为 1/3 左右，国内学者如邹薇和方迎风（2011）将 k 取值为 1/3。

3. 指标临界值

测度精神观念的 4 个主因子以 0 作为指标临界值，指标的因子得分低于 0，认定为贫困；在教育维度中，户主文化程度为初中及以下，就认为该家庭在该指标上缺失，认定为贫困，以及不满意子女教育条件就认为家庭在该指标上的缺失，认定为贫困；在健康维度中，对医疗保险和养老保险的了解程度划分为 5 个层次，以样本均值作为临界值，低于样本均值，认定为家庭在该指标上的缺失，记为贫困；住房条件以和搬迁前住房情况的对比评价作为临界值的确定依据，较搬迁前未提高认定为家庭在该指标上的贫困；耕作条件以家庭有无可耕作的土地作为确定临界值的依据，无土地的认定为贫困。

4. 贫困指数

以贫困发生率作为衡量多维贫困程度的指数，贫困发生率以指标或维度的贫困发生人数和总人数的比值来表示。通过计算各指标和各维度的贫困发生率来了解样本户的贫困特点，再通过多维贫困发生率反映农户的贫困程度。

综合以上测度方法和临界值确定依据，测度多维贫困的指标体系如表5-3所示。

表5-3　维度、变量、临界值和权重

维度	变量	指标	临界值
精神观念（0.2）	公共参与（MP：0.05）	因子得分低于样本均值为负，认定为贫困	0
	社会交往（SC：0.05）	因子得分低于样本均值为负，认定为贫困	0
	经济发展（ED：0.05）	因子得分低于样本均值为负，认定为贫困	0
	教育期望（EE：0.05）	因子得分低于样本均值为负，认定为贫困	0
教育（0.2）	户主文化程度（CUL：0.1）	文化程度为初中及以下，认定为贫困	贫困赋值1，否则赋值0
	子女教育条件（EDU：0.1）	不满意认定为贫困	贫困赋值1，否则赋值0
健康（0.2）	对医疗保险的了（MI：0.1）	了解程度划分为5个层次，低于样本均值认定为贫困	均值3.04
	对养老保险的了（EI：0.1）	了解程度划分为5个层次，低于样本均值认定为贫困	均值2.88
住房条件（0.2）	住宅舒适性（DW：0.2）	较搬迁前未提高，认定为贫困	贫困赋值1，否则赋值0
耕作条件（0.2）	家庭有无耕作土地（LA：0.2）	无土地认定为贫困	贫困赋值1，否则赋值0

数据来源：宁夏调查。

三、模型设定

（一）减贫因子关系的识别模型

在对减贫因子测度的基础上，用回归分析识别减贫因子间的互补—替代性（Li et al.，2017）。

设定的模型如下：

$$x_{jn} = \alpha_0 + \sum_{i=1}^{10} \beta_{in} x_{in} + \xi (n = 1,2,\cdots,m,m = 327,i,j = 1,2,\cdots,10,i \neq j) \tag{5-1}$$

其中，α_0是常数项；x 为测度减贫因子的指标，β 是其待估参数，ξ 是随机干扰项。

需要说明的是，自变量为所识别的互补—替代性减贫因子，理由是自变量引起因变量变动，根据某一自变量引起变动的因变量的系数和的正负判断该自变量的互补—替代性。若某一自变量与其引起变动的因变量的系数和为正，判定该变量为互补性减贫因子；若某一自变量与其引起变动的因变量的系数和为负，判定该变量为替代性减贫因子。

（二）减贫效果的评估模型

在减贫结果的衡量上，选取了“家庭近三年收入”指标，通过对在各项减贫因子上贫困与非贫困人群的收入平均值和具有互补—替代性的交互因子上贫困与非贫困人群的收入平均值的比较，说明在交互因子上贫困或非贫困的人群收入平均值相较单项因子上的贫困或非贫困人群收入平均值更大还是更小。进而设定计量模型，验证交互项减贫因子对减贫结果影响的显著性。考虑到收入指标为连续性变量，采用多元回归模型进行系数估计，用 IN 表示收入。

设定的模型如下：

$$IN_i = \alpha + \beta X_i + \xi (i = 1,2,3,\cdots,n = 327) \tag{5-2}$$

其中，被解释变量收入是连续性变量，α 是常数，X 为因子交互项，β 是其待估参数，ξ 是随机干扰项。

以“家庭近三年收入”作为被解释变量，减贫因子交互项“PP－EDU”“ED－DW”“DW－LA”“EDU－DW”“LA－EDU”作为解释变量，具体内容反映在表 5－4 中。

表 5－4　　变量的描述性统计

变量名称	赋值	均值	标准差
被解释变量			
家庭近三年收入（元）	调查问卷所得连续性数值	16194.60	12883.48
解释变量（因子交互项）			
PP－EDU	交互非贫困＝1，单项贫困＝2，交互贫困＝3	1.57	0.59
ED－DW		1.85	0.70
DW－LA		1.87	0.71
EDU－DW		1.46	0.63
LA－EDU		1.64	0.56

数据来源：宁夏调查。

对交互项因子赋值后，计算单项减贫因子贫困与非贫困人群的收入均值，将其与交互项减贫因子贫困和非贫困人群的收入均值作对比，结果反映在表 5－5 中。

表 5－5　　单项贫困和交互贫困对比情况

项目	收入均值（元）				
减贫因子	PP	ED	EDU	DW	LA
非贫困＝0	16922.98	15384.32	16872.53	17045.70	16188.67
贫困＝1	15400.00	15015.00	10257.58	12862.61	16200.30
因子交互项	PP－EDU	ED－DW	DW－LA	EDU－DW	LA－EDU
非贫困＝0	17204.94	17395.85	17701.98	17378.59	16594.69
贫困＝1	6470.59	12085.96	12663.49	10083.33	21450.00

数据来源：宁夏调查。

结果表明，在互补性交互项中，交互项贫困人群的收入均值要低于交互两项的各项收入均值。例如，在交互项 PP－EDU 中，贫困（贫困＝1）人群的收入均值为 6470 元，低于交互两项的收入均值各为 15400（PP）元、10257.58（EDU）元；在交互项 ED－DW 中，贫困（贫困＝1）人群的收入均值为 12085.96 元，低于交互两项的收入均值各为 15015（ED）元、12862.61（DW）元；在交互项 DW－LA 中，贫困（贫困＝1）人群的收入均值为 12663.49 元，低于交互两项的收入均值各为 12862（DW）、16200.30（LA）元；在交互项 EDU－DW 中，贫困（贫困＝1）人群的收入均值为 10083.33 元，低于交互两项的收入均值各为 10257.58（EDU）、12862.61（DW）元。

而在替代性交互项 LA - EDU 中，贫困（贫困 = 1）人群的收入均值为 21450 元，高于交互两项的收入均值各为 16200.30（LA）、10257.58（EDU）元，而从该替代交互项的贫困与非贫困的收入均值比较来看，贫困群体高于非贫困群体的收入均值。

第四节 实证结果分析

一、生态移民搬迁后的贫困状况

利用 AF 方法及所确定的各维度、各指标临界值测度多维贫困结果如表 5 - 6所示。多维贫困测度结果表明，移民的“户主文化程度”指标贫困发生率最高，移民普遍是初中及以下的受教育水平；其次，移民在健康维度上呈现出较高的贫困发生率，说明移民对医疗保险和养老保险的了解程度和认知水平较差，进而容易忽视其带来的对健康水平和生活水平的保障作用；“家庭有无耕作土地”指标也有较高的贫困发生率。

表 5 - 6　各指标的贫困发生率

维度	变量	贫困人口	贫困发生率
精神贫困	公共参与	154	47.82%
	社会交往	164	50.93%
	经济发展	160	49.67%
	教育期望	109	33.85%
教育	户主文化程度	299	92.86%
	是否满足子女教育条件	33	10.25%
健康	对医疗保险的了解程度	202	62.73%
	对养老保险的理解程度	211	65.53%
住房条件	住宅舒适性	114	35.40%
耕作条件	家庭有无耕作土地	174	54.04%

数据来源：宁夏调查。

多维贫困测度结果也表明，移民在“是否满足子女教育条件”的指标上，贫困发生率最低，在扶贫项目的推进中，移民对子女的教育条件有很好的满足，以及从精神贫困维度中“教育期望”指标的较低贫困发生率，也说明移民的子女教育情况的改善。在“住宅舒适性”的指标上，较低的贫困发生率反映出样本农户对住宅条件满意的居多。

在计算出移民各指标上的贫困发生率后，需要知道移民的多维贫困状况，从移民的缺失得分中能够得以反映，如表5－7所示。

表5－7　　多维贫困加权缺失得分分布

项目	25%	50%	75%	99%	最小值	最大值	均值
缺失得分	0.35	0.5	0.6	0.85	0.05	0.9	0.50

数据来源：宁夏调查。

移民的缺失得分介于0.05～0.9，说明移民缺失份额最低的为0.05，缺失份额最高的为0.9。在占比上，25%的移民加权缺失份额在0.35以下，50%的移民加权缺失份额在0.5以下，75%的移民加权缺失份额在0.6以下，99%的移民缺失份额在0.85以下。

表5－8反映出不同缺失得分临界值下移民的多维贫困发生率。

表5－8　　K值不同取值下移民的多维贫困发生率（H）

K值	0.1	0.2	0.3	0.4	0.5	0.6	0.7	0.8	0.9
多维贫困人口	321	309	285	239	147	112	41	21	0
多维贫困发生率	99.69%	95.96%	88.51%	74.22%	45.65%	34.78%	12.73%	6.52%	0

数据来源：宁夏调查。

缺失得分临界值越高，多维贫困发生率越低，当K＝0.8时，多维贫困发生率为6.52%；缺失得分临界值越低，多维贫困发生率越高，当K＝0.1时，多维贫困发生率为99.69%。

多维贫困测度结果表明，样本移民在各项指标上存在不同贫困状况，致贫原因的组合造成移民的多维贫困现象。移民多维贫困现象的存在，为减贫策略从多维角度研究提供了依据。

二、多维减贫因子间互补—替代关系

在减贫因子对减贫结果的影响分析上，应该关注因子间的相互作用，对减贫结果所产生的抵消和补充的影响。事实上，减贫因子间的相互作用存在替代性和互补性，因子间的正向相关，代表因子间相互促进的互补作用，负向相关代表因子间相互抵消的替代作用，式（5－1）识别的互补—替代性减贫因子如表5－9所示。

表5－9　　减贫因子间的互补—替代系数

	PP	SC	ED	EC	CUL	EDU	MI	EI	DW	LA
PP					－0.1109 （0.073）	0.3113 （0.003）				
SC					－0.1536 （0.010）	－0.2699 （0.007）				
ED									0.1251 （0.090）	
EC								－0.1344 （0.058）		－0.2443 （0.077）
CUL		－0.1729 （0.011）				0.2372 （0.029）				0.2938 （0.035）
EDU	0.1206 （0.002）	－0.1176 （0.003）			0.0826 （0.029）				0.2506 （0.000）	－0.2822 （0.001）
MI								0.6850 （0.000）		
EI				－0.1079 （0.060）			0.7463 （0.000）			
DW			0.1251 （0.090）			0.5057 （0.000）				0.3650 （0.002）
LA				－0.0518 （0.078）	0.0620 （0.035）	－0.1709 （0.001）			0.1096 （0.002）	

注：①数据来源：宁夏调查。②第一行是自变量，第一列是因变量；括号中数值为P值。

结果表明，各变量之间均具有互补的或替代的相关性，也就是说，一种变量的变化，会引起另一种变量的积极或消极的变化。“公共参与（PP）”“经济发展（ED）”“对养老保险的认知（MI）”“住宅舒适性（DW）”是四个互补形式的变量，因为它们能够引起其他变量的正向影响。例如，“公共参与（PP）”对因变量“子女教育条件的满足（EDU）”的互补系数为0.1206，说明单位量PP的增加会带来0.1206单位EDU的增加；同理，“教育观念（EC）”对因变量“住宅舒适性（DW）”的互补系数为0.1251；“对养老保险的认知（MI）”对因变量“对医疗保险的认知（EI）”的互补系数为0.7463；“住宅舒适性（DW）”对因变量“子女教育条件的满足（EDU）”和“是否有耕作土地（LA）”的互补系数分别是0.2506和0.1096。

“社会交往（SC）”“教育观念（EC）”是两个替代形式的变量，因为它们对因变量都是负向的影响。例如，“社会交往（SC）”单位量的提高会分别带来“户主受教育程度（CUL）”和“子女教育条件的满足（EDU）”0.1729和0.1176单位的减少量；“教育观念（EC）”的变化会带来“对医疗保险的认知（EI）”“是否有耕作土地（LA）”两个因变量相反方向的变化。

其余的4个因素和因变量有互补关系也有替代关系。例如，“户主文化程度（CUL）”与“对子女教育条件的满足（EDU）”和“家庭有无耕作土地”的互补系数分别为0.0826和0.0620，但与“公共参与（PP）”和“社会交往（SC）”的替代系数分别是为－0.1109和－0.1536。

在减贫因子等权重的假设下，用图5－1直观地反映减贫因子间的互补—替代性。其中，实线表示变量间的互补性，虚线表示变量间的替代性。

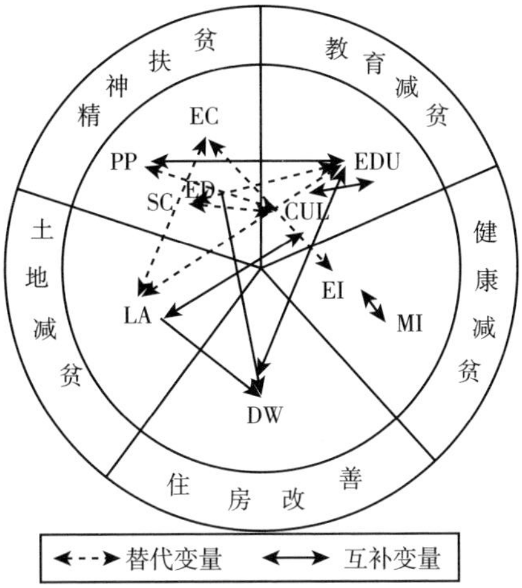

图5－1　减贫因子间互补—替代关系

首先，假设减贫因子间有很强的互补性或者很弱的替代性，才是适合用于减少贫困的指标选择。据此，“社会交往（SC）”“教育观念（EC）”两个指标因其与因变量系数均为负向的替代关系而被剔除。而选择“公共参与（PP）”“经济发展（ED）”“对养老保险的认知（MI）”“住宅舒适性（DW）”4个指标作为减少贫困的指标，因其与因变量只具有互补性。其余4个指标的选择要与它所能带来的其他变量的互补性和替代性的大小比较后确定。

对其他变量同时具有互补和替代关系的4个变量分别是“户主文化程度

(CUL)”“子女教育条件的满足（EDU)”“对医疗保险的认知（EI)”“是否有耕作土地（LA)”，因其与因变量同时具有正向、负向的相关性。对这 4 个变量的选取依据它所带来因变量的互补系数相加和与替代系数相加和的绝对值的比较。在图 5－2 中，对 CUL 的选取，由于其替代系数和绝对值为 0.265 大于互补系数和 0.145，因而判定 CUL 是替代变量，拒绝将它作为减贫因子的选择；在 EDU 的选取上，由于其互补系数和为 1.044 大于替代系数和绝对值 0.441，因而将其判定为互补变量，并且将其作为减贫因子；同理，选取 EI、LA 作为减贫因子。

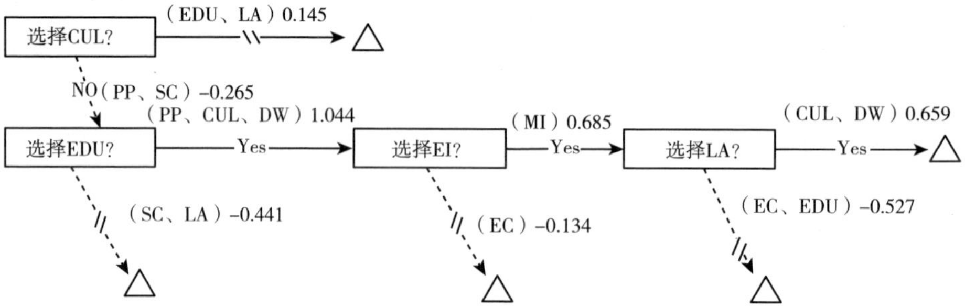

图 5－2　强互补性指标的选取

根据回归分析结果表 5－9 及图 5－2 所展示的各自变量与引起变动的因变量的系数和的正负性判断减贫因子的互补—替代性，计算结果展示在表 5－10 中。

表 5－10　减贫因子互补—替代性

自变量	PP	SC	ED	EC	CUL	EDU	MI	EI	DW	LA
系数和	0.1206	－0.2905	0.1251	－0.1597	－0.1199	0.6134	0.7463	0.5506	0.4853	0.1323
正负性	正	负	正	负	负	正	正	正	正	正
互补—替代性	互补	替代	互补	替代	替代	互补	互补	互补	互补	互补

经过对减贫因子间互补—替代关系的识别，剔除了强替代性的变量 SC、EC、CUL，最终，在减贫因子的 10 个指标中，选取了 PP、ED、EDU、MI、EI、DW、LA 7 个指标作为减贫因子的指标选择。

通过对强互补因子的判断和选择，将选择出的 7 个指标 PP、ED、EDU、MI、EI、DW、LA 间的相关性进行说明。回归分析结果表明，选择出的 7 个强互补性指标之间的相关性是双向可逆的，所以在说明指标间的相关性时，可以忽略指标间影响方向的差异。

根据强互补性指标所在的维度属性，得出减贫因子间的相关性。PP、ED 属于精神观念的维度，分别与属于教育水平维度的 EDU、住宅条件维度的 DW 为互补关系；教育水平（EDU）和住宅条件维度（DW）为互补关系，与属于土地开发维度的 LA 为替代关系；住宅条件和土地开发（LA）为互补关系，用图 5－3 来反映。

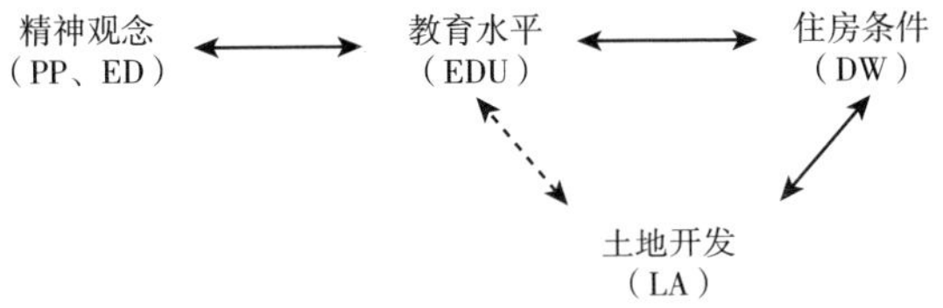

图 5－3　减贫因子间的互补—替代关系

a. “精神观念（PP、ED）”和“教育水平（EDU）”因子互补；
b. “住房条件（DW）”和“教育水平（EDU）”因子互补；
c. “土地开发（LA）”和“住房条件（DW）”因子互补；
d. “土地开发（LA）”和“教育水平（EDU）”因子互为替代；
e. “精神观念（PP、ED）”和“住房条件（DW）”因子互补。

三、生态移民减贫效果的评估

根据表 5－11，把交互项贫困与非贫困群体的收入均值和单项贫困收入均值的比较结果反映在图 5－4 和图 5－5 中。

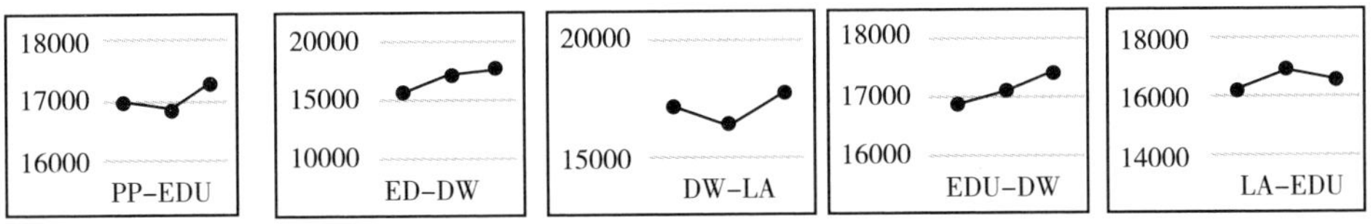

图 5－4　交互项非贫困与单项非贫困收入均值比较

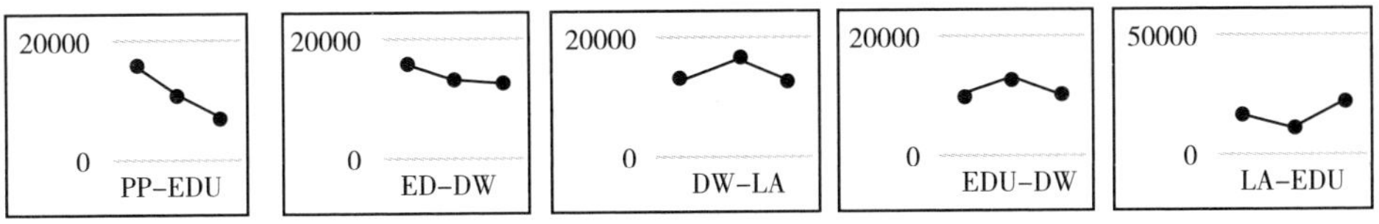

图 5－5　交互项贫困与单项贫困收入均值比较

在图5－4中，互补性交互项非贫困群体收入均值高于组成交互项的减贫因子的非贫困收入均值，即可说明互补性减贫因子对减贫结果有正向激励；替代性交互项非贫困群体收入均值只要低于组成交互项其中一项减贫因子的贫困收入均值，即可说明替代性减贫因子会对减贫结果产生负向激励。而图5－4和图5－5对非贫困群体与贫困群体各交互项收入均值和单项收入均值的比较只是一个问题的两个方面，不再作说明。

根据式（5－2）计算的减贫因子间互补—替代关系对减贫结果的影响如表5－11所示，各模型以“单项贫困＝2”作为参照项。

表5－11　　减贫因子间互补—替代关系对减贫结果的影响

交互项	系数	P值
模型1		
PP－EDU＝1	946.00 （1489.59）	0.526
PP－EDU＝3	－9788.35 （1159.10）	0.000
模型2		
ED－DW＝1	1246.16 （1710.23）	0.467
ED－DW＝3	－2063.72 （1758.56）	0.241
模型3		
DW－LA＝1	1097.73 （1765.38）	0.535
DW－LA＝3	－3940.76 （1527.92）	0.010
模型4		
EDU－DW＝1	5041.59 （1405.48）	0.000
EDU－DW＝3	－3253.66 （2183.76）	0.137
模型5		
LA－EDU＝1	2835.98 （1460.82）	0.053
LA－EDU＝3	6691.29 （6713.39）	0.320

数据来源：宁夏调查。

结果显示，在互补性交互项的模型1、模型2、模型3、模型4中，与构成互补项的单项因子贫困相比，互补项非贫困会带来收入的正向激励，互补项贫困会带来收入的负向激励。例如，在交互项PP－ED中，交互项非贫困与收入提高的系数为946.00，交互项贫困与收入提高的系数为－9788.35。

模型1、模型2、模型3、模型4的分析反映出互补性减贫因子的改善会增强减贫效果，而模型5反映出替代项减贫因子的改善会减弱减贫效果。在替代性交互项的模型5中，与构成替代项的单项因子贫困相比，替代交互项贫困要比非贫困所带来收入的正向激励更强。例如，在替代性交互项LA－EDU中，交互项非贫困与收入提高的系数为2835.98，交互项贫困与收入提高的系数为6691.29，交互项贫困与收入提高的系数要高于交互项非贫困与收入提高的系数。

本章小结

本章集中在移民户层面考察了教育扶贫、住房改善、健康减贫、土地减贫、精神扶贫五个减贫因子对移民减贫的互补—替代性，进而选择出强互补性的减贫因子。研究得出，作用在生态移民上的不同减贫因子之间存在互补—替代性，互补性的减贫因子能促进其他减贫因子的改善，起到减贫作用，替代性减贫因子易对其他减贫因子产生负向激励，降低减贫效果或导致更深层次的贫困，因此，针对生态移民搬迁后的扶贫切入点应集中在强互补因子的改善上，而不能笼统地使用一系列减贫举措。

第六章

生态移民安置方式的减贫效应研究

近年来，黄土高原各移民安置地依据实际情况，对生态移民展开了丰富多样的安置方式，既考虑生产需求，又照顾生活实际。本章比较了不同土地资源利用方式的生产安置以及集中连片安置和分散安置下移民的生计状况，分析不同安置方式下移民户的贫困差异和形成原因，研究不同安置方式在移民户脱贫减贫方面起到的作用。

第一节 研究问题

30多年来，各移民安置地在大规模易地扶贫搬迁工程实践中，探索了不同的搬迁安置方式。按有无土地划分为有土安置和无土安置，按迁移距离划分为就地搬迁和易地搬迁，按安置规模划分为集中安置和分散安置，按移民主体划分为自发性移民搬迁、政府组织移民和企业参与移民搬迁等（文冰等，2005），还有学者把生态移民安置分为依托集体农场安置、依托城镇或市区周围等集中安置、依托旅游产业开发安置、依托企业带动安置、依托土地资源安置等多种类型（王永平、曾凡勤等，2008；王永平、袁家榆等，2008）。

另外，在生活安置上，许多移民安置区倾向于将移民户“集中安置”到新开发的移民新村（区）。随着城镇化的发展，一些地方更是采取了“大点安置”和“上楼安置”方式，例如，陕西省某地规划建设移民搬迁房、棚改安置房5000多套，将超过1万多的移民集中安置到了同一个安置区内。移民的住房条件和生活环境得到了较大改善，有些移民还可以享受到靠近城区或者城镇的生产和生活服务，如新安置区内有幼儿园、超市以及好的医疗条件、交通便利等，移民生产和生活水平得到提高，有利于移民的社会适应和生计恢复。然而，移民搬迁后生计问题，如收入来源以及后续发展等问题仍没得到很好的解决。

很多地方在移民搬迁安置的过程中“重生活、轻生产”“重设施、轻产业”。多数搬迁家庭原来就是贫困户，家庭条件差、生产技能弱、缺乏现代的思想观念、接受新事物的能力差等导致移民搬迁后生活更加困难。许多搬迁移民出现了“重新陷入贫困”“空巢家庭和留守儿童”“社会心理不适应”等新的社会问题。因此，如果只强调对移民进行集中大规模的安置，就有可能会出现上述的问题，阻碍移民搬迁安置的进程，更有可能会影响移民搬迁后的农业发展、外出务工等方面及其后续发展，会造成移民生计恢复和收入增加的困难。

总之，不同的安置方式对于不同地域的移民的收入和生计恢复有较大影响。近年来，学者从不同的角度对安置方式与移民的生计恢复方面进行了研究。在不同的移民安置模式下，生态移民的生计恢复方式存在较大差异，更需要分析安置方式的减贫效应，选择合理的生态移民安置模式。

第二节　理论分析

从生活安置来说，移民安置可分为集中安置和分散安置。集中安置不仅可以集约利用土地资源，且移民迁入后保留了原来的社会关系，能更快地进行社会适应和融合，并且集中安置移民便于统一管理和发展，利于移民政策的上传下达，移民更容易适应环境和生活（李宏亮，2002）；有学者发现集中安置能使移民摆脱持久性贫困（刘伟、黎洁等，2015）。近年来越来越多的研究支持将移民集中安置，认为移民的集中安置节约利用土地，并且可以发展创新型的种植和养殖，产出高，效益好，移民收入增长快，移民适应的速度较快，能更快地恢复生计；另外，大量的移民搬迁到安置区后能够刺激市场行为的增加，在生产和生活方面也会产生新的市场，更有利于移民的收入增长和生计的恢复和发展（Susanne，2016；A. B. Adam，2015；丁明俊，2013）。

也有学者认为，政府可以因地制宜、选择性地进行移民安置，依托城镇、产业发展等方面灵活进行，有利于移民的安置与未来的发展。风笑天（2008）发现，安置方式的不同对于移民的社会适应有着很大的影响，分散安置的方式能够使得移民与当地居民的交流更多，更利于社会融合和经济发展；采取相对分散的安置方式，有利于农业的综合开发和小城镇建设，能使移民搬迁后更快脱贫致富（达瓦次仁等，2014）。移民相对分散的安置更有利于移民与当地居民的交流，加快移民搬迁后的社会融合和经济发展（风笑天，2008）；如插花安置等搬迁方式的成本低、效果好，更利于移民生计的恢复和发展（王永平等，2014；杨军昌，2003），相对分散的安置方式有利于对农业进行多样化的综合开发，能加快移民的生计恢复和收入增长（达瓦次仁等，2014）。

对移民安置方式的选取在某种程度上决定了移民搬到一个新地方后适应新生活环境、学习新的生产技术、发展新生活技能的能力，集中安置和分散安置各有利弊。但近几年，集中安置越来越多，且规模越来越大，一些移民安置点甚至超过了 5000 户。究其原因，一方面，人们认为集中安置有利于发挥规模经济效益，也便于对移民进行社会管理；另一方面，随着中央政府对易地搬迁扶贫资金支持力度的加大，地方政府为争夺项目资金，也需要将移民集中安置起来，并进行政绩展示，一排排整齐划一、外观漂亮的崭新安置房给外地来访者留下了深刻的印象。然而，集中安置的规模经济效益也有其边界，将众多的原先均处于大山之中的贫困户集中在一个小区，反而不利于他们之间的相互学习，即便提供了良好的生活条件，也不一定利于他们的生计恢复和发展。

第三节

不同安置方式移民的贫困差异

宁夏吴忠市红寺堡区位于扬黄扶贫灌溉区内，土地相对平整，面积 2767 平方公里，有数百亩集中连片、地势平坦的宜垦荒地，且原住人口极为稀少，在移民安置上实行了“集中连片”的居住安置方式。自启动生态移民工程以来，红寺堡共搬迁安置宁南山区贫困人口 20 余万人，建成行政村 40 多个，开发水浇地 40 万亩。目前，移民各村落民房整齐成排，道路四通八达，生活较为便利。

宁夏中卫市沙坡头区、中宁县的生态移民大多属于县外吊庄移民，移民主要来自宁夏南部山区的西（吉）、海（原）、固（原）等贫困地区，在安置过程中，既有几户移民家庭插花安置到原有村庄，也有移民户被整村合并在一起安置在移民新村。但由于沙坡头区和中宁县原居民较多，特别是汉族居民，因而沙坡头区和中宁县的移民安置方式主要分散安置的方式，整个移民新村间隔穿插在已有村庄之间。

因此，宁夏吴忠市和宁夏中卫市的样本户代表了两类生活安置方式的移民类型，下边我们用中卫市代表分散安置方式，用吴忠市代表集中安置方式。

一、不同安置方式的贫困差异

贫困线标准仍分别采用了我国国定贫困线、国际贫困线（“1 天 1 美元”和“1 天 2 美元”）的标准，使用 FGT 贫困测度指标测算结果如表 6－1 所示。

表 6－1 贫困程度测度

贫困测度	收入贫困线								
	国定（2300 元）			1 天 1 美元			1 天 2 美元		
	总体	中卫市	吴忠市	总体	中卫市	吴忠市	总体	中卫市	吴忠市
H	0. 329	0. 282	0. 375	0. 336	0. 292	0. 380	0. 669	0. 634	0. 704
PG	0. 140	0. 114	0. 167	0. 148	0. 121	0. 176	0. 344	0. 306	0. 383
SPG	0. 081	0. 062	0. 100	0. 086	0. 066	0. 106	0. 217	0. 185	0. 249

注：①数据来源：宁夏调查。②采取 2016 年 2 月 15 日美元兑人民币的比率为 6. 5710 元。

可以看出，其一，中卫市和吴忠市的测度结果表明，其贫困发生率、贫困缺口率、贫困强度指数与国际 1 天 1 美元的贫困线测算结果较为接近，而与国际 1 天 2 美元的贫困线标准的测算结果差距较大，且接近 2 倍的差距，说明中卫市和吴忠市的贫困程度仍较为严重；其二，不论是在贫困发生率方面，还是贫困缺口率和贫困强度指数方面，中卫市的贫困程度都低于吴忠市，这表明吴忠市的贫困程度比中卫市略微严重一些。

依据我国官方贫困线标准对中卫市和吴忠市的贫困发生率和贫困深度和强度根据搬迁时间的不同进行测算，结果如图 6－1 所示。

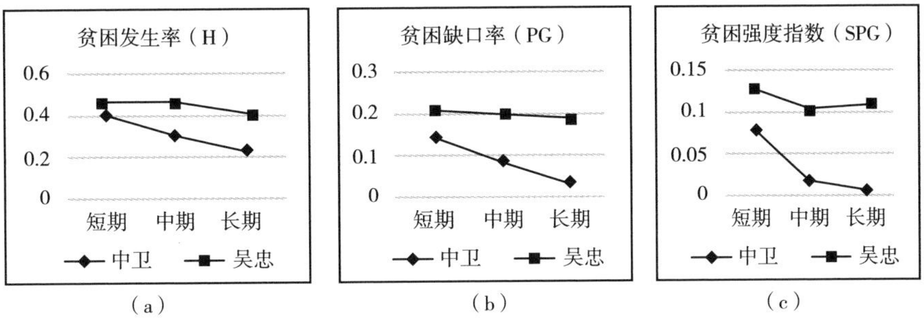

图 6－1 移民样本户贫困趋势比较

从图 6－1 可以看出，首先，在贫困发生率方面，中卫市分散安置的贫困发生率（H）整体都低于吴忠市集中连片安置的贫困发生率，并且中卫市分散安置方式的移民贫困发生率从短期至长期呈稳步下降的趋势，而吴忠市集中连片安置方式的贫困发生率从短期到中期的下降缓慢，而从中期开始下降趋势才有加快的趋势。其次，在贫困缺口率上，中卫市分散安置的方式贫困缺口率（PG）的水平明显低于吴忠市集中连片安置的贫困缺口率，即分散安置方式的贫困人口与贫困线的距离比集中连片安置的距离小，且从图6－2可以看出中卫市贫困缺口率的下降速度快于吴忠市的下降趋势。最后，在贫困强度指数方面，中卫市分散安置的方式贫困强度指数（SPG）的水平明显低于吴忠市集中连片安置的贫困强度指数，即分散安置方式的贫困人口内部的收入分配差异比集中连片安置的差异小，并且可以看出中卫市贫困强度指数的下降速度整体快于吴忠市的下降趋势。

总体来看，中卫市样本的贫困指数的水平都低于吴忠市样本的贫困测度水平，中卫市的总体贫困程度与吴忠市相比较低。

二、移民经济状况的影响因素分析

已有研究认为，移民户的民族、搬迁年限、生计资本等特征会影响到家庭在搬迁后的收入和脱贫速度，我们比较了不同类型农户的收入增量，表6－2列举了在收入增长上有较明显差异的农户类型。

表6－2　移民前后户均收入及增加量　　单位：元

项目		户均收入		
		移民前	移民后	增加量
民族	回族	9034.25	16339.39	7305.14
	汉族	7222.50	28397.94	21175.44
搬迁时间	短期（1～6年）	12049.58	15406.97	3357.39
	中期（7～12年）	5858.97	20417.95	14558.98
	长期（13～18年）	3899.06	21926.17	18027.11
户主文化程度	小学及以下	9336.84	17649.79	8312.95
	初中	8898.26	19870.63	10972.37
	高中及以上	7125.00	19239.44	12114.44
家庭主要劳动力	1个及以下	8669.47	16201.88	7532.41
	2个	9016.82	19027.32	10010.50
	3个及以上	7390.26	24836.49	17446.23

数据来源：宁夏调查。

可以看出，民族、搬迁时间、家庭人力资本等因素也是影响农户收入增加的主要因素，为进一步分析移民户居住安置方式对移民户贫困水平的影响，使用偏相关分析方法对其他因素进行控制，结果如表6-3所示。

表6-3　　移民户收入水平、贫困水平的偏相关分析

项目	收入水平偏相关系数	贫困水平偏相关系数
安置方式（连片=0，不连片=1）	0.109 (0.029)	-0.208 (0.001)
民族（汉族=0，回族=1）	-0.177 (0.000)	0.139 (0.005)
搬迁时间（年）	0.189 (0.000)	-0.518 (0.303)
户主教育程度（年）	0.066 (0.192)	-0.027 (0.859)
家庭主要劳动力（人）	0.075 (0.034)	-0.931 (0.063)

注：括号内为偏相关系数的P值。

结果表明，实行分散安置的中卫市的移民贫困程度低于实行集中连片安置的大点安置的吴忠市，虽然我们并没有明确的证据证明实行分散的插花安置的方式一定比实行集中连片安置方式的减贫效果好，但是，我们综合其他因素，仍可以看到分散的安置方式有利于减贫脱贫方面的一些线索。

第四节

贫困差异的形成原因分析

一、发展机遇

（一）产业园区的临近

近年来，为促进经济发展和增加农民收入，全国各地积极通过土地流转整合大量土地，并引进民间资本，兴建了一批产业园区。产业园区一方面因租种农民土地需要向农民交付租金；另一方面，又雇佣农民从事季节性劳动而使农民获得较高报酬的工资性收入，因此，临近产业园区能促进移民的就业以及移民新村的经济发展。中卫市和吴忠市生态移民区的附近都有一些产业园区，如中卫市中宁县宽口井生态移民区的枸杞示范基地种植枸杞上千亩。自 2014 年初，中宁枸杞产业发展良好，创新技术，在宽口井移民区建设了枸杞示范基地和示范园区。但是两地的产业园区分布差异较大，中卫市产业园区的分布较为分散，而吴忠市红寺堡区的产业园区分布集中，部分产业园区的分布如表 6－4 所示。

表 6－4　　中卫市、吴忠市移民区部分产业园区情况

产业园区	中卫市	吴忠市
枸杞产业	沙坡头区目前枸杞种植面积累计超过 5 万亩； 中宁县宽口井枸杞示范基地，种植枸杞八千多亩	红寺堡区枸杞种植面积已达 2.7 万亩，是该区三大产业之一
葡萄产业	中卫市沙坡头产区可种植葡萄的地域面积约 25 万亩，至 2012 年已经种植近 2 万亩酿酒葡萄； 中卫市区内种植酿酒葡萄，每 300～500 亩设置一个片区，每个片区建一个酒庄	截至 2013 年底，红寺堡区葡萄累计种植总面积达到 12.6 万亩

数据来源：宁夏调查。

中卫市和吴忠市地处我国西北部地区，其光照较为充足，土质为沙土土壤，适宜种植枸杞、葡萄等农业产业。但由于土地面积等因素，两地的产业园区建设规模和分布还存在一定的差异。中卫市的枸杞与葡萄产业的分散程度较大，而吴忠市红寺堡的产业集中程度较高，在此情况下，中卫市依托产业园区的安置方式相对分散，这样既有利于移民的就业，也有利于移民村经济的发展。中卫市宽口井社区宁原村村干部就向我们反映："像我们村主要是发展枸杞产业，村里的地都承包给枸杞企业了，村民种下的枸杞有人收，打工还能赚钱，收入还不错。"

（二）就近务工

目前，由于农村中人均土地减少和城镇对劳动力需求增加等原因，农民的主要谋生手段已经转向外出务工。外出务工可以增加农民的工资性收入，但也带来如空巢家庭等社会问题。就近务工是既能增加农民收入，又能解决外出务工所产生的社会问题的"一石二鸟"之策。将移民的安置点靠近城区或者产业园区，移民的就近务工机会就会增多，并且移民较为靠近城区，不仅可以享受到便捷的生活，同时也可以外出务工或者经营小商品等副业增加其就业等，提高移民户的收入。两市样本的外出务工情况如表 6－5 所示。

表 6-5　　中卫市和吴忠市移民样本户外出务工情况

项目	中卫市（219 户）	吴忠市（213 户）	全样本（432 户）
就近外出务工（县内）	64（29.2%）	34（15.9%）	98（22.7%）
较远的外出务工（县外）	158（72.1%）	129（60.6%）	287（66.4%）

数据来源：宁夏调查。

移民搬迁后，由于自然资本的丧失，重新分得的土地又很少，只是基本可以维持生存，而要发家致富有些困难，并且宁夏位于我国西北地区，土壤的质量较弱，农业的产出较低，因此，搬迁后，移民主要靠外出务工来增加收入和恢复生计。由表 6-14 可以看出，中卫市移民户样本中在县外务工的人数为 158 人，占总样本的 72.1%，而吴忠市在县外务工的人数是 129 人，占总样本的 60.6%。两市的就近外出务工人数也有较大差别，中卫市就近外出务工的人数与吴忠市相比较高。在实际调研中，村民也表达了就近外出务工成本小，虽然收益不如到大城市打工，但也能攒下钱。如中卫市兴海村一村民说："以前都住在山里，只能靠天吃饭，现在搬下来了，离市区又近，打工方便，生活比以前好多了。"

（三）市场行为与收入结构

移民搬迁后新的安置区耕地数量有限，移民会开展多样化的生活和生产活动，种植传统农作物的同时，也会开展一些市场行为等商业活动，加快他们的收入提高和生计恢复的速度（朱珊珊、王传胜，2012）。在中卫市和吴忠市，搬迁后移民新社区的生产工具和生产方式得到了改善，并且移民通过外出打工或经营副业等使其收入增加，移民的生产和生活逐渐多样化，许多移民家里都有存款和贷款行为，市场行为和市场活动等逐渐增多（见表 6-6）。

表 6-6　　中卫和吴忠市移民样本户的市场行为与收入结构

项目		中卫市（219）	吴忠市（213）
市场行为	机械化生产的家庭（户）	69（31.5%）	63（29.6%）
	圈养家畜的家庭（户）	176（80.4%）	129（60.6%）
	有贷款行为的家庭（户）	133（60.7%）	142（66.7%）
	有存款行为的家庭（户）	110（50.2%）	66（31.0%）
收入结构	农业收入（元）	7034.21	7293.65
	务工收入（元）	13393.48	9223.47
	小商品经营等副业（元）	2303.23	1509.67
	政府补助（元）	1169.29	877.78

数据来源：宁夏调查。

两市的移民原来生存的环境艰苦，生存条件恶劣，收入来源较少。移民户搬迁后，生产和生活都有了很大的变化，生产工具和技术都提高很多，并且移民的外出务工、贷款和存款等市场行为的活动增加，收入也有所增加，生计活动多样性的现状下移民的生计恢复速度较快，中卫市的安置方式是分散的安置方式，移民搬迁过来后，会与当地的生产和生活方式进行融合，并且可以获得当地居民的生产技术的指导和帮助，也对当地较为先进的生产和生活技能进行了学习等，移民的收入增长速度较快，市场行为的增加也使移民能更快地恢复生计。如中卫市在生产方式、养殖家畜、存款和贷款等市场方面的行为与吴忠市相比较高，可以看出中卫市移民的收入增长较快，在农业收入、务工收入、小商品经营等副业方面都略高于吴忠市红寺堡区的移民收入水平。

二、新社区的社会联系

（一）社会联系的变化

集中安置移民并保留移民原有的社会关系的安置方式受到部分学者的肯定。但搬迁后还是原来的社会关系，基本没太大变化，会阻碍移民对新技术、新生计方式的学习。相比之下，分散安置移民的安置方式会使移民与当地居民的联系增多，为学习新技术，找到新工作提供了可能。郝玉章等（2005）研究发现，搬迁后有些当地居民会主动帮助移民，还会给移民传授一些生产技能的经验并给予帮助，使移民搬迁后能更好地恢复生产和发展经济。两市移民样本户社会交往情况如表6－7所示。

表6－7　　中卫市、吴忠市移民样本户社会交往情况

项目		中卫市（219）	吴忠市（213）	全样本（432）
社会交往	愿意与邻里交往的家庭（户）	130（30.1%）	110（25.5%）	240（55.6%）
	愿意与村民交流的家庭（户）	193（44.7%）	177（41%）	370（85.6%）
	亲戚户数	10.28	9.48	9.91

数据来源：宁夏调查。

从表6－7可以看到，中卫市的移民与村民、邻居的关系以及亲戚户数的状况与吴忠市相比更为融洽，其社会交往和联系的社会网络状况较好，因此，分散安置的方式使移民搬迁后的社会联系和交往状况增多，与当地居民的交流

增多，这样能更快地学习到新的生产技术和生活技能，加快其生计恢复速度，并且可以使移民更快地适应新安置地的环境，进行社会融合。

（二）思想观念的变化

许多研究表明，贫困人口或者移民经过扶贫工程的扶持，很长时间后还是难以摆脱贫困，在很大程度上是由于其没有主动和积极的生产生活态度，有学者称其为“精神贫困”，因此提出“治穷要先扶志”（刘亦民、肖汉仕，2010；孙咏梅，2016）。有学者研究发现，分散插花安置方式能使移民搬迁后与当地原居民的联系交流增多，思想观念可能因社会融合而发生变化，这种变化会影响移民的社会适应速度和适应程度以及生计恢复的水平（风笑天，2008）。

中卫市和吴忠市为了帮助搬迁到新安置区的移民能更好地适应新的生存和生活环境，更快地进行社会融合，都开展了一些技能培训和社区融入等活动。从表6－8可以看出，两市移民参与技能培训、社区活动以及对社区认同感的结果不尽相同。其中，中卫市在愿意参加技能培训、参加社区活动、社区认同感的水平以及对孩子期望值增加的家庭都高于吴忠市，这从某种程度上表明，中卫市移民的思想观念受影响程度较大，分散安置的方式会使移民与当地居民的联系和交流增多，思想观念转变较快，能更快地接受新的生产技术和生活技能，能更快地减贫脱贫，恢复生计和发展。

表6－8　　中卫市、吴忠市移民户思想观念情况

项目		中卫市（219）	吴忠市（213）
思想观念	愿意参加技能培训的家庭（户）	139（63.5%）	66（31.0%）
	愿意参加社区活动家庭（户）	92（42.1%）	60（28.2%）
	对社区有认同感的家庭（户）	196（89.5%）	187（87.8%）
	对孩子期望值增加的家庭（户）	214（97.7%）	200（93.4%）

数据来源：宁夏调查。

本章小结

移民的安置方式不同会产生不同的减贫效应，集中不连片的分散移民安置在移民减贫脱贫方面更占优势。这种安置方式既有集中安置的成本低、管理方便、没有破坏原有移民户的社会联系等优势，也可以享受到相对分散安置下的灵活选址、依托城镇和产业园区等优势。一方面，依托城镇这种安置方式有助于移民户利用附近的农业产业园区，形成就近务工，增加市场行为；另一方面，与安置区原住民居住混杂还有利于增加与已有居民的社会联系，促使移民在转换生计方式、思想观念等方面发生变化，这些因素都有利于新迁移民实现减贫脱贫。

第七章

生态移民应对气候变化适应性策略

黄土高原的大部分地区处于干旱半干旱区，长年干旱少雨。随着全球气候变暖，干旱趋势更加明显。生态移民属于气候变化的脆弱性群体，研究他们应对气候变化的生产适应性策略对移民工程顺利实施有一定意义。本章以内蒙古自治区西部鄂尔多斯和巴彦淖尔市为研究区域，分析了生态移民户搬迁到安置地后，从事农耕生产过程中对气候变化导致的土地沙化盐碱化感知及适应性策略。

第一节

研究问题

受气候变暖、干旱等自然条件和农畜开发等人为因素的共同影响，从20世纪90年代开始中国北方部分土地沙化区迅速扩展（高国荣，2010；丁雪等，2018）。近年来，虽然土地沙化治理成效显著，但土地沙化情况依然较为严峻，荒漠化、沙化土地主要分布于内蒙古自治区的阿拉善盟、锡林郭勒盟、鄂尔多斯市和巴彦淖尔市等地。为保护和修复草原生态，并治理日益严重且威胁到我国京津重地的风沙灾害，内蒙古自治区开展了以“禁沙还草、移民搬迁”为主要手段的治理工程，将部分牧民举家从草原迁移到农耕区。然而，这部分生态移民搬迁前以游牧为生，在搬迁后开始学习他们并不熟悉的农业耕种技术，缺少应对土地沙化的办法。加上生态移民在搬迁过程中物质资本受损、人力资本失灵、生活方式转变、社会联系中断等原因，家庭普遍存在收入下降、后续生计困难、收入差距扩大及陷入暂时性贫困等问题（Wang，2012）。Zhang（2012）、荀丽丽和包智明（2007）都发现内蒙古生态移民较难适应迁入地的生产生活环境，部分移民户发生因不能适应当地气候条件而收入下降、返贫甚至沦为“环境难民”，这直接影响到我国的生态移民工程。

近年来，学者对气候变化的效应也进行了较为广泛的讨论，构建了“感知—适应”的理论模型与分析框架（韦惠兰、周夏伟，2018；Bryan，2009；Dougill et al.，2010），发现环境变化感知是影响农户应对气候变化适应性决策的关键因素（Diendere，2019；Below et al.，2011）。Heather 等（2015）在保护动机理论（Floyd et al.，2000）的基础上提出了农户适应决策的风险、处理能力、社会评价与适应模型（RCSA 模型），在把农户适应决策看作一种心理现象的基础上增加了社会影响的因素，强调个体做出特定行为或意愿时感受到的来自社会的压力，他人或团队的影响（张冰超等，2019）。但这些研究大多集中在农户层面（Eriksen and Silva，2009；Salick and Ross，2009），对刚刚搬到新安置地的生态移民来说，社会影响更多地来自新社区整体形成的文化与价值标准（在社会影响理论中被称为社区规范）及原住民生产生活方式对移民的影响。本章以社会影响理论和 RCSA 模型为理论指导，以内蒙古自治区西部沙化区为研究区域，基于生态移民的调查资料，分析生态移民户搬迁到安置地后从事农耕生产过程中对气候变化导致的土地沙化感知及适应性策略的影响因素。

第二节

理论分析

已有研究在解释农户应对气候变化的保护动机理论中，认为影响农户采取应对策略的两大因素：外部风险评价和内部处理能力评价。该理论认为，农户是否会对气候变化采取行动取决于他对外部风险的判断和对自我效能的评价，如果外部风险严重，且有能力处理这一风险，他就会采取适应性策略（Rippetoe and Rogers，1987）。Heather 等（2015）进一步认为，农户具有社会性，其所在社区的凝聚力、组织成员和信任等社区规范因素也非常重要。因为应对气候变化不是单靠个人或家庭就能解决，许多重大行动必须依赖于集体的共同行动才能成功，而集体行动的启动、监管与完成都需要社区规范进行制约。Heather 等（2015）增加了人们在应对风险时新社区的社会影响因素，并提出了农户应对的“风险—处理能力—社会评价—适应”模型（RCSA 模型），应用该模型对斯里兰卡稻农研究发现稻农对社区规范的理解与感知与他们采纳

Bethma 灌溉技术之间有显著的正向关系，但没有发现这一变量与其他应对干旱策略间有相关关系。作者解释说这是因为使用 Bethma 抗旱策略更需要集体行动，那些对社区缺乏认同的家庭对其他家庭和社区缺乏信任，不愿意将自己的抗旱资源消耗在社区并不能带来明确个人收益的集体行动中。RCSA 模型为理解农户在应对气候变化上的适应性策略提供了分析框架。将这一框架应用到内蒙古自治区生态移民对土地沙化感知和适应性策略分析中，我们认为移民对土地沙化的适应性策略取决于移民的沙化感知、风险处理能力的评价及新社区的社会影响三个方面的因素。

Bryan 等（2013）指出“农民在应对气候变化方面的行为取决于他的感知而并不是依靠科学的计算方法”，近年来的研究也证实农民的气候变化感知是一个逐步的过程，认知的形成取决于农民对过去已发生事件的观察。在内蒙古自治区的很多地方，土地沙化是土地对自然气候变化和人为因素的反应过程（丁雪等，2018；色音，2003）。在这个较长的时间过程中，移民有足够的时间去观察和感知气候变化与土地变化。已有研究表明，获取的信息越多，对土地沙化的感知越强，从而采取适应性行为的可能性越大（阿如旱和杨持，2007；Maddison，2006；Nardone et al.，2010；朱红根和周曙东，2011）。韦惠兰和周夏伟（2018）发现获得的农业信息对沙化土地治理认知度具有显著正向影响。密切关注农业生产信息的家庭对农业生产效益是比较敏感的，他们更倾向于采取保护耕地、增加生产效益的沙化土地治理措施。

另外，人们面对风险时是否会采取针对性的行动取决于人们对风险危险程度和自身处理能力的综合评价，当人们认为自己有能力处理这一风险时，就会采取行动进行干预，学者们称其为自我效能评价（Bandura，1977）。气候变化的威胁超出了单个家庭的应对能力，家庭只能在力所能及的范围内采取对自己有利的一些举措以减缓气候变化产生的负面影响，而处理风险的能力与家庭收入、家庭年龄结构、家庭成员的教育程度等人口经济特征有密切的关系。一些研究就年龄（经验）与技术采用的关系进行了实证分析，如 Kebede 和 Gunjal（1990）证实了农业生产经验与技术采用有正向相关关系。Hassan Nhemachena 和 Hassan（2007）、Maddison（2006）研究显示农业生产经验会增加家庭采用适应气候变化措施的概率。从事种植业经验越丰富的家庭获取气象信息及技术信息的能力更强，对气候变化感知越强，采取适应行为的可能性越大（Nardone et al.，2010；朱红根和周曙东，2011）；韦惠兰和王光耀（2017）的研究发现，随着受教育程度的提升，家庭能感知到环境灾害风险的比例也在增大。另外，倾向于提前对环境灾害风险做出预防策略家庭的户主年龄段较为集中，在 40～60 岁，该年龄段的农民一般是家庭里的主要劳动力，对环境灾害风险的感知较为敏感。

生态移民被重新安置到一个使他们的生产技能不能充分发挥的地方，原有的组织结构和社会关系网被削弱，家族群体被分散，文化特征、传统势力、互惠网络被减弱（迈克尔，1996；Cernea，1999）。因此，移民的社会认同感和对社区规范的认知要比一般农户弱，这在很大程度上阻碍了移民采取应对气候变化的适应性策略。当然，这些移民特征也随移民迁入安置方式不同而变化，分散安置方式提供的异质人际交往有利于移民户之间的交流和互相学习（张晓山，2004），但大量移民集中在一起形成了新的市场需求和产业发展动力，有利于移民的收入提高和社会融入。

对内蒙古沙化区的生态移民来说，移民的社会融入并不理想，融入程度更多取决于生态移民“迁出”和“迁入”两地的移民距离和移民年限。移民由迁出地到安置地的距离有远有近，近距离的县内移民由于长时间在本地区居住，一方面，“迁出”区和“迁入”区社会文化程度差别不大，移民的社会关系没有太多中断，移民社会融入程度较好，对移民搬迁政策和新社区的认同程度较高；另一方面，“迁出”和“迁入”区气候变化差异不大，县内移民对安置地的气候变化与土壤环境较为了解，相比较远距离的县外移民，他们更容易对安置地的土壤气候环境的变化有较强的心理准备，倾向于采取针对性的适应性策略。另外，移民时间越久，对于安置地的情况越熟悉，所获取的社区资本也就越丰富，移民的社区认同感就越大，移民采用适应行为措施的概率就越大（黎洁，2017）。蒙古族生态移民和汉族生态移民有着明显不同的民族文化，这也影响了他们在搬迁到迁入地后的社会融入和气候变化适应。梁雪萍和崔永军（2013）的研究发现，蒙古族部分移民难以习惯迁入地的生活方式，缺乏归属感和认同感，不少游牧民“返迁”心理严重。一些研究也表明，移民在新社区的不融入将会阻碍他们采取对集体有利但有可能损害自身的行为，如在应对土地沙化中改造灌溉设施等有长远益处的策略。然而，从对土地的感情来说，蒙古族移民一直奉行的是游牧文化，是靠观察草地变化而迁移的民族，对土地沙化有较强的敏感性。但汉族移民习惯种地等农业生产，了解精耕细作的农业技术，他们在迁移时，也会将其耕作习惯带到安置新区，将那里改造成农业区（高国荣，2010）。蒙古族移民比汉族移民有较强的对土地退化感知能力，但却没有更多的农业技能去弥补土地退化造成的损失。

第三节

变量测量和研究方法

一、变量测量

（一）被解释变量

在对气候变化的适应性策略主要是指农户为减轻目前或未来气候变化影响而采取的实际技术（Grothmann and Patt，2005），如改变种植农作物的时间、改善农作物品种、改变水利浇灌方式等（Smit and Skinner，2002）。Tessema 等（2018）将农民的适应性策略划分为“非科技型策略”和“科技型策略”两种，前者是指农民依据经验在种植方面的改变，如改变农作物品种等；后者是指在肥料、灌溉、农业机器等实用技术方面的使用与改变。这一区分方法可以更好地理解农民对于气候变化的适应过程，本章把移民应对土地沙化的适应性策略划分为“科技型适应策略”“非科技型适应策略”“无策略”三类：科技型适应策略是指使用“喷灌、灌溉等技术、地膜覆盖、化学药剂”等技术避免农业减产；非科技型适应策略是指“秸秆覆盖/还田、免耕、少耕保持熵情、使用耐旱农作物品种”；无策略则指“什么都没做”。

（二）解释变量

1. 土地沙化感知变量

农户的气候变化感知是农户依据过去经历的气候变化事件做出的判断而不是依据经过科学计算得出的结果（Adger et al.，2009）。本章在测度生态移民对土地沙化的风险感知时也遵循了这一思想和原则，通过询问移民“近年来您是否感知到土地沙化”而获得移民对土地的沙化感知，移民是自己土地的使用者，他们整天同土地打交道，最能细心地观察到土地因气候原因而产生细微变化。

2. 风险处理能力评价变量

许多关于农户生计的研究文献认为，农户家庭应对风险的能力取决于家庭拥有的资产种类、数量、质量和结构，这些共同决定了农户应对风险时采取的策略（Chambers，1995）。对内蒙古自治区的生态移民来说，移民家庭的资产主要取决于移民家庭搬迁后能够获得的收入、在需要帮助时能够借到的负债等经济状况，以及家庭成员劳动力数量和教育程度等人力资产状况。

3. 新社区的社会影响变量

农户在应对风险时的社会评价变量更多的是指他们在社区具有的一种身份认同感，如社区归属感、组织认同、成员间的相互信任等。内蒙古生态移民大多来自草原牧区，搬迁前以养殖牛羊等畜牧业为主要生计来源，居民生产生活居住分散，社区概念相对淡薄。搬迁到农耕区后，移民被安置在一个相对集中的社区，生产生活的交流增加，社区凝聚感增强。为了更好地测量移民在社区的社会融合情况，本章分别用“移民与村民的信息交流情况”“移民的搬迁时间”“移民的搬迁距离”“移民的民族”等一系列变量测量移民的社会融合和受到新社区社会影响程度。

（三）控制变量

种植的适应性策略主要由从事农业生产的户主做出，有较多经验的户主更可能感知到土地沙化状况并采取有针对性的策略（Bryan et al.，2013；Lasco et al.，2016）。家庭财富也是影响移民家庭采取适应性策略的重要因素之一，Maddison（2007）观察到生存型农户更在意所在地区的降雨量和温度变化。本章用移民户主的个人特征和移民的家庭特征共同测量家庭的风险处理能力。户主的个人特征包括户主的性别、年龄、受教育程度、“是否为村干部”。其中，年龄为连续变量，性别和“是否为村干部”是二分类变量，户主的受教育程度为二分类变量“初中及以上”和“小学及以下”；家庭特征包括劳动力数量、家庭收入、收入来源、债务情况四个方面，将劳动力数量划分成“1个劳动力”和“多个劳动力”两种情况，家庭收入为连续变量，收入来源与家庭债务情况为二分类变量。

二、研究方法

对生态移民气候感知采取的适应性策略的研究是基于“移民农户是否感知到土地沙化”和“感知到土地沙化后采取了何种适应性策略”这两个独立而相关的问题，移民对适应性策略的具体选择是在其感知到土地沙化的基础上才发生的。如果只考虑“移民适应性策略的选择”的样本进行回归分析，就会舍弃掉那些没有感知到土地沙化的移民信息，从而使样本并不能随机地代表潜在总体而产生选择性偏误的可能（Heckman，1976；Heckman，1979；郭未，2014）。本章采用赫克曼选择模型的统计思路来避免样本选择偏差的问题。

赫克曼选择模型主要有两步：第一步，先对整体样本进行 probit 分析，构建基于理论的概率模型，预测个体发生某一事件的概率；第二步，将预测的该事件概率代入原模型作为新的解释变量，从而避免样本选择偏差得到更为准确的模型。赫克曼选择模型的计量表达式如下：

$$Y_{2i}\begin{cases}1(Y_{2I}^{*}>0)\\0(Y_{2i}^{*}\leqslant 0)\end{cases} \tag{7-1}$$

$$Y_{1i}\begin{cases}Y_{1I}^{*}(Y_{2i}^{*}>0)\\-(Y_{2i}^{*}\leqslant 0)\end{cases} \tag{7-2}$$

$$Y_{2i}^{*}=x_{2i}^{1}\beta_{2}+\varepsilon_{2i} \tag{7-3}$$

$$Y_{1i}^{*}=x_{1i}^{*}\beta_{1}+\varepsilon_{1i} \tag{7-4}$$

其中，Y_{1i}用来测量研究移民农户适应性策略的选择，Y_{2i}用来测量研究移民农户是否感知到土地沙化的变化。式（7－1）和式（7－2）表示当移民感知到土地沙化变化时所采取的适应性策略。式（7－3）为选择方程，式（7－4）为结果方程。x_{2i}^{1}是用来解释移民土地沙化感知的自变量，x_{1i}^{*}是用来解释移民采取不同类适应性策略的自变量。

第四节 实证结果分析

一、描述性结果

过去的55年里，尤其是20世纪80年代以来，内蒙古年平均气温呈明显上升趋势，平均每10年上升0.36摄氏度，极端天气次数也逐渐增多。近20年来两市的平均气温变化如图7－1所示。

作为我国最缺水的省份之一，内蒙古自治区旱地面积占总耕地面积的70%以上，干旱缺水是制约内蒙古农业发展的突出因素。近20年，巴彦淖尔市年均降水量在200毫米以内，而鄂尔多斯市年均降水量受到极端天气的干扰，起

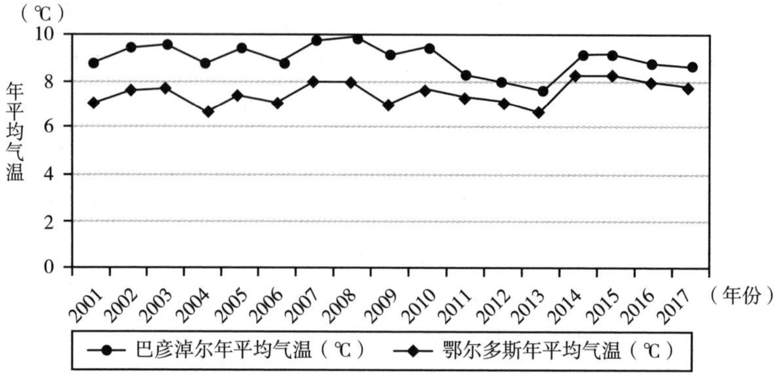

图 7-1　鄂尔多斯市和巴彦淖尔市的平均气温

伏较大，既有低于 200 毫米的降水量，也有高于 600 毫米的降水量，受到地理位置和地形的影响，鄂尔多斯市和巴彦淖尔市是我国日照时间最长的区域之一，使该地区年降水量小于年蒸发量，导致两市土壤沙化问题日趋严重（见图 7-2）。

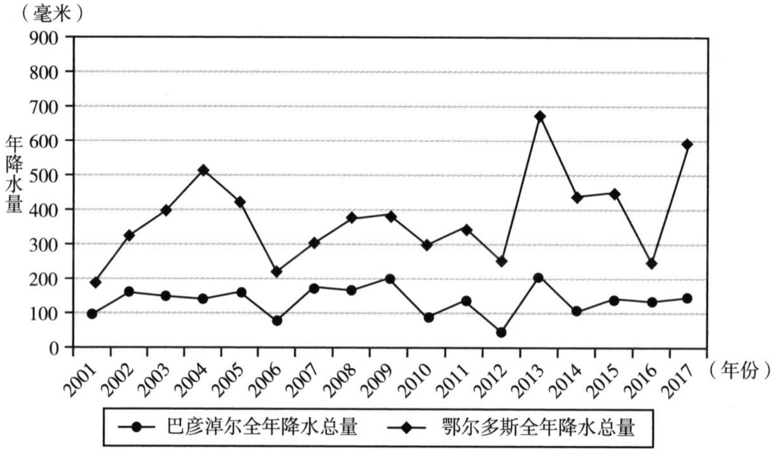

图 7-2　鄂尔多斯市和巴彦淖尔市的降水情况

近年来，为治理日趋严重的土地沙漠化现象，鄂尔多斯市和巴彦淖尔市进行了大量生态移民搬迁。2013 年，鄂尔多斯市搬迁杭锦旗、达拉特旗、准格尔旗 3 个旗县的 11 个村 882 户 2548 人，2013～2017 年，又陆续搬迁生态脆弱区农牧民 3155 户 10000 多人。同时，鄂尔多斯市以林业重点工程为依托，大力推进沙柳、柠条、杨柴、沙棘、山杏等原料林基地建设，土地沙漠化趋势开始逆转。2013 年，巴彦淖尔市实施生态移民 1919 户、6393 人。2013～2017 年，搬迁转移生态移民 9586 户、32220 人，在集中安置区实施“十个全覆盖”工程，移民生活得到了改善。

在我们调查的样本移民中，对土地沙化有认知的移民有 291 户，占样本总量的 58.79%；对土地沙化没有认知的移民有 204 户，占样本总量的 41.21%。从样本移民应对土地沙化采取的适应性策略可知，采取科技型适应策略的移民大多使用喷灌、灌溉等技术；采取非科技型适应策略的移民中，采用免耕、少耕保持熵情的移民较多；还有 55.02% 的移民不采取任何措施应对土地沙化（见表 7－1）。

表 7－1　　移民应对气候变化导致土地沙化的生产适应性策略

采用的适应性策略	频数	频率
使用喷灌、灌溉等技术	64	15.31（%）
地膜覆盖	25	5.98（%）
化学药剂	24	5.74（%）
使用耐旱品种	11	2.63（%）
秸秆覆盖/还田	12	2.87（%）
免耕、少耕保持熵情	52	12.44（%）
什么都不做	230	55.02（%）

数据来源：内蒙古调查。

二、移民应对气候变化导致土地沙化的适应策略分析

Heckman 两阶段选择模型的分析结果如表 7－2 所示。

表 7－2　　移民土地沙化感知、适应性策略的赫克曼模型的参数估计

解释变量	选择方程	结果方程（生态移民适应性策略）	
	土地沙化感知	科技型策略	非科技型策略
户主性别（女＝0）	−0.183	−0.137	1.944**
户主年龄	−0.001	−0.013	−0.021*
家庭劳动力	0.169	0.560	−0.55
文化程度	−0.110	−0.551	0.244
家庭收入（元）	−1.460	0.000	−0.000
收入来源（非农＝0）	0.157	0.437	1.263*
家庭无债务（有＝0）	−0.360**	−1.335	2.139

续表

解释变量	选择方程	结果方程（生态移民适应性策略）	
	土地沙化感知	科技型策略	非科技型策略
是否为村干部（否 =0）	-0.119	0.497	1.667 **
移民时间	0.376 ***	0.130	-0.246
县内移民	0.479 *	1.510	-2.337
与村民交流信息多	0.047	0.168 **	0.821 **
民族（汉族 =0）	0.143 *	1.067	0.468 **
常数项	-0.188	4.017	-7.063

注：*** 表示 $P<0.01$、** 表示 $P<0.05$、* 表示 $P<0.1$。

首先，就本章最关心的移民的社会影响变量中，民族和移民特征这两类变量对移民的土地沙化感知均有显著性的影响。在移民土地沙化感知的影响因素中，“移民年限”“移民距离”“民族”等变量均通过了显著性检验。移民年限越久的农户越能感知到土地沙化，因为随着移民迁入安置地时间的增加，移民对迁入地土地环境更加熟悉，也开始关注到了气候变化所导致的土地沙化等影响。“县内移民”比“县外移民”更易发现土地沙化的问题。

其次，并非感知到了土地沙化的移民，就一定会采取相对应的适应性策略。本章没有发现“移民年限”“移民距离”与采取的应对土地沙化的适应性策略有显著性的相关关系，也就是说，移民的时间长短、距离远近并不是移民采取适应性策略的影响因素。但相比较汉族移民来说，蒙古族移民更倾向于采取“非科技型”的适应性策略。另外，移民与村民的交流越多，越倾向于采取策略应对土地沙化的影响。

最后，体现家庭风险处理能力的资产变量对家庭采取适应性策略有显著性影响。相比有债务的移民，“家庭无债务”的移民更不易感知到土地沙化的变化，这是因为家庭债务体现了家庭的经济状况，有债务的家庭往往收入较低，更多地从事种植业或与之相关的农业产业，更容易感受到气候变化所产生的土地变化。移民的家庭或个人特征也影响了移民对土地沙化的感知和采取的适应性策略。如家庭户主的性别和年龄、家庭中“是否有成员为村干部”和家庭收入来源都对移民农户是否采取“非科技型”策略有显著性影响，年龄越大的被调查者越倾向于使用“非科技型”适应策略去应对土地沙化，男性相对于比女性更易采取“非科技型”适应策略去应对土地沙化，搬迁前从事农业工作的农户比从事其他行业的移民农户更易接受“非科技型”适应策略去应对土地沙化影响。

三、稳健性检验结果

为检验 Heckman 两阶段模型回归结果的稳健性，本章使用 Logit 模型和多分类 Logit 模型对移民的土地沙化感知和所采取的适应性策略进行了回归分析，如表 7－3 所示。

表 7－3 移民土地沙化感知的 Logit 模型和适应性策略的 Mlogit 模型回归结果

解释变量	对土地沙化感知（Logit 模型）	非科技型策略科技型策略（Mlogit 模型）	
土地沙化感知（未感知到＝0）		1.661***	－0.402
性别（女＝0）	－0.112	0.954**	0.354
年龄（岁）	－0.001	－0.019	－0.010
受教育程度（小学及以下＝0）	－0.344	－0.484	－0.112
家庭收入（元）	－0.021	0.062	0.278
家庭中有村干部（无＝0）	0.234	0.801	0.804
家庭有两个及两个以上的劳动力	0.347	0.067	0.060
同村民交流程度高（低＝0）	0.009	0.798***	0.975***
移民收入来源为农业	－0.019	－0.505	－0.323
县外移民（县内＝1）	0.404**	0.702	0.281
移民年限（年）	0.136**	－0.027	0.026
民族（汉族＝0）	0.350	1.489***	0.480

注：** 表示 $P<0.05$、*** 表示 $P<0.01$。

Heckman 两阶段模型的主要回归结果具有稳健性。首先，沙化区生态移民所受新社区社会影响的几个变量中，“移民年限”和“搬迁距离”两个变量对移民感知土地沙化有正向的显著性影响，但在采取何种策略应对土地沙化的多元 Logit 模型回归中并没有发现“移民年限”“搬迁距离”与采取的适应性策略有显著性影响。移民同村民的交流程度高，采取“科技型策略”和“非科技型策略”的可能性都增加了，这说明移民只有加强同当地村民的交流，更有可能采取适应性策略，Heckman 两阶段模型的主要结论是稳健的。另外，在选取应对策略上，“户主性别”同 Heckman 模型分析结果基本一致，男性户主较女性户主更易采取“非科技型”适应性策略。在民族特征中，少数民族比汉族有明显的气候感知情况，当他们感知到土地沙化时，他们更倾向于采取“非科技型”适应性策略，但这一结果却没有得到稳健性的检验。

已有针对农户应对气候变化适应性策略的研究大多应用了“感知—适应”相关理论模型与分析框架（韦惠兰、周夏伟，2018；Bryan et al.，2009；Dougill，2010），认为环境变化感知是影响适应性决策的关键因素（Diendere，2019；Below et al.，2011）。但这些研究大多集中在农户群体（Eriksen and Silva，2009；Salick and Ross，2009；郭秀丽等，2017），对因生态保护而迁移的生态移民的土地沙化感知和适应性策略的讨论还比较少见，这一方面是因为农户是农业生产中应对气候变化不利效应的主体，另一方面也是因为缺少针对生态移民应对气候变化效应的分析框架。RCSA 模型充分考虑到了风险特别是气候变化这样的巨大风险冲击是一种涉及范围广、持续时间长，需要更多集体行动共同应对的损害与冲击。气候变化这样的大风险是“普损制”的，每个人都身在其中无可逃避。这一理论对于理解生态移民的气候变化应对策略的选择问题提供了新的视角和分析框架。世界水库移民专家 Cernea（1999）曾指出包括环境移民等在内的“非自愿移民使社区解体，影响了社会的持续性和凝聚力，并削弱其统一性”，并产生了“失去土地、失去家园、失业、边缘化等贫困风险”。我国内蒙古自治区的生态移民，特别是原来以游牧方式为生计的蒙古族移民，他们在迁入新的安置社区后，原有的社区规范已经解体，新的社区规范尚未形成，使他们面对需要集体力量参与的应对气候变化的策略时更显得无能为力，诸多因素的叠加使移民在应对气候风险时更加无力，更需要依赖于集体与社区的力量，而生态移民社会融入低、社区认同感差，新的社区规范尚未形成，也促使他们不愿意将自己的精力投入应该由集体投入的风险应对之中。本章的研究发现沙化区移民在应对土地沙化所采取的适应性策略的影响因素中除了有土地沙化感知和自我主观效能评价外，还受到了当地村民的社会影响，是对已有研究的有益补充。

本章小结

生态移民本身就是气候变化的受害者，更容易感知到气候变化导致的土地沙化，然而，我们的研究发现对气候变化导致的土地沙化的感知是移民的土地沙化采取应对土地沙化的先决条件，并非感知到了土地沙化的生态移民一定会采取适应性的防治措施。生态移民在新安置区受到的社会影响对移民是否有能力采取应对气候变化导致土地沙化的适应性策略有显著性的影响。只有强化生态移民同当地村民的交流，移民才更有可能学习到新的农耕知识应对土地沙化的威胁，否则，即便移民感知到了土地沙化，由于经验和技能的缺乏，面对土地沙化的威胁，并没有能力采取相应的适应性策略。另外，体现移民家庭处理风险能力的部分资产变量对移民因气候变化导致的土地沙化感知以及采取的适应性策略有显著正向影响，特别是，移民家庭在搬迁后获得的经济资产和社会资产，如家庭收入来源会影响到移民所采取的适应性策略。

第八章

生态移民农业生产技术变化研究

易地移民的生计方式正在发生转型和变化，因外出务工而形成的土地流转将会进一步加快这种变化。本章主要研究针对易地移民土地资源约束和土地流转协议不规范等特点，对依靠土地经营的农业户来说，土地经营方式的改变会不会影响他们的农业技术改进行为。例如，相比自有土地经营户来说，租地经营农户会更多进行农技投资吗？

第一节 研究问题

易地扶贫搬迁作为我国开发式扶贫的重要内容之一，是一项由政府主导的、具有减贫、生态保护和推进新型城镇化等多重目标的精准扶贫项目（黎洁，2016）。近年来，在我国中西部地区的许多移民新村，随着国家生态扶贫移民战略的快速推进，易地生态扶贫移民大量涌入，导致迁入地的土地资源紧缺。“人多地少”的现实迫使部分移民户选择外出务工以增加劳动收入，务工家庭释放出的土地资源在移民迁入区形成了以土地租出、租入为主要形式的土地流转现象。这类土地流转行为与以企业为主的规模化土地流转相比，在主客体、合同形式上有明显特点：首先，移民土地面积的划分和土地质量存在较大差异，新迁入的移民户分到的土地越来越少，土地流转规模普遍较小（李娟、陈忠祥，2007）；其次，土地流转大多在亲朋好友中进行，大多只有口头协议，流转后的经营权不受法律保护（张超等，2008）。

根据党中央有关文件的划分，我国土地有“三权”：所有权、承包权和经营权。所有权归国家所有，承包权已经半固定下来，只有经营权可以转让，因此衍生出土地的不同经营方式。在目前的学术文献中，具有土地承包权经营土地的家庭被称为“自有土地”经营，他们有较稳定的土地经营预期；租赁他人家庭土地经营方式被称为“租赁土地”经营，经营周期受到合约期限的限制。移民户未搬迁前，是来自自然条件恶劣山区的农户，习惯了原先相对落后条件下的粗放式种植方式，搬迁后的土地资源约束和生产条件改良需要较为科学和先进的精耕型、节约型农业技术。移民户在农业生产中的农业技术改进行为就显得必要且有效。

大部分对“土地流转”的研究认为，土地适当集中会降低农技使用的边际成本，有助于农业小型机械的使用（Ulrik，2017）。持这种观点的学者积极鼓励农村土地进行流转，适度集中经营土地，由此提高农业科技含量。但也有研究显示，如果土地流转后经营权不稳定，租住户不易采取新的农业技术（Arnim，2016）。对租种户来说，由于生计不稳定、租赁合约不规范等交易波动现象，双方的租赁合约易受冲击，如出租耕地的家庭在市场波动中易毁约撤销“协议”，租地经营农户在机会成本的考量中也许会转向务工等，租种户面临农技投资还未收回成本就中断使用并发生亏损的风险。

易地移民自 2001 年实施以来，已逐步扩展至全国 17 个省份，到 2015 年底累计搬迁贫困群众 680 万余人。许多移民的生计方式已经正在发生转型和变化，土地流转将会进一步加快这种变化。本章的研究问题是：针对易地移民土地资源约束和土地流转协议不规范的特点，自有土地经营和租赁土地经营方式对那些坚持走农业经营的农业户来说，会不会影响他们的农业技术改进行为，也就是农业科技化生产来实现减贫脱贫，例如，相比自有土地经营，租地经营农户会更多进行农技投资吗？

第二节

理论分析

一、农业技术投资的长短期决策模型

不同学者发现风险偏好农户会投资风险性生产活动，并获得更高收入（Rosenzweig et al.，1992；Nielsen，2001），会率先采用新技术（Liu，2013），使风险偏好农户更容易摆脱贫困。

区别于劳动和土地的技术投入，在投入当期和随后的一定时期内都有使用价值，且其使用价值会随时间推移而减小至完全耗尽，如机器的投入会磨损至

废弃，技术知识的投入会因新技术的创造而过时。农户的农技改进决策取决于资本技术的损耗特性和土地经营期限预期的耦合作用下的理性选择。对于成本较低的技术投入，生产者会判断投入当期的成本收益情况决定是否进行技术投入；但对于成本较高的、当期无法收回成本的中长期技术投入，生产者会对未来预期收益进行判断，考虑在生产周期和技术使用期限内，是否能收回技术投入成本，从而进行中长期技术投入决策。

在分析农户是否会改进农业技术时，仅考虑固定单位的土地、劳动条件下，采纳一项新技术所增加的产出而带来的成本和收益情况。在分析中不考虑投入和产出的类别，只用数量表示。假设：

第一，现有的土地和劳动规模可以完全吸收新采纳的农业技术；

第二，在采纳新农技的初始年所花费的成本记作 C，既可以是农业机械购置的成本，也可以是新的知识类技术等；

第三，α_t为随时间变化的“农技产出效率”，农技成本当年不能收回，所以 $0<\alpha_t<1$；

第四，农业技术在各年的生产函数为 $Y_t=\alpha_t C$，$t=t_0$，t_1，…，t_n。

农技采纳的成本在图 8－1 中表现为一条与时间轴水平的直线 $Y_1=C$；折旧的原因会使农技产出效率 α_t随时间 t 的增加而减小，直到第 t_n年报废为 0。农技从第一年投入到第 t 年的总收益为：$Y=\sum Y_t=\sum \alpha_t C$，即农技随时间的累积产出逐年增加但增加速率逐年减小直到 t_n年农技彻底废弃增加速率变为 0，累积产出达到最大值。

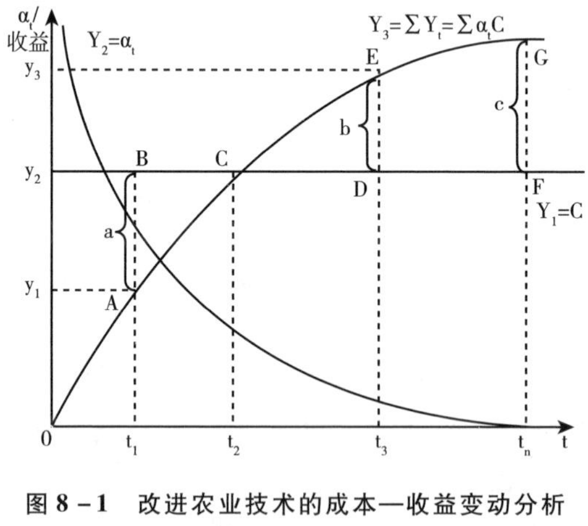

图 8－1　改进农业技术的成本—收益变动分析

其中，农技的累积生产函数 Y_3 和成本函数 Y_1 相交于点 C，对应农技已使用 t_2 年，农技投资的收益恰好弥补了成本。若土地经营时间短于 t_2 如图 8－1 的 t_1 点，成本没有收回，如果下一年不种植使用投入的农技，就会有 $C - y_1 = a$ 的亏损量。若土地经营时间大于 t_2，如图 8－1 中的 t_3，投入的农技共产生的收益为 y_3，大于投入的成本 C，此时，产生 $y_3 - C = b$ 的利润。直到第 t_n 年，投入的农技获得最大值为 $y_n - C = c$ 的利润。

可见，若土地经营时间很短时，农户的农技投入根本无法收回，只有经营时间大于一定年限，才能收回成本获得盈利。在土地规模一定的条件下，农户采纳农技的决策就取决于他们对土地经营时间长短的判断和预期，稳定经营土地的农户倾向于中长期投资。从而土地经营方式通过经营权属和经营期限预期产生不同的土地经营稳定性预期，进而影响农户的中长期农技投资决策（杨钢桥等，2010）。

二、土地的影响

土地经营权属差异体现在租地经营和自有经营农户的经营权差异和经营期限不同，影响着土地经营的稳定性预期，而土地稳定经营能保证农户获得现有投资的预期回报，激励农户增加提高生产率的中长期农技投资。相比自有经营，租地经营的农户土地经营权不稳定，租赁周期具有波动和不确定性，且由于租赁合约往往约定俗成、口头商定而不规范，出租耕地的家庭会随时撤销“协议”（Arnim，2016），租地经营农户的中长期农技投资存在农技投入还未收回成本就中断使用的亏损风险。因此，租地经营农户可能会更多地追求短期经济利益而忽视中长期的农业技术改进投资。

规模报酬呈倒“U”形变动趋势，本章的研究对象都是小农化生产，经营规模都处在规模报酬递增阶段。在此条件下，规模化农业生产有利于农技投资成本内部化，减少交易成本，降低农技使用的边际成本，激励农户改进基础性的农业机械；还能因统一施用农药提高用药效率减少施用次数，降低农业面源污染量，从而对农业生产科技化产生积极效应（龙云、任力，2017）。在许多移民新村，一些农户租用土地是为暂时解决生活困顿而小规模租用他人土地，生计方式改变较频繁，相比自有经营，农户租赁行为规模小且时效短，大部分租地经营的规模在 4～5 亩。当土地经营面积小时，移民户对农技的需求较低，移民依靠自身的劳动力就可以完成劳作，劳动力因不可分割性而未得到充分利用，就谈不上对农技的需求，只有土地面积扩大到没有充足的劳动力在新增加的土地上生产，面对土地边际收益下降、土地资源浪费的情况，农技投入才显得必要且有效（Ulrik，2017）。

在土地经营方式差异下，农户经营权属差异和土地规模差异影响自有土地经营和租赁土地经营农户的稳定性预期，追求效益的农户在农业技术改进行为上随之发生变化，如配方施肥还是普通施肥、耕作方式的机械化程度等。

三、成本—收益的考虑

土地经营方式通过土地经营权属差异、土地规模差异影响农户农业技术改进行为。与自有土地经营相比，租地经营农户的农技改进行为将呈现较大不同，受龙云和任力（2017）在研究“农地流转制度对农户耕地质量保护行为影响”所采用的成本—收益分析方法的启发，描述土地经营方式对农业技术改进行为影响的作用机制。农户主动的农技改进行为对农业生产科技化有正的外部效应，随着农业技术的改进，农地单位面积产量会提升，用单位面积产量 Q 和农业生产的科技化水平 L 两条平行的横轴来表示，纵轴表示边际成本 PMC 或边际收益 PMR，PMC_T和 PMC_0分别表示租地经营农户和自有土地经营农户的私人边际成本，初始农产品价格一致，两种农户的 PMR 线重合，但由于转入地农户需要支付租地费用，其初始边际成本线高于自家地种植农户的边际成本线。租地经营的初始均衡点为 E_{T0}，单位面积产量和农业生产技术水平为 Q_T和 L_T，均低于自有土地经营农户的初始水平 Q_0和 L_0。

随后，迫于生产条件改变的压力，即土地规模、耕作条件的变化，农户在改进农业技术时，自有土地经营农户长期经营且不需花费租金，改进农业技术将使其边际成本降低移至 PMC'_0，自有经营农户由于有经营期限，中长期农技投资意味着增加的投资超过由此增加的产出而节约的成本，因此边际成本线移至 PMC'_T的位置。在外界农产品价格不变的情况下，改进农业技术行为将使租地经营农户增加成本，他们将维持现状不变，即仍然选择在 E_{T0}处生产，而自有土地经营农户则能够在节省成本的基础上提高单位面积产量和农技水平，因此，他们的生产点从 E_{00}变动到 E_{01}。因此，同等条件下自家地农户将更倾向于中长期农技投资，而租地经营农户则可能减少中长期农技投资，最终导致租地农户农技水平总体低于自有经营农户（见图 8－2）。

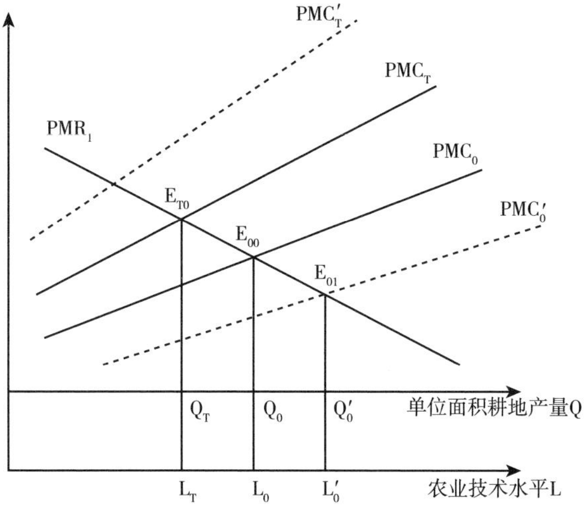

图 8－2　改进农业技术的成本—收益变动分析

第三节

模型、变量和方法

一、模型设置

依据理论分析，本章使用宁夏中部移民户在农技使用、地权属性、经营时间、土地规模、生计方式方面的信息，分析他们的土地经营方式对农技采纳的影响，考虑到本章关注移民搬迁后是否采纳新的农业技术，采用了 Logistic 回归模型进行系数估计。

设定的模型如下：

$$\log\frac{p}{1-p}=\alpha+\sum\beta_m X_{im}+\sum x_n Z_{in}+\varepsilon \qquad (8-1)$$

其中，i 为样本量，n 为控制变量个数。被解释变量是二分类变量，即搬迁后是否采纳新的农业技术，α 是常数，X 为移民户的地权属性、土地规模、经营时间等变量，β 是待估参数，Z 是控制变量，x 是控制变量的系数，ε 是随机干扰项。

二、变量测量

（一）被解释变量

对于经营土地的农民来说，提高土地产出量就要提高农业资源利用效率，影响农业资源利用效率的主要因素是土、种、肥、药、水（Huang，2016）。因搬迁发生种植方式变化的宁夏移民，搬迁前广种薄收，农业生产主要解决温饱问题，更多的是“顺其自然、靠天吃饭”的生产方式，且坡地较多，很难进行机械化耕种和配方施肥等精耕方式（潘华、马伟华，2009）。搬迁后，许多移民村位于扬黄灌区，土地平整，移民可以使用机械化以改进耕作方式，增加配方施肥的投入以应对土地对不同养分的需求。

（二）解释变量

移民搬迁后的土地规模和移民对土地的经营时间预期是本章的主要自变量。户主特征（人力资本）、社会关系、观念因素、收入水平作为控制变量。

（1）人力资本：户主对家庭经营、劳力分配承担着主要的责任而使其特征能够影响农业技术的采纳，户主受教育程度、社会经历和个人素质十分重要。本章用户主的受教育年限衡量家庭的人力资本，除此之外，户主年龄作为种植经验、体力等的外化体现也影响着农技采纳。

（2）社会关系：易地移民突破了地缘圈、血缘圈的人际交往限制。在乡土社会中，人与人之间的关系互动形成了社会网络，因资金、技术和信息等重要资源嵌入并在其中流动形成了技术扩散，推动了移民学习并使用新的农业技术（樊军亮、高启杰，2015）。因此，亲缘支持、职务便利、与村民交流是农业技术在移民户之间扩散传播的便捷方式。本章使用方圆五里内亲戚数量、是否现任村干部职务和是否经常与其他人交流衡量移民的社会关系。

（3）观念因素：对易地移民户来说，移民内化或认同的心理过程形成的“发展”观念因素，会增加农技采纳行为（李后建，2012）。移民难以脱贫在很大程度上是缺乏主动改变现状的生产生活态度（张玉平等，2017），搬迁后受当地居民的影响，致富理念发生变化，改变现状的想法能够激励移民采取措施以增加收入（Akinori，2017）。移民在搬迁过程中的“发展意愿”和“参与行为”，能够便于移民接触更多先进生计信息以改进农技行为。观念因素的测度较为抽象，现有研究多采用因子分析法对所设题目进行主因子提取（李后建，

2012)，本章中移民发展观念的两个因子是根据移民发展意愿的相关测量，在农技行为模型提取出的七个因子中，较为显著的两个因子，命名为“发展意愿”和“参与行为”。在主因子提取模型中，从样本充分性的KMO值和模型LR检验，都说明模型显著，α系数也表明因子有较高的信度。两个因子的测量项目和因子载荷如表8-1所示。

表8-1　移民的观念因素因子提取情况

项目内容	因子及其荷重		α系数
	发展意愿	参与行为	
e. 搬迁前后，您认为参加技能培训对未来的发展重要吗	0.5197		0.7832
f. 搬迁前后，您会考虑自家情况而选择搬迁吗	0.7003		
g. 在搬迁前后，您会考虑以后家庭经济的发展吗	0.7769		
h. 您认为村、乡镇干部对您家搬迁后的发展有帮助吗	0.5389		
a. 平常的时候您关心村里的公共事务吗		0.7703	0.7133
b. 您是否就村里的公共事务提建议		0.7283	
c. 您村或社区组织群众活动您参加吗		0.5080	
解释变异变量的百分比	11.82%	16.75%	—

(4) 收入因素：收入提高能改善生产、生活条件，增加对农业技术的供给能力（Atwood，2002)，但也有研究发现，非农收入占比越高，移民对农业种植的依赖性越小，就会更少投入农技采纳（王艳、周曙东，2014)。本章通过测量移民搬迁前和搬迁后的家庭年人均收入衡量移民的收入水平。

最终，式（8-1）中涉及的主要变量和赋值情况如表8-2所示。

表8-2　变量的描述性统计

变量名称	赋值	均值	标准差
因变量			
耕作方式是否改进	是=1，否=0	0.85	0.36
施肥方式是否改进		0.90	0.30
自变量			
经营权属	自有土地经营=1，租赁土地经营=2	1.22	0.42
土地规模（亩）	调查问卷所得	6.63	3.70
经营时间（年）	调查问卷所得	7.62	5.51

续表

变量名称	赋值	均值	标准差
人力资本			
户主年龄（岁）	调查问卷所得	39.68	12.55
户主学历	小学=1，初中=2，高中=3，大专及以上=4	1.88	1.02
社会网络			
方圆五里内亲戚数量（户）	调查问卷所得	9.62	11.87
是否现任村职务	是=1，否=0	0.06	0.24
是否经常与其他人交流	是=1，否=0	0.86	0.34
观念因素			
发展意愿	所提取主因子的因子得分	0.11	0.95
参与行为		0.02	0.99
经济因素			
搬迁前年人均收入（元）	连续型变量	1396.05	1605.2
搬迁后年人均收入（元）	连续型变量	3713.66	2962.97

数据来源：内蒙古调查。

第四节

实证结果分析

本章首先对移民的生计资本状况进行分析，调查结果显示，在人力资本方面，移民家庭整体劳动能力为两人的占大多数，教育水平在初中以下的居多，有一半以上的人并没有参加过技能培训；在自然资本方面，移民没有土地的人数居多，且拥有土地的农户平均拥有耕地面积为5.24亩，标准差为4.67；在物质资本方面，移民对于自己目前的住房情况表示一般满意的占近6成，对于生产工具、交通工具等满意的占近6成；在金融资本方面，移民可以获得现金借贷机会的占6成以上，认为搬迁后收入增加的占近7成；在社会资本方面，移民不参与社会活动的居多，9成的移民认为自己获得了社会网络的支持，具体如表8-3所示。

表8-3　　移民生计资本的具体情况

项目	类别	定义或指标	N（%）
人力资本	家庭整体劳动能力	一人及以下	133（30.86）
		两人	220（51.04）

续表

项目	类别	定义或指标	N（%）
		两人及以上	78（18.1）
	成年劳动力受教育水平	小学及以下	192（44.65）
		初中	144（33.49）
		高中（中专、技校）	60（13.95）
		大专及以上	36（7.01）
	是否具有培训和技能	是	205（47.45）
		否	227（52.55）
自然资本	是否拥有土地	是	342（79.32）
		否	198（20.68）
物质资本	住房情况	满意	91（21.36）
		一般	248（58.22）
		不满意	93（20.42）
	生产工具、交通工具、耐用品	满意	243（56.23）
		一般	148（34.26）
		不满意	41（9.51）
金融资本	获得现金借贷的机会	是	275（63.66）
		否	157（36.34）
	家庭现金收入相比搬迁前	增加	289（67.05）
		减少	95（22.04）
		不变	48（10.91）
社会资本	参与社会活动和组织	是	124（28.77）
		否	308（71.23）
	农户的社会关系网络支持	是	389（90.05）
		否	43（9.95）

数据来源：宁夏调查。

本章以耕作和施肥方式来测量移民户在搬入迁入地后的农业技术采纳行为。图 8－3 表示了移民搬迁前后的耕作方式和施肥方式的转变。从占比上看，搬迁后“使用传统农具”和“靠天吃饭”的移民户较搬迁前减少，“机械化”和使用“配方施肥农户较搬迁前增加，说明部分移民搬迁后改进了农业生产技术。

图 8－4 显示了两类土地经营家庭在搬迁后的农技采纳情况。从占比上看，自有经营使用传统农具和“靠天吃饭”的移民户较租赁经营移民户的占比更

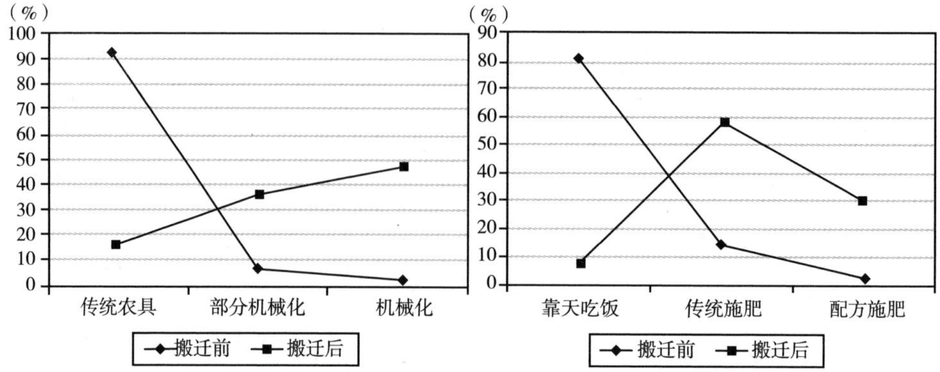

a. 耕作方式变化　　　b. 施肥方式变化

图 8－3　搬迁前后耕作方式和施肥方式的变化

小，机械化和配方施肥的占比较租赁经营占比更大，这首先说明地权属性会影响移民户的农业改进，其次也说明自有土地经营较租赁土地经营更有可能改进农业技术。

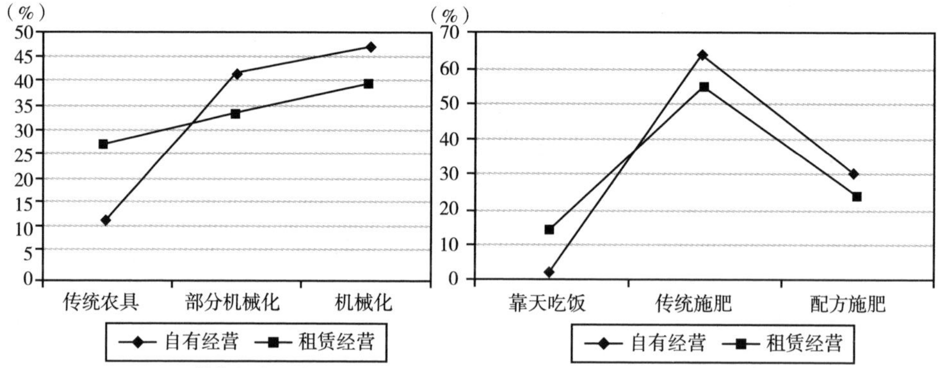

a. 耕作方式差异　　　b. 施肥方式差异

图 8－4　自有经营和租赁经营家庭在搬迁后的农技采纳情况

使用式（8－1）进行的回归结果、对模型进行的概率估计如表 8－4 所示。

表 8－4　移民户农业技术改进影响因素估计结果

因素	模型 1：耕作方式			模型 2：施肥方式		
	β_1	Exp（β_1）	P 值	β_2	Exp（β_2）	P 值
土地经营方式						
经营权属	1.277 （0.5148）	3.5884 （1.8472）	0.013	1.9092 （0.5249）	6.7477 （3.5421）	0.000

续表

因素		模型 1：耕作方式			模型 2：施肥方式		
		β_1	Exp（β_1）	P 值	β_2	Exp（β_2）	P 值
土地规模		0.2105 (0.0918)	1.2342 (0.1133)	0.022	0.0409 (0.0884)	1.0418 (0.0921)	0.643
经营时间		0.1455 (0.0611)	1.1566 (0.0706)	0.017	0.2294 (0.0832)	1.2579 (0.1047)	0.006
人力资本							
户主年龄		0.0034 (0.0039)	1.0034 (0.0039)	0.381	−0.0081 (0.0054)	0.9919 (0.0053)	0.131
户主受教育程度	小学	0.9474 (0.5421)	2.5790 (1.3982)	0.081	1.3109 (0.5457)	3.7093 (2.0243)	0.016
	初中	0.3572 (0.5504)	1.4294 (0.7868)	0.516	1.4385 (0.5633)	4.2142 (2.3740)	0.011
	大专及以上	1.4581 (0.7743)	4.2978 (3.3279)	0.060	1.8479 (0.8693)	6.3464 (5.5170)	0.034
社会网络							
方圆五里内亲戚数量		0.0432 (0.0137)	1.0441 (0.0143)	0.002	0.0323 (0.0133)	1.0328 (0.0138)	0.015
现在是否任村职务		1.7165 (0.8359)	5.5650 (4.6516)	0.040	0.5739 (0.7914)	1.7752 (1.4049)	0.468
是否经常与他人交流		0.3320 (0.4298)	1.3937 (0.5990)	0.440	1.2202 (0.4461)	3.3879 (1.5115)	0.006
观念因素							
发展意愿		0.3817 (0.1583)	1.4648 (0.2319)	0.016	0.1556 (0.1592)	1.1684 (0.1861)	0.328
参与行为		−0.3998 (0.2133)	0.6704 (0.1430)	0.061	−0.0479 (0.2040)	0.9532 (0.1945)	0.814
经济因素							
搬迁前收入		−0.00007 (0.00002)	0.9999 (0.00002)	0.001	−0.00006 (0.00002)	0.9999 (0.00002)	0.009
搬迁后收入		0.00004 (0.00002)	1.0000 (0.00002)	0.018	0.00003 (0.00002)	1.0000 (0.00002)	0.137

注：①数据来源：内蒙古调查；②括号内的数值为标准差。

从回归系数（β）和优势比（Exp β）可以看出，移民的土地经营权属与搬迁后农技改进有显著的正向相关关系。模型 1 和模型 2 的优势比分别为 3.59 和 6.75，说明相比租赁土地经营的移民家庭，使用自有土地经营的移民改进农技的可能性更大，使用机械种植和配方设肥的可能性是租赁土地经营户的 3.59 倍和 6.75 倍。表 8－5 的概率估计也显示了使用自有土地经营的移民户比租赁土地经营的移民户在改变农技上有较高的可能性。

表 8－5　　农技改进的概率估计

经营权属属性	概率估计值	
	耕作方式改进	施肥方式改进
自有土地经营	0.8007	0.8484
租赁土地经营	0.6071	0.6181

数据来源：内蒙古调查。

土地经营时间对农户农技改进行为有显著的正向影响。对于自有土地经营的家庭来说，他们有较长的经营期限，在新环境下采纳农技有稳定的预期经营收益，移民在衡量利弊后会响应农业生产的需求采纳农业技术。但对于租赁土地经营的家庭来说，租赁合约口头约定、一年一租赁的短期行为，造成租入者对土地的经营权很不稳定，他们每年的经营面积和地块都不确定（朱启臻等，2014），如果经营时间短，投入的农技就得不到充分利用，有亏损风险。

土地经营规模对农户农技改进行为有显著的正向影响。样本数据显示，自有土地经营的家庭，户均规模在 7 亩以上，而租地经营的家庭，户均规模在 4～5 亩，不同土地经营方式的家庭存在经营规模差异，经营规模越大，越倾向于农技改进。

此外，户主受教育程度越高越倾向于改进农技，相比小学和初中学历的移民，大专及以上学历的移民在模型 1 和模型 2 中的 Exp β 值最大分别为 4.30 和 6.35，分别是小学、初中学历移民农技改进发生比的 1.67 倍（模型 1）和 1.71 倍（模型 2）。社会网络变量也与农技使用具有显著的正向相关关系，家庭有“村干部职务”的移民改进耕作方式的可能性是家庭“没有担任村干部职务”移民的 5.57 倍，“经常和他人交流”的移民施肥方式改进的可能性是“较少交流”移民的 3.39 倍。在观念因素中，“发展意愿”较强的移民有更大的概率改进农技，其强度增加 1 单位，移民改进农技的发生比就增加 1.47 个单位。这说明，除土地的经营方式外，家庭成员所拥有的特别是户主的人力资本、社会网络、发展观念等因素对移民户搬迁后的农技改进有正向的显著性影响。

本章小结

研究显示，土地经营方式是影响宁夏生态移民户进行新农业技术采纳的一个重要因素，其产生的经营期限不稳定预期和经营规模小是造成租地经营户不愿意投入农技的重要原因。

在宁夏的许多移民村，虽然土地间的流转已经较为普遍，但大多是小规模的散户流转且以口头承诺的方式来进行，租赁的期限和租金及支付方式由双方自行约定，没有规范的市场租赁合约，租入土地经营的移民极有可能在投入生产还未盈利的情况下，就因合约到期无法续租土地而遭受损失。另外，一些回族农户租用土地是为了暂时解决生活困难而小规模租用他人土地，生计方式改变较频繁，租赁行为规模小且时效短，大部分租赁经营的规模在 4～5 亩。租赁经营的短期行为虽能解决一时困顿，但经营时间和土地集聚规模的限制不利于农业生产的技术化。散户间的土地流转虽然使移民增加了土地规模，但并没有促使移民增加农技投入。

第九章

生态移民的宗教信仰适应性研究

回族生态移民的搬迁和搬迁后的外出务工对回族移民宗教文化形成了冲击。研究回族移民的宗教文化适应与变迁对理解回族移民的生计恢复有重要意义。本章使用 DUREL 宗教信仰程度量表对回族移民的宗教信仰情况进行了研究，分析了影响宁夏回族生态移民宗教文化在搬迁后以外出务工为主的生计的作用机制。

第一节 研究问题

我国西北地区的许多生态移民迁出地是少数民族聚居和多民族混居区，西海固地区作为宁夏生态移民迁出地是回族最为聚集的地方，伊斯兰教在回族社会生活中具有很高的地位。生态移民形成了移民群体所在文化空间上的迁移引起文化变迁，理论上说，文化变迁与社会变迁密切相关，引起文化系统从内容到结构的整体性改变的原因，可能是由于社会内部民族文化自身的发展，或由于不同民族之间的接触。宗教深深影响到民族社会的方方面面，从信教人数、宗教器物、文化氛围、生活日常来看，该移民迁入地区内部的伊斯兰文化氛围还较为浓厚。

生态移民搬迁后，回族移民面临在迁入地内的宗教信仰文化的适应、重建与发展的新问题。从环境闭塞的地区搬迁到移民新区，来自外部的文化取向、价值观念、生活观念的冲击更为快速直接，许多移民尤其是年轻人开始对自己原有的生活日常、宗教信仰等方面产生怀疑，出现迷茫情绪，有可能是伴随着移民搬迁产生的。“十二五”期间该地区的生态移民搬迁的宗教政策主要是宗教活动场所的规划与审批方面，体现在提倡不同教派合坊建寺，对于移民后的宗教文化活动开展的政策基本提及较少，移民的宗教事务管理体制也相对不完善。不同教派的合坊建寺，虽然可以减轻信教群众在宗教日常中的负担，但是，由于来自不同教派（门宦）之间对教义等方面的理解缺乏统一性，在移民搬迁初期较难共处一寺，对于移民宗教事务的管理也有待加强。

总之，针对文化变迁与适应问题的相关影响因素的研究愈发重要，尤其是随少数民族地区宗教文化的适应研究，一方面，在实现扶贫、保护生态环境的同时，考虑到生态移民搬迁户特殊的民族文化背景，将其落实到移民工程的开展以及移民社区重建与发展的过程中，实现生态经济重建和文化重建并举，充分发挥民族宗教文化在推动扶贫互助、生态保护方面积极的社会功能。另一方面，人们在探索生态移民道路时关于生态移民（包括政策、研究）的关注点往往放在移民搬迁后的移民生计、生态环保以及城镇化等方面的问题，缺乏生态移民工程与宗教文化方面的内在的关联性以及互动机制的深入认识与研究，在分析移民社会问题时往往不太重视该层面的影响作用。由此可见，对移民安置区宗教文化的变迁和适应研究变得更为重要和迫切。

然而，相关研究在探索生态移民道路时，往往关注移民搬迁后的移民生计活动、移民新区生态环保、城镇化进程以及文化变迁等方面的问题，缺乏对生态移民工程与宗教文化方面的内在的关联性以及互动机制的深入研究，在分析移民社会问题时往往不太重视该层面的影响作用。由此可见，最大限度地实现生态移民工程的成效，在分析以往移民实际的基础上，如何实现移民新区经济与文化的共同繁荣、相互推进，成为新一轮生态移民工程亟待解决的问题，而对移民安置区宗教文化的变迁和适应研究变得更为重要和迫切的。

第二节　理论分析

一、生态移民宗教文化变迁与冲突

文化变迁是宗教民族学、人类学和社会学等的研究热点之一，已有研究将文化变迁从广义的角度分为两类，即文化的演变与文化的涵化两种。文化演变一般指文化普遍性变化的趋势。而文化涵化则是某种文化如何从一种状态演变到另一种状态，是异文化之间交流的结果。人类学也常常就环境与文化的相互关系进行探讨，如将环境和文化对立起来的“环境决定论”和“环境可能论”，但文化生态学和文化变迁理论的创始人斯图尔德重视文化与环境之间的相互关系，将环境变化下生计方式变化与文化变迁结合起来，即“文化与环境之间存在一种动态的富有创造力的关系”。

国外研究中生态移民经常借用文化涵化的概念，认为居住在边缘地区的土著居民原有的生活生产方式较为传统，且拥有着自成一体的文化体系，移民搬迁必然会导致不同文化间交流与碰撞，引发文化冲突。不少国外的研究案例也说明生态移民不单纯是一种经济行为，更重要的是移民前后的文化变迁及其导致的文化冲突问题，即很多生态移民过程往往伴随着原住人群迁徙过程，生态移民活动不是简单意义上的放弃原有的赖以生存的环境，而是生存方式和社会文化的同时改变；安娜塔（2003）和法哈迪安（2004）在研究分析印度尼西亚大规模移民计划时发现由于印度尼西亚宗教信仰较为复杂，迁入移民新区后，因与新的移民地的居民宗教信仰不同，许多信仰基督教世居土著达雅克人和信仰伊斯兰教外来移民马都拉人发生了较为严重的宗教冲突（杜发春，2014）。

从国内来说，孟琳琳和包智明（2005）、杨维军（2005）等认为，我国生态移民主要集中在少数民族地区，因文化风俗、语言环境、生活方式等方面的突然变化，移民会遇到意想不到的困难和适应问题；陶晓杨（2012）通过分析景颇族生态移民在搬迁前后的社会结构、生产生活状况等方面的对比，分析了文化变迁带来的影响（陶晓杨，2012）；马尚林（2005）针对位于四川横断山区彝族生态移民文化变迁问题研究，除了探讨了少数民族生态移民生产、生活方式外，还对宗教信仰、社会组织的变迁及其影响进行分析，指出文化变迁的影响因素受聚居环境变化与社会组织变化。

综上所述，在生态移民背景下，将生存环境改变作为文化变迁的外部因素，如果人们与环境互动的方式（生计方式和生计选择）没有改变，极大可能导致人们丧失自决能力。由此，生存环境变迁与文化变迁关联互动需要通过移民户的生计选择来实现。生态移民项目以改善民生、脱贫致富为目标，将生产生活条件恶劣、生态环境脆弱地区的居民迁移到条件相对较好的地区，它虽然不是传统意义上的民族迁徙，但是也形成了一定规模的新环境，在此基础上，文化可以解读为人们在新环境内解决生存问题的主要机制，移民的生存方式体现着他们的生存能力，而这些生存能力不仅通过他们的文化体现出来，更通过他们的文化得以获得。

二、生态移民宗教文化适应

少数民族生态移民因其民族文化的特殊性，在生态移民的研究中颇受关注，文化变迁与适应问题在少数民族生态移民研究中是一个较为复杂的问题。在我国，一些学者对移民的文化适应现状作了分析，例如，章必功（2007）以深圳文化为例，发现政府鼓励移民的迁移等政策性移民出现了新的移民文化，这种文化与迁入地文化发生着接触；敏俊卿等（2008）从人类学视角对少数民族生态移民地区社区生活和宗教文化等方面的变迁和适应过程进行了阐述；田晓娟（2012）对同心县石狮管委会惠安村生态移民的生活状况与社会适应研究中对移民生存环境的适应、生产生活方式的适应、人际交往与风俗习惯的适应做了分析和总结。还有部分学者对移民的文化调适的影响因素进行分析，并提出建议，如王凯等（2012）对武陵源风景区的移民进行了经济、社会文化、资源环境、心理及安置政策方面的感知差异研究，认为生态移民使居民产生了正面影响的文化震荡；马伟华（2007）对宁夏“芦苇洼”吊庄移民宗教文化调试研究中，通过描述教派关系的演变认为政府、城市文化及宗教职业者本身是影响生态移民后教派关系的主要因素；桑才让（2011）针对三江源生态移民文化适应性问题通过分析三江源地区的移民在外迁到新环境后出现的文化不适应的客观性及表现，提出了文化适应的具体方案；祁进玉（2015）从对三江源自然保护区的意义的角度出发通过比较移民前后生活的变化，深层次地分析了移民群体的文化传承与文化适应所带来的影响。

以上关于生态移民的文化适应研究多集中在对移民迁入地的移民文化适应的现状、移民文化适应存在的问题或是对存在的问题做出相应建议等，忽视了生态移民生存生计选择改变，异地谋生所带来的文化适应问题。移民搬迁研究除了移民生产方式的适应、生活方式适应外，还应重点关注移民宗教信仰适应和身份适应，且文化适应是一个主动的过程，在这个过程中，许多移民会逐步改变或放弃原有的宗教信仰和风俗习惯，淡化“搬迁户”的身份，但一些移民在短期内仍会受到这方面困扰。

移民搬迁作为一项系统的工程，资金投入、安置政策、移民补偿、社区整合以及移民的文化适应都是其重要的组成部分。风笑天（2004）通过对三峡移民的社会适应研究，发现移民社区内部的社会关系、社会行动都是移民进行社会整合的重要方面。束锡红等（2012）针对宁夏回族移民安置政策中移民宗教场所的建设采取合坊建寺的研究发现，因伊斯兰教教派较多，加上前期对宗教活动场所建设规划不明确，合坊问题难以在短时间内解决。综合来看，目前针对移民的宗教场所管理仍不太完善，有些移民安置区刚建成，移民群众流动性大，均在活动点进行临时活动，有些移民新村尚未组建民主管理组织，各项管理制度也未建立健全。特别是在教职人员聘任、财务管理等方面存在着较大漏洞，容易产生矛盾纠纷，急需进行调适和整合。

第三节

变量测量和研究方法

（一）因变量

在实际调查中，研究人员详细询问了回汉两族移民户外出务工情况以及集体宗教活动状况，并以问题“移民搬迁后，您参与宗教活动是否受到影响？（没有影响 =1，影响很小 =2，一般 =3，较大 =4，影响很大 =5）”作为研究模型 1 的因变量，将“搬迁后，您能否尽可能地会将宗教信仰实践到生活的方方面面？（绝对不会，不完全会 =2，不确定 =3，比较会 =4，完全会 =5）”作为模型 2 的因变量。

在实际调查中，研究人员详细询问了回汉两族移民户在搬迁后的饮食适应情况和迁入地所在区域内婚丧等风俗习惯的影响，并以问题“移民搬迁后，您迁入地的饮食和婚丧等风俗对您影响大吗？（没有影响 =1，影响很小 =2，一般 =3，影响很大 =4）”作为研究模型 3 的因变量。

（二）自变量

（1）个体特征。移民的个体特征包括宗教信仰、民族、性别、年龄、文化程度、婚姻状况以及政治面貌等。已有研究表明，农民的个体因素在不同程度上会影响到农民的宗教参与度（马伟华，2014）。

（2）移民特征。通过分析发现不同移民意愿、迁入时间移民宗教活动的参加存在显著差异，因此将结合生态移民搬迁特征“搬迁意愿”和“迁入时间”，以及搬迁移民后的饮食适应和婚丧影响这 4 个变量进行测量。

（3）务工状况。相关研究发现，移民生产方式越是以农业为主，越是留守农村的农户，其宗教活动的参与度越高，尤其是集体性宗教活动的参与。搬迁移民后，随着村民同外部经济纽带的增强，较搬迁前形成的相对稳定的地缘、亲缘、业缘的社会网络关系发生改变，集体性的宗教活动随之减少。因此，在务工状况方面，本章设置务工距离和单次外出务工时长（最近一年）2 个变量进行测量。

（4）宗教信仰。宗教信仰程度 DUREL 评分值较高的农户一般会积极主动地参与集体宗教活动和社区宗教事务，而宗教信仰程度低的农户在移民搬迁后，对其宗教活动不会产生较大影响。同时，移民社区宗教场所的修缮完备程度和前往宗教场所的便利程度都会影响其宗教参与。此外，社区共同的宗教信仰会对移民户宗教适应产生影响。因此，本章选取问卷中“您所在的移民社区宗教场所是否修缮完备?”“与移民前相比，你去宗教场所（清真寺、教堂）是否更方便了?”“移民后，您参加宗教活动是否形成了固定的宗教场所?”“移民后，您参加宗教活动是否形成了固定的同伴?”并结合 DUREL 评分值以及各维度评分值作为变量进行测量。

第四节

实证结果分析

一、移民宗教信仰程度（DUREL 总评分值）比较

通过 SPSS 22.0 分析计算得出样本地区不同特征生态移民的宗教信仰情况如表 9－1 所示。DUREI 评分（x ± s）中：男女的信仰程度不存在显著差异，不同婚姻状况的移民也不存在显著差异。回族居民的总体宗教信仰（11.95 ±2.459）明显高于其他民族（2.31 ±4.01），回汉之间存在显著差异；样本农户的文化水平不同，宗教信仰程度也存在差距；年龄方面与文化水平表现一致，存在显著差异，年龄越大，DUREL 评分值越高，信仰程度越高，反之则越小，50 岁以上的移民农户 DUREL 评分值（11.73 ±1.679）在所有年龄段中最高明显高于其他，在实际调查过程中发现，老年人会严格遵守教规，每天坚持做足 5 次礼拜，而青年人的 DUREL 评分差别不大，多数人一般一天进行 2 ~ 3 次礼拜，且多在丧事和宗教节日中；从具体的信教类型来看，农户不同的信教类型的 DUREL 值存有显著差异，除道教（样本人数较少而导致其 DUREL 值较高）外，伊斯兰教的整体 DUREL 值高于其他宗教类型，基本可以反映出搬迁后样本地区伊斯兰教的氛围比较高。

表 9－1　样本村不同特征生态移民户的宗教信仰 DUREL 得分（分，x ±s）

特征		Durel 总分	t/F 值	P 值	特征		Durel 总分	t/F 值	P 值
性别	男	9.67 ±4.98	0.008	0.427	婚姻状况	未婚	8.91 ±4.995	0.514	0.925
	女	9.66 ±5.27				初婚	9.84 ±4.939		
民族	汉族等	2.31 ±4.01	－0.64	0.000		再婚	6.40 ±5.857		
	回族	11.95 ±2.459				离异	8.97 ±5.803		
文化程度	小学及以下	10.38 ±4.167	1.898	0.025		丧偶	10.58 ±0.988		
	初中	9.24 ±5.14			迁入年限	1～5 年	11.63 ±3.673	23.69	0.000
	高中	9.05 ±5.264				6～10 年	10.30 ±4.632		
	大专	9.92 ±5.567				11～15 年	8.37 ±5.947		
	本科及以上	8.36 ±5.924				16～20 年	8.28 ±5.372		
年龄	≥51 岁	11.73 ±1.679	2.09	0.012		≥21 年	3.66 ±5.344		
	41～50 岁	10.10 ±4.522			宗教信仰	伊斯兰	11.65 ±2.773	254.1	0.000
	31～40 岁	10.68 ±4.595				佛教	10.98 ±2.423		
	19～30 岁	9.37 ±5.169				道教	13.00 ±3.24		
	0～18 岁	7.84 ±5.681				天主教	10.00 ±0.00		
移民意愿	自愿	9.28 ±5.24	－0.35	0.032		其他	9.17 ±3.125		
	非自愿	10.08 ±4.76			务工时间	≤3 月	10.31 ±4.764	18.05	0.000
务工	县内	9.41 ±5.186	1.953	0.021		3～6 月	10.25 ±4.735		
	省内	10.11 ±4.852				6～9 月	9.06 ±4.949		
	省外	9.36 ±5.037				≥9 月	8.5 ±5.655		

注：①数据来源：宁夏调查；②本次调查对象共 432 个，表中在计算 DUREL 得分时，集中抽取有宗教信仰的，生态移民（360 户）作为统计分析对象，已排除少数不信教者，重点关注 P＜0.05。

此外，为进一步研究生态移民搬迁对移民宗教信仰的影响，本章结合移民特征来分析农户的 DUREL 值及信仰程度，发现移民意愿不同、务工距离和务工时间均存在显著差异（P＜0.05）。DUREI 评分（x ± s）中：移民搬迁意愿不同，移民的迁入年限不同，农户的 DUREL 评分值差异显著，非自愿搬迁的随着移民搬迁年限的增长，农户的宗教信仰程度越来越弱化，迁入年限在 20 年以上的农户 DUREL 值最低（3.66 ±5.344），与其他年限存在明显差异，伴随着迁入时间的增加，当农户逐渐融合到迁入地的社会文化环境中，宗教信仰 DUREL 测评值受此影响而与搬迁年限较短的农户存在显著差异；移民务工时间越长、务工距离越远（一次），则 DUREL 评分值均成低，且差异显著。

二、移民 DUREL 量表的各评分维度比较

不同特征样本移民的宗教信仰程度评分维度比较（x ± s），如表 9 – 2 所示。

（1）不同民族、年龄、宗教类型以及文化程度的农户集体宗教活动参与程度（ORA）和个人的宗教活动程度（NORA）均存在显著差异，且与 DUREL 评分总值的结果基本一致；

（2）就移民的内在信仰（IR）而言，移民因年龄、民族以及宗教类型不同，内在信仰存在显著差异。但不同文化程度的移民的内在信仰差别不大，与总 DUREL 值有所不同，且不具有统计意义（$P<0.05$）。

表 9 – 2　不同个体特征户的宗教信仰程度评分维度比较（分，x ± s）

特征		ORA	NORA	IR
民族	汉族等	0.69 ± 1.13	0.43 ± 0.79	0.6 ± 1.15
	回族	4.12 ± 0.872	3.39 ± 1.246	2.24 ± 1.004
	F 值	1034.844	514.121	193.381
	P 值	0.000	0.000	0.000
宗教信仰	伊斯兰教	3.99 ± 0.984	3.30 ± 1.326	2.20 ± 1.027
	佛教	3.61 ± 1.037	2.27 ± 1.127	2.28 ± 1.074
	道教	4.20 ± 0.837	2.8 ± 1.634	3.00 ± 1.00
	天主教	4.00 ± 0.00	2.00 ± 0.00	2.00 ± 0.00
	其他	3.17 ± 1.169	2.33 ± 1.506	1.83 ± 0.408
	F 值	233.212	88.337	68.046
	P 值	0.000	0.000	0.000
年龄	0 ~ 18 岁	2.57 ± 1.825	2.12 ± 1.786	1.57 ± 1.327
	19 ~ 30 岁	3.29 ± 1.812	2.71 ± 1.785	1.68 ± 1.145
	31 ~ 40 岁	3.59 ± 1.608	2.90 ± 1.612	2.14 ± 1.375
	41 ~ 50 岁	3.48 ± 1.616	2.81 ± 1.641	1.91 ± 1.123
	≥51 岁	4.00 ± 0.775	3.36 ± 0.809	2.18 ± 0.751
	F 值	4.986	3.119	3.501
	P 值	0.001	0.015	0.008

续表

特征		ORA	NORA	IR
文化程度	小学及以下	3.59 ±1.623	3.01 ±1.664	1.92 ±1.227
	初中	3.15 ±1.763	2.47 ±1.668	1.81 ±1.246
	高中	3.07 ±1.793	2.45 ±1.751	1.77 ±1.280
	大专	3.25 ±1.815	2.83 ±2.082	1.92 ±1.311
	本科及以上	2.68 ±1.985	2.23 ±1.716	1.73 ±1.453
	F 值	2.572	3.075	0.314
	P 值	0.037	0.016	0.869

注：①数据来源：宁夏调查；②表中在计算 DUREL 得分时，集中抽取有宗教信仰的，生态移民（360 户）作为统计分析对象，已排除少数不信教者，重点关注 $P<0.05$。

不同移民或务工特征农民的宗教信仰程度评分维度比较，如表 9－3 所示。结合生态移民搬迁特征发现：（1）移民是否为自愿移民，其 ORA、NORA 评分均不存在显著差异，而 IR 评分则差异显著，且非自愿移民的内在信仰程度高于自愿移民，说明宗教因素对移民搬迁的选择上造成影响；（2）移民迁入移民地年限的长短不同，ORA、NORA 以及 IR 评分值均存在显著差异，与总 DUREL 表基本一致，迁入年限越长，移民的宗教集体活动参与率、个人的宗教信仰活动率以及内在信仰均最低；（3）不同务工距离、务工时间的移民各评分维度均存在显著差异，在本省务工农户的 ORA、NORA 以及 IR 评分最高，务工时间在 3～6 个月的农户 ORA、NORA 评分最高，但务工时间少于三个月的移民内部信仰程度（IR）最高，说明移民外出务工对其个人、集体以及其内在信仰都产生影响，但各维度影响程度不同。

表 9－3　不同移民/务工特征农民的宗教信仰程度评分维度比较（分，x ±s）

特征		ORA	NORA	IR
移民意愿	自愿	3.25 ±1.82	2.6 ±1.738	1.72 ±1.17
	非自愿	3.37 ±1.633	2.80 ±1.675	2.01 ±1.324
	F 值	0.485	1.476	5.799
	P 值	0.487	0.225	0.016
迁入年限	1～5 岁	3.82 ±1.271	3.14 ±1.527	2.12 ±1.067
	6～10 岁	3.53 ±1.613	2.70 ±1.557	2.20 ±1.846
	11～15 岁	2.80 ±2.004	2.36 ±1.833	1.61 ±1.303
	16～20 岁	2.87 ±1.931	2.35 ±1.740	1.52 ±1.131
	≥21 岁	1.25 ±1.832	0.91 ±1.376	0.75 ±1.191
	F 值	22.715	15.933	12.737
	P 值	0.000	0.000	0.000

续表

特征		ORA	NORA	IR
务工距离（一次）	县内	3.15 ±1.825	2.65 ±1.758	1.88 ±1.564
	省内	3.34 ±1.634	2.70 ±1.655	2.03 ±1.275
	省外	3.27 ±1.767	2.59 ±1.719	1.75 ±1.149
	F 值	18.002	12.055	11.783
	P 值	0.000	0.000	0.000
务工时间（一次）	≤3 月	3.42 ±1.68	2.86 ±1.649	2.01 ±1.135
	3~6 月	3.52 ±4.609	2.89 ±1.676	1.97 ±1.386
	6~9 月	3.19 ±1.695	2.43 ±1.669	1.72 ±1.187
	≥9 月	2.79 ±1.962	2.19 ±1.782	1.76 ±1.38
	F 值	17.644	12.881	10.022
	P 值	0.000	0.000	0.000

注：①数据来源：宁夏调查；②表中在计算 DUREL 得分时，集中抽取有宗教信仰的，生态移民户（360 户）作为统计分析对象，已排除少数不信教者，重点关注 $P<0.05$。

三、回归分析结果

采用多元 Logistic 回归模型对迁入区移民户进行研究，分析了各自变量对宗教活动参与（模型 1）和移民农户个人的内在信仰（模型 2）的影响程度分析，如表 9－4 所示。

表 9－4　　　移民户宗教信仰适应的影响因素分析

		模型 1　宗教活动参与			模型 2　内在信仰		
		标准化 β	t	Sig.	标准化 β	t	Sig.
	（常量）		3.119	0.002		2.976	0.003
个体特征	民族	-0.025	-0.224	0.823	0.156	1.43	0.154
	文化程度	-0.139	-1.891	0.036*	-0.043	-0.598	0.55
	政治面貌	-0.119	-1.835	0.068	-0.058	-0.903	0.367
移民特征	搬迁意愿	-0.053	-0.823	0.411	0.122	1.947	0.036*
务工特征	务工	0.064	0.989	0.032*	0	-0.002	0.999
	务工距离	-0.008	-0.117	0.907	0.016	0.239	0.812
	务工时间	0.035	0.544	0.587	-0.076	-1.195	0.233
情感特征	倾诉对象	0.108	1.73	0.035	0.007	0.116	0.908
风俗习惯	饮食适应	0.027	0.412	0.681	0.126	1.933	0.032*
	参加移民新区婚/葬礼的频率	0.026	0.384	0.702	0.062	0.936	0.035*

续表

		模型1 宗教活动参与			模型2 内在信仰		
		标准化 β	t	Sig.	标准化 β	t	Sig.
宗教特征	信教类型	-0.072	-0.733	0.465	0.113	1.171	0.024*
	理解教义	-0.08	-1.083	0.028*	-0.193	-2.666	0.008**
	场所修缮	0.051	0.665	0.507	0.138	1.824	0.045*
	场所便利	-0.293	-3.642	0.000**	-0.128	-1.581	0.03*
	场所固定	0.143	2.118	0.035*	-0.062	-0.858	0.392
	同伴固定	0.076	0.869	0.386	-0.01	-0.149	0.882
	集体活动	0.024	0.292	0.771	-0.203	-2.368	0.019*
	个人活动	0.012	0.189	0.85	0.073	0.895	0.03*
	优先选择活动	-0.706	-1.939	0.044*	-0.107	-1.716	0.03*
	ORA 评分	-0.439	-1.22	0.224	0.232	0.646	0.005**
	IR 评分	0.961	1.407	0.161	0.261	0.905	0.367
	DUREL 评分	-0.31	-0.442	0.002**	-0.565	-0.841	0.401

注：①数据来源：宁夏调查；②*：$P<0.05$，**表示 $P<0.01$。

由表9-3可知，模型1的相关系数R为0.668，样本决定系数 R^2 为0.446，调整后的可决系数 R^2 为0.390；模型2的相关系数R为0.625，样本决定系数 R^2 为0.391，调整后的可决系数 R^2 为0.372。

由表9-4可知，在模型1中，移民农户的文化程度对搬迁后的宗教活动有显著的影响；农民外出务工也对农民的宗教活动参与产生影响，但务工时间与务工距离对宗教活动的参与影响不显著；搬迁后农民感情的依托对其宗教活动参与有显著影响；在宗教特征方面，对教义了解程度与农民的宗教活动参与显著，宗教场所的便利对于农民宗教活动的参与显著正相关，且有固定的宗教场所对其活动的参与也有显著影响，此外，当DUREL评分值>10时，农民较高的总体信仰程度与农民宗教活动的参与显著相关。由表9-4可知，在模型2中，是否有宗教信仰、信何种宗教与农民的内在信仰适应显著相关，说明本次调查地区是回族移民相对聚居的地区，伊斯兰教氛围浓厚，且对教义的理解程度也与农民内在信仰的适应显著相关；同时，农民搬迁意愿对农民的内在信仰适应有显著影响；外出务工活动对移民的内在信仰适应影响不显著；饮食的适应程度和受移新村当地风俗（婚丧等）的影响程度与其自身内在信仰适应显著相关；此外，在宗教特征方面，宗教场所的修缮完备程度、前往宗教场所的便利程度、集体宗教活动的参与次数、个人宗教活动的频率均与农民的内在信仰适应显著相关。

四、讨论

第一，移民新区的宗教格局发生改变，影响移民宗教活动的参与。

本次实地调研区域所实施的生态移民工程是将居住在宁夏西海固地区的贫困户迁往了北部黄河灌区，西海固地区是我国回族比较集中的地方，也是宁夏回族伊斯兰教诸多教派传播的地方。该地区的生态移民工程是在自愿原则基础上实施移民搬迁，但并未以宗教教派作为划分依据而进行搬迁活动。虽然地理空间上的迁移阻断了回族移民与原社区的联系，但在新的移民安置区，他们会迅速围绕清真寺重新构建起宗教内部联系，以维持共同的宗教信仰。这样一来，以宗教信仰为核心的回族移民的婚姻、饮食、传统节日并不会因搬迁而受到较大影响。但较大的文化差异仍是影响回族移民文化适应的重要因素，回族文化与汉族文化的差异主要体现在宗教信仰上，搬迁后，许多移民安置社区内部各个教派的群众错综居住，结合前面分析自愿搬迁、宗教场所的修缮程度以及前往宗教场所的便利程度都与移民户宗教活动参与显著相关，生态移民搬迁活动会打乱少数民族原有的宗教社区，也打乱了移民在迁出地早已形成的宗教格局和教派关系，使一定时期移民的日常宗教生活存在一些不稳定因素，移民在迁入地的宗教生活需要进一步适应，面对此类现象，需要当地政府部门采取必要措施予以调节。

第二，务工活动增加，新的生活生产方式给移民户宗教信仰适应带来挑战。

调研发现，生态移民搬迁过程中也伴随着城镇化的发展。移民搬迁后，外出务工的大规模增加使移民脱离原有的生产、生活方式，宗教活动参与和宗教文化适应会面临许多问题。对于务工的少数民族群众而言，外出务工活动给他们以往稳定的生活带来了不小影响，移民前往务工地后，社会生活的诸多方面都需要适应新情况。在务工的过程中，一些回族移民群众可能出现了在社会适应过程中迷茫与困惑的现象，面临着生产、生活方式巨大转变，当他们的生活出现困境时，一些外出人员就会产生心理失衡或焦虑不安等问题。此外，在一些回族农户外出务工的地区很少有或不存在宗教文化场所，因而他们的生活场景中没有操演宗教仪式的空间。

第三，宗教信仰具有促进不同民族的认同，改善民族关系，促进社会整合、心理安抚等功能。相较于搬迁前，移民可能会因社会文化环境脱节而产生失落感和无助感，或是融入过程中因在陌生的社会关系网络里无法给予自己恰当定位，可能会体验到挫折感而失去主动适应的信心。类似的移民心理感知在得不到充分社会支持的情况下，往往会促使移民采用过激的方式去宣泄负面情绪，影响了移民安置地区的和谐稳定发展。因此，正确引导宁夏回族移民搬迁后的宗教生活，为移民新村社区文化重建充分发挥宗教信仰的积极功能、正向功能是可行之举。但从目前的状况来看，调研样本区域的生态移民区社区宗教文化的重建过程中，移民群众宗教信仰的积极作用发挥仍不够，将移民的宗教文化与其他文化有机结合起来的相关政策措施仍较少。

第四，政策性移民中农户是生态移民的主体，调研发现，有部分没有搬迁意愿的移民也搬迁了，不同搬迁意愿的农民在文化适应模式上有较大差别。调查发现，自愿搬迁的回族移民在民族交往时持积极乐观的心态，并且是理性的。他们认同回族身份，但接受与汉族等其他民族进行交往和吸收其他文化的同时，可能也会对其他文化施加影响。自愿搬迁的农民在日常生活中也会尝试在民族自尊与对其他民族文化的吸收、借鉴融合之间寻找平衡点，恰当地处理与迁入地或务工地其他移民的关系；而那些非自愿的移民往往抱着消极、悲观、感性的交往心态去面对新环境，尤其是信奉伊斯兰教的回族移民，他们认同回族身份，倾向保持回族传统文化，在处理与汉族移民的关系问题时比较感性。因此，注重移民实施搬迁落户的意愿，对回族移民的宗教文化适应与移民安置地区的社会和谐至关重要。

本章小结

生态移民搬迁过程中也伴随着城镇化的发展。移民搬迁后，外出务工的大规模增加使移民脱离原有的生产、生活方式，宗教活动参与和宗教文化适应会面临许多问题。对于务工的少数民族群众而言，外出务工活动给他们以往稳定的生活带来了不小影响，移民务工后，社会生活的诸多方面都需要适应新情况。在务工的过程中，一些回族移民群众可能出现了在社会适应过程中迷茫与困惑的现象，面临生产、生活方式巨大转变，当他们的生活出现困境时，一些外出人员就会产生心理失衡或焦虑不安等问题。另外，自愿搬迁的回族移民在民族交往时持积极乐观的心态，自愿搬迁的移民在日常生活中也会尝试其他民族文化的吸收、寻找文化平衡点，恰当地处理与迁入地或务工地其他移民的关系。注重移民实施搬迁落户的意愿，对回族移民的宗教文化适应与移民安置地区的社会和谐至关重要。

第十章

生态移民的社会适应性研究

生态移民能否在搬迁后尽快适应安置区的生产生活是移民实现“稳得住、能致富”目标的关键。本章以心理学上的期望确认理论为指导，以邻县中短距离安置移民为研究对象，分析了移民在现阶段既盼望搬迁又对搬迁后生活有较高期待的心理特征。

第一节

研究问题

易地移民“邻县安置”是我国政府在生态移民、工程移民上经常使用的一种安置形式，是指移民的新安置区在原迁出地相邻的另一个县（区），迁入迁出地经济发展水平不同，但生产生活文化差异较小。这种类型的移民在宁夏回族自治区的生态移民中比较常见。2001～2007年，国家实施宁夏易地扶贫搬迁试点工程，在宁夏红寺堡扬黄灌区、固海扩灌区等地建设移民安置点31个，主要为了安置泾源县、隆德县、西吉县、同心县等跨县生态移民（罗强强，2009）。迁入地与迁出地的文化、心理背景相似，社会文化及传统习俗易于被移民接受，特别是回族移民独有的生活习性并没有太大的改变。这种类型的安置方式具有能使移民尽快适应迁入地的经济与文化的优点，但目前学术界对这类移民安置方式的研究较少涉及。

目前，关于易地移民安置的大量研究主要聚焦在“非自愿移民”的“远迁”类型。在因工程建设、生态建设等大型工程引起的非自愿移民的研究中，著名水库移民专家Cernea（2000）指出，非自愿移民存在8个方面的风险，并认为移民在迁入地的社会适应至关重要，能否恰当解决移民搬迁后的社会适应问题是移民工程成败的关键。目前，大量学者认为，移民的社会适应与移民的人力资本有关（Crowe and Higgins，1997；何得桂、党国英，2015）。若人力资本较高，就能较好地掌握生存技能并消除不良心理；若原迁出地的工作技能不能满足迁入地的工作需求，导致移民不能适应迁入地的生产生活，有学者称为“人力资本失灵”（杨云彦、赵锋，2009；冯伟林、李树茁，2016）。Kar 和 Takeuchi（2004）的研究发现，搬迁前以放牧为生的移民在搬迁后由于缺乏必要的劳动技能和经验，且教育水平低下，无法参与当地政府开展的各项技能培训，很容易陷入返迁或生计贫困的风险中。近年来，部分学者开始从移民的社会资本角度探讨非自愿移民搬迁后的社会适应问题。若移民搬迁后能获资金支持等实质性帮助，获得有利的发展机会和有价值的信息，移民就能更好地适应安置地的环境（李聪等，2010）。

实际上，Cernea（2000）及后来学者的实证研究所指的移民在搬迁后会出现“边缘化”或在生产生活中不能适应迁入地社会的问题，更多的是指那些迁移距离较远以致“出”“入”两地出现了较大的文化差异。在环境剧变的情况下，人力资本和社会资本也会“失灵”，拥有较大社会网络移民在家庭经济恢复方面也不可能发挥预期的效果（李树茁等，2007）。政府即便给予移民一定的职业培训，但也加重了同水平移民的竞争，使即便拥有工作的移民也拿不到较高的收入，家庭经济状况仍旧贫困。

然而，近年来在中国，除了像三峡工程那样的跨文化移民，大部分都是“后靠”型移民、县内移民，甚至是村内移民（从山上到山下），或其他类似“邻县”安置的近距离移民。这类搬迁移民生产、生活、文化并没有发生太大的变化，社会关系也没有太多中断，但近年来的研究却仍然发现，这类移民到迁入地后也有较多的社会不适应。如陈金明、吴淑娴（2010）和束锡红等（2016）发现，移民在就近安置时，在不同搬迁意愿、期望及年龄阶层上的不同群体，社会适应差别较大。因此，在影响搬迁后移民社会适应的因素中，除了生计资本外还存在其他影响因素，或者目前研究尚未发现资本对移民社会适应的完整机制（Zhang，2012；Banks，2003）。

近年来，在对中国拆迁户的研究中发现，拆迁户的搬迁意愿、对搬迁补偿的期望与安置满意度显著相关。人们对拆迁的抵制可能来源于过高的政策预期，人们在抵制中表达出的诉求有可能是人们对征地拆迁带来巨大利益强烈期待的结果（金细簪等，2015）。目前，随着城镇土地的快速增值和国家拆迁补偿力度的增加，移民对搬迁补偿及搬迁后的美好生活的期望也越来越高。同时，未搬迁移民看到已搬迁移民居住在漂亮的小区并发生了较大的生活变化时，对搬迁后享有美好生活的期望增加。如果搬迁没有达到他们的预期时，他们对移民政策的满意度会显著降低（何得桂等，2016；张建军，2016；储德平等，2016）。移民的期望除了直接作用于移民自身的心理情况外，还可能间接地影响后续生产、生活的适应情况，使期望与现实的不平衡性和移民社会适应及融合之间形成了互为因果的恶性循环（姚琦等，2010；郑丹丹和雷洪，2002）。由此可以推断，移民的搬迁意愿很有可能是影响"短距离、单文化圈"移民社会适应的重要因素，而对利益的期望很有可能是这一因果链条的中介变量。

然而，关于移民社会适应的研究，目前仍较多集中在"远迁"移民因跨文化产生的社会不适应上，对近年来民众在土地补偿、房屋拆迁上的政策期望心理变化还较少关注，但这一点在中国的社会转型期却越来越重要（王丽萍、曾祥岚，2015；叶嘉国、雷洪，2000；陈绍军、施国庆，2003），类似的研究在有关移民的文献中还很少看到。

第二节

理论分析

一、影响因素分析

（一）移民搬迁意愿

依据移民的搬迁意愿，学者们把移民划分为自愿移民和非自愿移民，大量研究认为，非自愿移民的生产生活方式被强行改变，移民心理上感到了被剥夺，生计恢复面临风险（许汉石、乐章，2012；温忠麟、叶宝娟，2014；温忠麟等，2016）。而自愿移民并没出现非自愿移民那样的被剥夺感，他们有更好的生计恢复能力（耿静，2012）、较高的满意度（杜发春，2014）和资本恢复程度（李聪等，2014）。也就是说，越希望搬迁的人，越倾向于克服搬迁后的生产生活困难，社会适应能力越强。但也有研究认为，自愿和非自愿两类移民在收入获取、社会适应方面并不存在明显的差别（Brooke and Mark，2015）。如 Brooke 和 Mark（2015）认为自愿和不自愿搬迁并不是决定移民生计恢复的主要因素，移民的资本禀赋、当地政府实施的扶持政策才是影响移民生计恢复和社会适应的最关键因素。

由于易地移民邻县安置是近距离搬迁，迁"出""入"地社会环境差异不大，人们的风俗习惯基本相同。移民搬迁后可以保持原有的社会心理、风俗习惯、生活方式等，移民更愿意“自愿搬迁”。但部分搬迁移民依旧面临生活方式、社会网络的重构问题（李聪等，2014），移民在心理上也会认为自己为移民工程做出了重大牺牲，有“需要补偿”的意识，将政府的财政补贴、项目扶持视为理所当然（孙良顺，2016）。政府政策的实施进程、移民社区的构建进程是影响移民搬迁意愿的重要因素。

（二）移民对搬迁后的期望确认

期望确认理论是 Oliver（1980）提出的，这一理论描述了消费者购买后的满意度以及购买者再次购买意向受购买前对某商品前的预期、购买后的感知效果、期望与效果之间确认程度的影响关系。最初，这一理论主要针对消费者所提出，之后学者逐渐将其应用到网络课程学习、体育锻炼、老年人计算机学习等行为之中。

就易地移民而言，他们的期望确认主要是搬迁前的期望与搬迁后的现实相比较得出的心理上的落差，当差距比较大时，会出现原有的期望不能确认进而产生失望、抱怨的一种心理现象。此时，尽管政府在移民搬迁中做了大量的工作，但移民的满意度仍很低。

易地移民邻县安置是就近的安置方式，移民搬迁前对于邻县的生活环境有一定的了解和期望值。政府在搬迁前给予移民的许诺可以被移民亲眼观察到，移民会认为搬迁意味着生活水平的提升，可以享有与邻县相同的经济补贴和相似的经济水平（王玥和卢新海，2015）。政府如果能完全有效地履行承诺（足额发放补贴等）会增加移民对于政府的信任程度；反之，如果政策执行存在纰漏，搬迁给移民带来经济和生活损失的同时，也使移民在精神上产生相对剥夺感和精神焦虑，就会影响他们对于搬迁的期待值。

（三）移民的生计资本

生计资本是 20 世纪 90 年代研究贫困农户生计的学者提出的一个重要概念，是对贫困农户家庭所有资本禀赋的总称，主要包括自然资本、人力资本、物质资本、社会资本和金融资本五大类资本，是贫困农户从事生计活动，发展生计的基础。英国国际发展署（DFID）在此基础上提出了可持续生计分析框架，成为研究农民生计活动的重要分析工具（丁士军等，2016）。

可持续生计框架的核心是生计资本禀赋（黎洁，2016），近 10 多年来，国内学者将这一框架应用在贫困农户（李聪等，2014）、失地农民、下岗职工、工程移民、农民工等弱势群体的生计分析中，以及部分公共政策评估上，可以分析生计资本对生计策略的决定作用。

近年来，许多研究水库移民、工程移民的学者从生计资本的视角发现影响移民搬迁后社会适应的主要资本是人力资本和社会资本，部分移民在搬迁后不能再从事原来的工作，原有的人力资本技能不能再发挥作用，人力资本“失灵”，找不到工作，社会适应很差（王玥、卢新海，2015）；移民的社会资本则能使移民在寻找新的工作，学习新的技能方面得到有价值的帮助，同时移民的社会资本还可以帮助移民获得心理上的慰藉，帮助他们适应安置地的生活（李聪等，2017）。

从易地邻县安置的移民来说，除土地等自然资本外，搬迁前移民所拥有的生计资本变化不大，生产、生活方式相似，移民前整体经济水平不高。移民生活技能的提升、自身潜力的激发、自我发展能力的有效实现，成为改善移民搬迁后生活水平的关键（李聪等，2017；黎洁，2016）。

二、理论模型

在已有研究中，移民的生计资本对于移民搬迁后的生计恢复影响有重要影响。普遍认为自然资本损失、人力资本“失灵”、社会资本重构是移民搬迁后贫困、不能适应的主要因素。

另外，在本章的分析中，移民的搬迁意愿和期望确认是影响“邻县安置”类型移民社会适应的影响因素之一。这类型的移民会在搬迁前根据自己听到的（政府承诺）、看到的（已搬迁户住上了漂亮整齐的新房屋）情况，对搬迁后的未来生活产生较高的期望，邻县经济水平的视觉冲击使移民拥有搬迁期待值，甚至高于政府政策所能达到的水平。当搬迁后，如果实际困难发生，移民则丧失土地、失去了公共财物权利和服务等。缺乏心理准备的移民感到原有预期不能得到确认、自身劳动技能“失灵”、现实经济情况制约，导致移民对于搬迁产生不满情绪，如果困难继续扩大到他们的生计能力难以承受的地步，则移民原先期望与现实之间的强大落差使移民的社会不适感进一步演化成沮丧，形成一个恶性循环。上述逻辑关系如图 10 - 1 所示。

因此根据以上分析，本章提出三个假设：

H1：易地邻县安置的移民搬迁前的意愿是影响移民搬迁后社会适应的重要因素。越希望搬迁的人，越倾向于克服搬迁后的生产生活困难，社会适应能力越强。

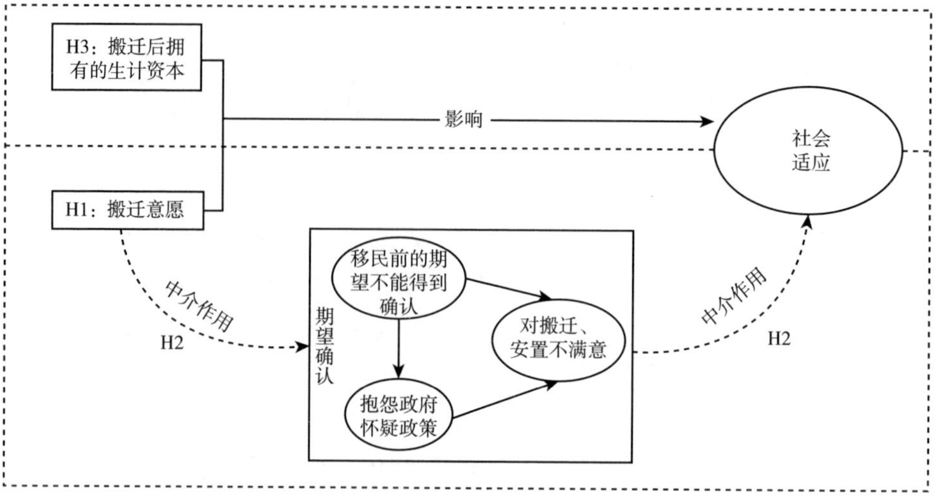

图 10－1　基于期望确认理论的移民社会适应模型

H2：移民在搬迁前对搬迁后产生的利益期望，是搬迁意愿与搬迁后社会适应这一因果链条的中介变量。

H3：移民所拥有的生计资本，特别是人力资本和社会资本等对移民搬迁后的社会适应有重要影响。

第三节 变量测量与研究方法

一、变量测量

（一）社会适应

社会适应是指个体观念、行为方式等随社会环境的变化而改变，以适应所居住地社会环境的过程。风笑天、王小璐（2004）将移民的社会适应界定在移民在安置地生产生活等方面的适应状况和满意程度；解彩霞（2009）把移民的社会适应具体划分为生产、生活、环境适应等 5 个方面。考虑到宁夏生态移民搬迁距离并不远，搬迁后面临的首要问题是生产和生活的恢复。本章将移民的社会适应主要设定在生产和生活两个方面。生活适应水平的测量主要在农民居住条件满足度方面，问题的设置参考 Visser 等（1994）对于个体生活的综合判断和总的概括认知设置的生活满足感的测试，采用 Likert5 级量表，满足感越高，心理压力越低，即生活适应程度越好。在选项设置方面按照评价“很好/非常满意”依次递减。生产适应水平的测量主要在农户田间耕作方式、管理形式方面，并结合当地的实际情况设置问题，然后运用极差标准化的方法对选项赋值后分别加总求和社会适应的测量，如表 10－1 所示。

表 10－1　　社会适应的测量

变量	内涵	指标
生产适应	集中居住后农户拥有土地的耕种情况	您对现在生产方面的变化满意吗
		搬迁后，您家田间管理改变了吗
		搬迁后，您家的耕作方式改变了吗
生活适应	农户对现有居住条件的满意度因素	基础设施供应情况（水、电等）
		道路交通状况
		学校设施配备情况
		居民饮食状况
		环境卫生情况
		邻里关系情况

（二）搬迁意愿

研究自愿—非自愿移民的学者发现，尽管移民可以依据搬迁意愿划分为自愿移民和非自愿移民，但他们之间的界线并不是明显的。自愿搬迁的移民对搬迁补偿能否到位也有忧虑，表现出了不愿意搬迁的一面。非自愿搬迁的移民也有愿意改善生活条件，愿意搬迁的一面。

本章在现有文献将移民的搬迁意愿划分为自愿—移民和非自愿移民的二分法基础上，依据 Gebre（2002）的分析，将移民的搬迁意愿划分为完全自愿、诱导式自愿、强制性自愿和非自愿四种类型，以细分在当今中国复杂现实背景下移民“愿意”中又“不愿意”，“不愿意”中又“愿意”的微妙心理，如图 10－2 所示。

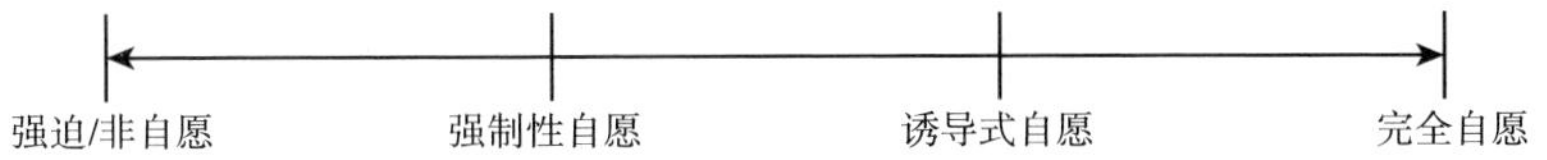

图 10－2　搬迁意愿的分类

根据图 10－2 移民搬迁意愿的分类标准，我们将移民搬迁意愿分别从“强迫搬迁、强制性自愿、诱导式自愿和完全自愿”四类进行测量，其中，强制性自愿是指移民受客观条件的限制不得不搬，诱导式自愿是指移民受到劝诱而决定搬迁。

（三）期望确认

在心理学上，期望是指人们盼望得到而尚未满足的需要，是激励人们的行为达到一定目标的最重要的心理活动之一（刘成斌、雷洪，2001），期望的测量始于1962年，现有期望的测量多是沿着评价质量或满意度的维度去测量心理期望，这些维度往往是基于政府、企业、社会等提供服务内容的视角而确定的（黄忠东，2009）。本章认为移民对搬迁的期望确认体现在移民在搬迁前对相关政策的了解与搬迁后满意程度的比较上，测量指标如表10－2所示。

表10－2　期望确认的测量

变量	内涵	指标
移民的期望确认	移民搬迁前认为应该达到的条件及搬迁后的实现程度	对搬迁后住房政策了解情况
		对搬迁后医疗看病政策了解情况
		对养老保障政策的了解情况
		对子女教育政策的了解程度
		对产业带动脱贫政策的了解程度
		对买房或建房资金分配情况
		对村委会办事态度的满意度
		对村干部办事效率的满意度
		对村委会帮助村民解决问题的满意度 对政府补偿的满意情况

（四）生计资本

生计资本是指家庭所拥有的物质和社会与有形资产和无形资产。家庭实施生计策略的能力取决于所拥有的资产状况（Libby and Sharp，2003）。目前，生计资本的测量是根据Libby和Sharp在非洲开展的关于生计资本的量化研究，这一方法采用加权的综合测量方法，通过将农户纷繁多类的生计资本标准化，分别测量出移民五大类生计资本的指标数值，并加总获得一个可以相互比较的生计资本指标。本章在Libby和Sharp（2003）以及李小云等（2007）学者的研究基础上，依据调查地移民实际拥有的生计资本种类与数量，设计调查了移民在搬迁后拥有和能够使用的生计资本，并在标准化后将其全部加总，构建了一个可以相互比较的生计资本指标。测量资本的数值介于 0～1，数值越接近 1，说明这一类型的资本在样本中的水平越高。具体资本指标的选取及计算如表 10－3 所示。

表 10－3　　移民生计资本指标的构建

资本类型	指标符号	指标	计算公式
自然资本（N）	N1	家庭人均耕地	N = N1
金融资本（F）	F1	家庭获得现金借贷的金额	F = F1 ×0.33 + F2 ×0.66
	F2	家庭一年的现金收入金额	
人力资本（H）	H1	家庭的劳动力数量	H = H1 ×0.6 + H2 ×0.2 + H3 ×0.2
	H2	成年劳动力受教育程度	
	H3	家庭成员参加培训的次数	
社会资本（S）	S1	家庭成员参与社会组织个数	S = S1 ×0.5 + S2 ×0.5
	S2	家庭的借贷网络规模	
物质资本（P）	P1	家庭的房屋结构类型	P = P1 ×0.6 + P2 ×0.4
	P2	家庭的大型生产工具	

二、研究方法

为了说明移民的搬迁自愿性程度和家庭富裕程度之间的关系，本章首先运用方差分析检验四类搬迁意愿移民生计资本的差异；其次，本章使用温忠麟（2016）对于中介效应的验证方法，在研究生计资本及搬迁意愿及移民社会适应的影响情况后，加入期望值回归分析，考察期望确认在搬迁意愿与搬迁后社会适应之间关系的中介效应，最终得出移民搬迁自愿性、期望确认、生计资本禀赋、社会适应的影响机制。

第四节　实证结果分析

一、方差分析结果

四类不同搬迁意愿移民的生计资本差异和适应水平差异的方差分析结果如

表 10 -4 所示，结果显示，四类移民在人力资本和自然资本水平上有显著差异；在生产适应、生活适应水平上也有显著差异。

表 10 -4　　四类移民在生计资本和社会适应方面的方差分析结果

	完全自愿（233）	诱导自愿（104）	强制自愿（72）	非自愿（23）	η^2值	F 值
适应水平						
生产适应	2.21（0.44）	2.34（0.60）	2.38（0.42）	2.40（0.49）	0.01	3.61**
生活适应	2.08（0.50）	2.22（0.56）	2.42（0.51）	2.43（0.51）	0.06	10.10***
生计资本						
自然资本	0.28（0.26）	0.23（0.21）	0.24（0.16）	0.34（0.27）	0.01	2.23*
金融资本	0.33（0.18）	0.29（0.16）	0.29（0.22）	0.30（0.18）	0.01	1.53
人力资本	0.45（0.16）	0.40（0.15）	0.41（0.16）	0.41（0.23）	0.02	2.84**
社会资本	0.62（0.28）	0.66（0.26）	0.62（0.28）	0.61（0.26）	0.01	0.64
物质资本	0.53（0.16）	0.53（0.15）	0.53（0.14）	0.49（0.11）	0.01	1.60

注：括号内为标准差，*** 表示 P<0.01，** 表示 P<0.05，* 表示 P<0.1。

二、回归分析结果

表 10 -5 检验了生计资本和其他控制变量对移民生活适应、生产适应的影响。首先，在生活适应方面，人力资本、自然资本和物质资本的系数均通过了 10% 显著性水平的检验；其次，在生产适应方面，自然资本、物质资本和金融资本对生产适应的影响均通过 10% 显著性水平的检验。这说明自然资本、物质资本和金融资本影响着移民搬迁后能否快速适应生产方面的变化。这是因为移民在搬迁后，所拥有的土地、流动性的资金和生产工具等是移民恢复生产的基本要素。

表 10 -5　　移民社会适应的回归分析

变量	生产适应水平			生活适应水平		
生计资本						
自然资本	0.60** （0.09）	0.59** （0.09）	0.33** （0.10）	0.20* （0.12）	0.21* （0.11）	0.28** （0.13）
金融资本	0.25** （0.12）	0.23** （0.12）	0.29 （0.12）	0.25* （0.15）	0.20 （0.15）	0.16 （0.15）

续表

变量	生产适应水平			生活适应水平		
人力资本	-0.10 (0.13)	-0.06 (0.13)	0.05 (0.13)	-0.37** (0.16)	-0.31** (0.16)	-0.28* (0.16)
社会资本	-0.10 (0.08)	-0.11* (0.08)	-0.17** (0.08)	0.13** (0.10)	0.12** (0.09)	0.11** (0.09)
物质资本	0.48** (0.14)	0.45** (0.14)	0.42** (0.13)	0.09 (0.17)	0.02 (0.17)	0.02 (0.17)
自愿性（非自愿）						
完全自愿	—	-0.17** (0.09)	-0.14** (0.09)	—	-0.32*** (0.09)	-0.32*** (0.09)
诱导自愿	—	-0.10 (0.10)	-0.07 (0.10)	—	-0.20* (0.12)	-0.19 (0.12)
强制自愿	—	-0.05 (0.10)	-0.02 (0.10)	—	0.01 (0.12)	0.10 (0.12)
其他因素						
搬迁距离	—	—	0.01 (0.04)	—	—	0.14** (0.05)
搬迁时间（年）	—	—	0.02* (0.00)	—	—	0.01 (0.00)
R^2	0.13	0.15	0.21	0.03	0.09	0.10
F	13.04***	9.06***	11.35***	2.40**	4.96***	4.85***
N	432	432	432	432	432	432

注：括号内为标准差，*** 表示 $P<0.01$，** 表示 $P<0.05$，* 表示 $P<0.1$。

加入移民的搬迁自愿性和其他控制变量后，生计资本对于移民生产、生活适应的影响的显著性程度并没有发生过大的改变。可以看到，移民搬迁的自愿性与社会适应有着显著的负向影响，也就是说，越愿意搬迁的家庭，搬迁后反而越难适应搬迁后生活。

这一结果与已有研究出现了不一致，我们可以从心理学的“期望确认”理论来解释，当移民的期望值过高，而实际绩效未超过预期时，移民就越容易出现失望和不能适应的状况；反之，搬迁前预期较低，移民面对迁入地的新环境、新设施，会有较高的满意度，从而也有较好的社会适应性（史俊宏，2015；李聪等，2010）。从移民、政府政策和政府干预的角度出发，分析这一未预结局发生的原因，即将移民在搬迁前的期望确认作为中介变量进行进一步分析，可以理解代表移民搬迁自愿性在社会适应性中有负向显著影响的原因。

将移民搬迁前的期望确认值加入回归模型，分析结果如表 10－6 所示，可以发现：移民搬迁前的期望确认值对社会适应均有显著的负向影响。相对于强迫搬迁来说，移民的搬迁自愿性与期望确认值有着显著的正向关系。

表 10－6　　加入期望确认值后移民社会适应的回归分析

变量	期望确认			生产适应水平			生活适应水平		
期望确认	—	—	—	-0.11** (0.01)	-0.11* (0.01)	-0.20** (0.01)	-0.22* (0.01)	-0.22** (0.01)	-0.22* (0.01)
生计资本									
自然资本	-1.21** (0.34)	-1.14** (0.33)	-0.35* (0.36)	0.46** (0.09)	0.47** (0.09)	0.30** (0.10)	0.46** (0.09)	0.45** (0.09)	0.36** (0.10)
金融资本	-0.59 (0.44)	-0.43 (0.43)	-0.13 (0.43)	0.18 (0.11)	0.18 (0.11)	0.18 (0.11)	0.12 (0.12)	0.11 (0.11)	0.13 (0.12)
人力资本	-1.51** (0.48)	-1.24** (0.47)	-0.88* (0.46)	-0.47* (0.12)	-0.47** (0.13)	-0.43** (0.12)	-0.44** (0.13)	-0.44** (0.13)	-0.49* (0.12)
社会资本	0.18 (0.28)	0.09 (0.27)	0.04 (0.27)	-0.03 (0.07)	-0.03 (0.07)	-0.07 (0.07)	0.09 (0.07)	0.10 (0.07)	0.12* (0.07)
物质资本	-2.76** (0.50)	-2.53** (0.49)	-2.53** (0.48)	0.18 (0.13)	0.18 (0.13)	0.17 (0.13)	0.52** (0.13)	0.53** (0.13)	0.54** (0.13)
自愿性									
完全自愿	—	0.88** (0.33)	0.80* (0.33)	—	-0.28* (0.09)	-0.26* (0.09)	—	-0.13 (0.09)	-0.14* (0.09)
诱导自愿	—	0.14 (0.35)	0.14 (0.34)	—	-0.39** (0.09)	-0.27* (0.09)	—	-0.17** (0.09)	-0.18* (0.09)
强制自愿	—	0.07 (0.37)	0.00 (0.36)	—	-0.05 (0.10)	-0.02 (0.09)	—	0.03 (0.10)	0.01 (0.10)
其他因素									
搬迁距离	—	—	0.48* (0.15)	—	—	0.05 (0.04)	—	—	0.03 (0.04)
搬迁时间（年）			-0.06 (0.01)			0.01* (0.00)			0.01 (0.00)
R^2	0.13	0.18	0.24	0.27	0.27	0.31	0.44	0.45	0.47
F	12.79***	11.92***	13.00**	25.69***	17.18***	16.85***	55.08***	38.99**	33.30***
N	432	432	432	432	432	432	432	432	432

注：括号内为标准差，*** 表示 $P<0.01$，** 表示 $P<0.05$，* 表示 $P<0.1$。

总之，邻县安置的移民在搬迁期望的中介作用下，追求发展，愿意搬迁的移民在搬迁后反倒出现了失望和不适应的一面，其期望并没有得到确认，本章的假设 H1 没有得到验证。

图 10－3 给出了影响移民搬迁后在迁入地社会适应各变量之间的路径关系，可以看出，移民的自愿性与社会适应为负向显著关系，移民自愿性与期望确认值之间为正向显著关系，期望确认在自愿性与社会适应的关系中有中介效应，本章的假设 H2 得到验证。

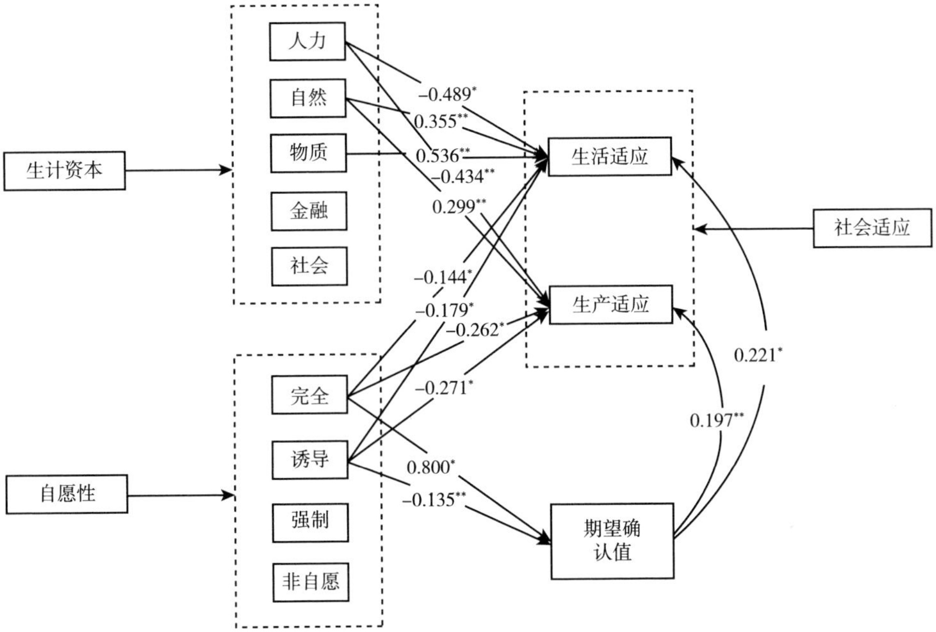

图 10－3 影响易地邻县安置移民社会适应各因素的路径关系

移民的人力资本和生活适应、生产适应都有负向的显著关系，移民的自然资本和生产适应、生活适应都有正向显著关系，物质资本对生产适应有正向显著关系，但本章并没有发现其他资本对移民的社会适应有显著关系。本章的假设 H3 获得部分验证。

三、讨论

相比已有易地移民研究，本章的研究在以下几个方面有所进展：

其一，大部分已有研究将易地移民的安置方式划分为“远迁”安置和“后靠”安置或“县外”安置和“县内”安置几种类型（隋艺，2012），这些划分方法忽略了本章所研究的“邻县”安置类型。实际上，易地移民的邻县安置具有迁入地与迁出地经济有一定差异，但文化、心理背景相似，社会文化及传统易于被移民接受的优点，在宁夏和其他一些地方的实践中经常遇到。本章在邻县安置方面做了拓展研究。

其二，大部分已有研究对移民搬迁意愿的划分使用了“自愿”和“非自愿”的两分法，这类划分已经引起了一些学者的质疑，认为移民的搬迁意愿是复杂的，仅仅划分为“自愿”和“非自愿”是不符合实际的，如非自愿搬迁项目中移民会有“自愿”搬迁的动机，而“自愿”搬迁项目中也会有强制性搬迁的政策实践（覃明兴，2007）。本章将移民的搬迁意愿细化为 4 种类型，是对这一两分法的补充。

其三，大部分已有研究认为移民在迁入地的社会不适应是由于迁“出”“入”两地的不同文化导致移民的原有资本不能发挥作用（隋艺、陈绍军，2016）。部分研究短距离同文化圈的移民“后靠”安置也只是认为移民不能适应当地社会是由于“分配的土地资源过少”或“补偿过少”之类的资本因素。本章引入了“意愿—期望—确认—适应的”逻辑链条，从移民的思想因素出发理解移民搬迁后的社会适应问题。

本章发现，移民搬迁前的搬迁意愿对移民搬迁后的生产适应和生活适应有负向的显著性影响。这一发现与本章的假设是相反的，也与已有包括水库移民、生态移民在内的非自愿移民社会适应的相关研究结论是相反的。本章与已有研究不一致的地方可以用期望确认理论进行解释。

首先，在宁夏易地移民邻县安置中，部分地方政府在鼓励移民搬迁中存在一定的工作方法问题。例如，有些基层工作人员向准移民宣传时，有夸张诱导现象，向他们描述了一些当前还很难实现的美好前景。在我们对移民访谈时，不止一个访谈对象愤愤不平地向我们抱怨说当时在搬迁前给他们说的搬过来后将会用水方便、用电方便，还会用上暖气，但实际上他们搬过来后，这些都没有，他们也不知道找谁去兑现这些承诺，感觉当时的基层工作人员骗了他们。类似的承诺加重了移民搬迁前的期望，但在搬迁后却又不能得到确认，因此，希望越大，失望也越大，移民的不适应感也会越大。政府的承诺增加了准移民的期望值，移民认为移民工程是国家推进的大工程，期盼能得到更多的好处（覃明兴，2004）。然而，由于种种原因，移民的期望并不能总得到确认，部分移民搬迁后心理落差较大，产生失望和不满情绪（郭圣乾、张纪伟，2013）。

其次，搬迁政策的实施和安置政策的实施分别是由移民的“出”“入”两地基层政府实施的，存在有脱节的现象。有些搬迁方基层政府给移民户所做的承诺并没有被安置方基层政府所兑现，加重了移民在搬迁后的失望感。另外，在农村，政策信息的传递主要是靠村干部和村民之间的私人谈话而实现（马伟华，2009），信息的不充分使准移民更多的是依靠猜测、推断等方法揣测国家的具体政策。譬如说，多数移民也不清楚家庭搬迁后，移民应该享受的房屋补偿具体数额是多少，而且，由于宁夏易地扶贫移民工程时间长、项目种类多，移民家庭所享受的补偿金额随着时代的变化、项目工程的变化会有较大的变化，这些都给移民造成了很强的心理不平衡感。我们在访谈中就了解到许多老移民对新移民比他们补偿金额高就非常愤愤不平。安置地基层对移民面临的具体问题缺少解决办法，甚至没有一些安慰，使原来有高期盼的移民心理有了更大落差感，进一步影响了移民在迁入地的社会适应程度。

再次，移民自身也有“我为国家那么大的工程做出了贡献，国家就应该管我”的“等（安排）、靠（政府）、要（补助）”思想。宁夏的易地移民大多来自宁南山区，移民在原迁出地生产方式单一，文化水平不高，部分家庭也不想离开祖祖辈辈生活的地方，有的移民还成为“钉子户”。经过政府动员后搬家安置到新的地方，但由于个体“人力资本失灵”和政府面对市场经济不可能“大包大揽”的现实，部分移民在短时间遇到了生产和生活上的困难。这些相同经历或体验的移民在情绪上产生共鸣，相互感染，滋生失望情绪；那些原来愿意搬迁的家庭就会觉得自己为国家做了贡献，国家却不管我们，失望与抱怨情绪就会越大，相应的社会适应性也很差。

最后，移民拥有的自然资本、物质资本对其社会适应有正向显著的影响。因自身人力资本的限制，在农业生产方面难以适应安置地的生产方式。在宁夏的移民户中，较为贫困的家庭主要还是那些缺少劳动力或劳动力缺少技能的家庭，在我们的访谈中，大多数访谈对象表示他们也知道“只靠农业是赚不了钱的，（家庭脱贫）还得靠打工”，但是打工要多少会些技术，否则会“经常没活儿干”。许多学者的研究也表明，专业技能培训和其他劳动技能等人力资本因素对移民在经济上是否能恢复起到了关键的作用（李培林、王晓毅，2013；唐丽霞等，2005）。然而，移民搬迁后政府给予他们较少的技能培训，处于弱势的移民原先的生计资本不能帮助他们利用迁入地环境中的资源和机会，对迁入地的新生计类型存在一定程度的担忧和抵触，其社会适应也较为困难。

本章小结

生态移民的邻县安置是近年来在全国较为普遍采用的一种安置方式。本章的研究发现在邻县安置移民中，自愿搬迁移民的生产适应性和生活适应性比强制搬迁移民的适应性还低。使用移民搬迁前的期望确认作为中介变量并进一步研究发现，移民搬迁前的期望确认在移民的搬迁自愿性对搬迁后生计恢复的影响关系中具有中介效应。邻县安置移民的人力资本对移民搬迁后的生活适应有显著的正向影响；同时，移民的自然资本和物质资本在移民生产适应方面有显著的正向影响。

第十一章

生态移民参与社区治理研究

生态移民在迁入地是否能参与并是否愿意参与到安置地的社区治理事物中，是判断生态移民是否真正融合到迁入地的一个标志。本章使用社会治理参与理论，分析了宁夏生态移民参与移民村民主选举、民主监督、民主参与等社区基层治理的情况。

第一节

研究问题

宁夏生态移民在搬迁初期，安置地基层政府为了能让移民尽快搬迁，给予了较多优惠政策，部分移民村房屋都是政府统规统建的。但不同的时期和不同的地域，各种后续帮扶政策的力度并不完全相同，例如，有的安置地给免水电费、取暖费等，而有的地方各种费用都需要移民户自己承担，生活压力加重，部分移民对此不满，认为“政府应当给予他们适当的生活补助”。同时，也有部分自发移民的户籍问题迟迟不能解决，导致一些移民村出现土地私买自流转现象、超生现象、干群冲突现象的频发。诸如此类现象的发生，反映的不仅仅是移民自身生活的困难和“等、靠、要”的思想，更深层次暴露的是当地基层社会治理问题。也就是说，移民村的很多经济问题，归根结底是社会治理问题。社会治理是制约当移民村社会经济问题发展的重要影响因素，是推动经济发展的重要保障。尤其是在经济发展相对滞后、产业基础薄弱的移民村地区尤为突出，公众参与是社会治理的重要基石，公众参与的程度有助于推动基层社会治理。

2016 年，宁夏回族自治区政府工作报告中明确指出，到 2018 年，实现现行标准下的 58 万农村贫困人口脱贫、800 个贫困村全部销号、9 个贫困县全部摘帽等扶贫要求①，任重而道远。宁夏移民村的精准扶贫要实现从“输血式”向“造血式”的转变，仅仅依靠政策的帮扶、政府的帮助是远远不够的，移民地的基层社会治理才是完成这一转变的关键环节，只有移民积极主动地参与到社会治理的各个环节中来，主动参与自身和社区的发展，才能实现真正的脱贫。随着市场经济对传统和封闭的移民新村的冲击，移民村的社会利益格局也发生了剧烈的变化，加上土地的减少、交通的便捷，越来越多的移民选择外出务工谋生，“走出去”的移民对于自身的权利义务有了越来越明确的认识，表达自身意愿的需求也越来越强烈，越来越多的村民积极参与到社会治理的过程中来，给基层社会治理注入了活力，但是，问题也随之而来，“走出去”的很多移民，由于长期在外打工，与村内的经济联系逐渐减弱，虽然其权利义务意识有了提升，但是面对村内的基层治理，依然较为冷漠。已有研究表明，随着搬迁时间的增长，基层直选的过程、低保和党员的申请也存在部分问题，村内以妇女、儿童和老人为主的“留守军团”在村内公共事务的决策和监督方面也显得力不从心。

目前，学术界对于社会治理的研究主要集中在社会治理的内涵、创新社会治理、社会治理的困境和问题等方面，基层社会治理是推动社会治理的进程和社会治理体制创新的重要动力来源，目前对于基层社会治理的研究并不多，主要集中在困境、影响因素和体制创新的研究上，对少数民族移民村的社会治理研究更是少见，与此同时，宁夏地区的移民村，其特殊的民族文化、风俗习惯、宗教信仰使其社会治理有一定的复杂性和特殊性。因而在其社会治理的过程中，更要注重因地制宜，合理地引导移民积极参与到社会治理的实践中来，这样才能保证治理效果的提升，同时也为提升经济效益做保障，促进经济社会协调发展。

社会治理问题是我国目前实现社会主义现代化急需解决的重大理论和现实问题，也是农村社会转型期中应时刻关注的问题。而公众参与社会治理是基层社会治理的基石，农村的公众参与涉及农村的各个方面，通过对农村公众参与问题的研究，对于改善农民生活水平、提高农村经济社会发展质量、缓和基层政府与农民之间的矛盾具有重要的现实意义。

然而，从目前的文献来看，涉及移民村外出务工对其公众参与社会治理的影响的研究并不多见，关于少数民族移民村的研究较少。但同时由于移民来自

① 中国网．宁夏回族自治区“十三五”期间扶贫规划摘编［DL］．http：//www.china.com.cn/lianghui/fangtan/2016－02/18/content_378AA19847.htm，2016－2－18．

不同的村庄，新的移民村的社会力量需要重构，社会融合尚未完全形成，社会治理更加困难。

但同时由于移民村是社会力量的重构，新的移民村为观察移民村社会治理过程中的公众参与情况提供了一个天然的实验室，本章通过考察少数民族地区移民村公众参与情况，分析其参与的现状及其主要影响因素，探析其中的主要影响因素，为将来提高少数民族移民村的公众参与社会治理质量提供一定的理论支持和经验借鉴。

第二节 理论分析

从狭义上来讲，公众参与就是公民参与投票选举的活动；从广义上来讲，公众参与除了公民的政治参与外，还包括所有关系公共利益、公共事务管理的参与，是一个推动决策过程的行动。在实际的活动中指以普通民众为参与的主体，推动社会决策和活动的实施。简而言之，就是公民试图影响公共决策和公共生活的一切活动，包括投票、竞选、协商等。

20 世纪 90 年代，公众参与作为一种现代新兴的形式传入中国。作为一种制度化的公民参与制度，应当指公共权力在进行立法、制订公共政策、决定公共事务时，由公共权力机构通过开放的途径，从公众和利益相关人或者组织中获取信息、听取意见，并通过反馈互动对公共决策和治理行为产生影响的各种行为。公众参与所强调的是决策者与受决策影响的利益相关人双向沟通和协商对话，遵循“公开、互动、包容性、尊重民意”等基本原则。现阶段，农村的公众参与主要表现在公共治理层面，主要内容是基层公共事务中公民的参与治理行为。

社会治理的重点在基层，基层社会治理是社会治理的基本单元，公众参与是我国社会治理格局的重要一级，同时也是社会矛盾和社会冲突的容易产生的源头，是关系社会稳定的根基所在。公众参与式民主制度基层社会治理创新和推进地方民主实践的理论基础和制度保障（朱檬和舒顺华，2011）。因此，只有搞好基层社会治理，社会治理才能奠定扎实的基础。基层社会治理的关键是依靠广大群众，目前，基层社会治理的主体越来越多元化，提高公众参与基层社会治理的积极性，扩大公众参与度是加强和创新社会治理的重要基石（戚小倩，2016）。为基层社会治理注入活力，充分调动基层群众参与到当地的社会治理中来，可以有效提升社会治理效果，为基层社会带来红利。

近年来，我国基层政府也在不断的探索和有效的引导基层群众积极地参与到基层社会治理的实践中，充分让群众实现自我管理、自我服务、自我教育和自我监督，目前已经取得了明显的成效。例如，江苏崇川坚持将引导群众与依靠群众有机地对接起来，扩大公众参与，积极探索“邻里自理”模式，取得了显著的成效。

与此同时，公众参与社会治理却是我国基层社会治理过程中最薄弱的一级。当前中国社会治理的基层实践显示，基层政府推动公众参与的动力不强，公众参与社会治理的渠道不畅、积极性不高、组织化程度不够、专业化水平偏低等，这些问题的出现既是传统管理模式的惯性，也与基层公众和政府官员的意识、素质、能力密切相关，但究其根本还在于各种制度建设的滞后，制约了公众的积极性、主动性、创造性的充分发挥（韩占院，2016）。

少数民族地区由于较为落后的经济和较低的受教育水平，加上其特殊的历史、文化，在公民参与社会治理的过程中，长期以来形成的民族和宗教文化的作用下，其具体的参与行为产生了与普通农村不同的特征。总体来说，少数民族地区的农户参与社会治理的能力是低于普通农村的。

周航冰（2014）认为，虽然“农村社会治理”“乡村治理”和“村级自治”在表述上不尽相同，但是其呈现的内涵大同小异，其公众参与的主要内容包括民主选举、民主决策、民主监督和民主管理这四个方面。三者关系具体如图 11－1 所示。

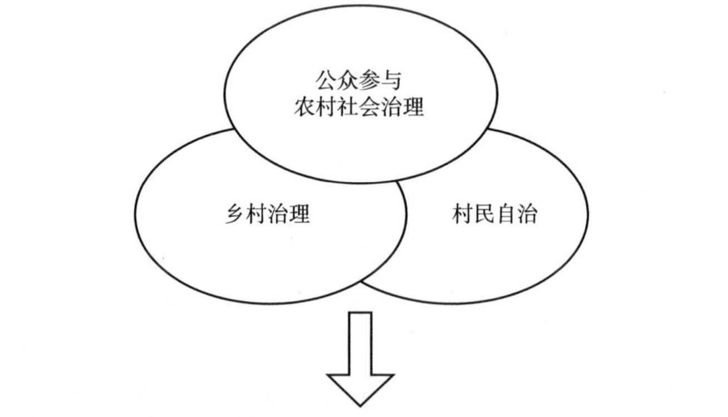

图 11－1　农村社会治理、乡村治理和村级自治关系

综上所述，根据学者对于基层社会治理的界定，以及宁夏回族自治区生态移民村的现实状况，笔者认为，宁夏生态移民村由于其在搬迁安置的过程中，各种旧有的社会关系和收入渠道被打破，村委会等领导结构重新调整，搬迁安置后的少数民族群众参与社会治理的情况是检验当地农户参与社会治理效果的关键，也是当地社会治理发展的重要环节。

基于此，本章拟从社会治理的公众参与角度对少数民族移民的社会治理进行分析，主要从现状和影响因素两个层面进行分析，本章将从移民参与民主选举、民主决策和民主监督这三个方面展开研究。其中，公众参与的现状主要从广度和深度两个方面来分析，影响因素主要根据现状中出现比较大的问题进行实证分析，进而从中发现主要的影响因素。

第三节　变量测量与研究方法

一、变量选择

（一）因变量

根据前述理论分析，测量移民参与民主选举、民主监督和村务参与的变量有3个。

在实际调查中，研究人员详细询问了回汉两族移民外出务工情况以及投票状况，并以问题“您是否亲自参与投票？（不投票=0，亲自投票=1，委托投票=2）”作为测量移民参与民主选举的变量。

在实际调查中，根据调查问卷中“当村干部有了问题，您是否会向上级举报他们的违法、腐败行为？”这一问题作为移民对村干部实行民主监督的变量。

在实际调查中，研究人员详细询问了回汉两族移民民主决策的情况，并以问题“您是否就村委的公共事务向村委会或有关部门提出意见或建议？（积极=1，不积极=0）”作为移民参与移民村公共事物治理的变量。

（二）自变量

（1）个体特征。投票人的个体特征包括性别、年龄、民族、文化程度、婚姻状况、宗教信仰、政治面貌等。已有研究表明，农民的个体因素在不同程度上会影响到农民的政治参与热情和参与度（吴春宝、青觉，2014，罗天莹，2007）。

（2）就业状况。有学者通过研究发现，随着村民同外部经济纽带的增强，对本村政治的兴趣将减少，而经济越是以农业为主，越是依靠本村资源的村民，对本村的政治越感兴趣，这样经选举产生的村委会将越有可能掌握分配资源（杨平，2015）。因此，在就业状况方面，本章设置职业类型、就业地点和单次外出务工时长（最近一年）3个变量进行测量。

（3）移民特征。此次考察地主要集中在宁夏的中卫市和吴忠市，在安置方式上，中卫市整体采用分散安置方式，而吴忠市则整体采用集中安置的方式，不同的安置方式减贫效果也不相同，所以本章设置了“迁入地”和搬迁距离这两个变量进行测量；其次，考虑到前期的搬迁自愿性和移民新村的村委会选举结果满意度会影响到农民参与的积极性，故选取“在搬迁过程中您是否自愿搬迁?”和“您对村委会选举结果是否满意?”这两个问题作为变量进行测量。

（4）社区归属感。社区归属感较强的人群会积极主动地参与社区公共事务，而没有归属感或者归属感较弱的人群不会选择参与社区公共事务，即使参与，也多为消极、被动的参与。因此，选取问卷中“您是否想念搬迁前生活?”“是否想回原居住地居住?”和“是否回原居住地居住过?”这三个作为变量进行测量。

（5）民族文化因素。长期以来，由于地处偏远，经济发展相对滞后，少数民族大部分村民对村民自治的了解程度较低（王茂春，2015）。此外，宗教对于政治态度的养成和政治参与有着显著的影响（龙群、郭宁，2000）。因此，在判断移民的参与村务的积极性方面，加入了民族因素进行分析。包括：“您是什么民族”“您信仰什么宗教”“您是否保留原有风俗习惯”和“您去宗教场所的频率”四个问题。

（6）监督环境因素。村民参与监督的渠道和平台直接影响着村民参与监督的质量。一个顺畅的监督平台有利于村民对村务信息的获取，营造良好的监督环境不仅可以提高监督质量，同时也有利于提高村民对于村委会和村干部的信任度和满意度。

二、研究方法

在生态移民参与民主选举模型中，因变量是委托投票、亲自投票和没参加投票三类，所以采用多元 Logistic 回归，其他两个模型生态移民参与民主监督和参与公众事物的因变量都是“是否”二元变量，故用二元 Logistic 回归分析方法，分别对移民参与村内公共事物和村务监督的影响因素进行了分析。

第四节 实证结果分析

一、移民参与民主选举的影响因素

采用多元 Logistic 回归模型对迁入区移民的投票行为进行研究，分析了自变量对参与投票方式的影响，具体如表 11－1 所示。

表 11－1 农民参与投票行为的影响因素回归结果

变量		亲自投票	委托投票	变量		亲自投票	委托投票
性别	男性	0.633***	0.562	单次外出务工时长	9 个月以上	－0.463	1.294
年龄	18～45 岁	0.227***	0.922**		6～9 个月	－0.175	0.942**
	>45 岁	0.375	－0.088		3～6 个月	0.355	0.554**
民族	回族	1.741***	0.465	是否自愿搬迁	是	1.374	1.222
宗教	信教	1.522***	0.343	选举结果满意度	满意	0.548*	－0.054
政治面貌	党员	0.893*	0.477	迁入地	中卫市	0.865***	0.391
文化程度	初中	0.124	0.063	搬迁距离	中	1.153	0.606
	高中及以上	0.409	0.252		长	0.423	－0.056
婚姻状况	已婚	0.475	0.201	是否想念搬迁前生活	是	1.465	0.982
职业类型	半体力/体力	0.163	0.832	是否想回原居住地居住	是	0.992	1.416
就业地点	本县非本村	0.222*	0.173				
	本省非本县	0.152	1.207	是否回原居住地居住过	是	1.283	1.224**
	外省	－0.524*	0.333*				

注：***、**、* 分别表示在 1%、5%、10% 的水平上显著。

由表 11－1 可知，第一，在个体特征中，男性、18～45 岁、回族和信教均对亲自投票有非常显著的影响，党员对亲自投票有显著影响，18～45 岁对委托投票有较为显著的影响。第二，在就业状况因素中，务工地点在本县对亲自投票有显著影响，在外省对委托投票有显著的正相关关系，而对亲自投票则有显著的负相关关系。说明外出打工距离越远，越容易出现委托投票的现象。第三，在移民特征因素中，村委会选举结果满意对亲自投票有显著影响，对委托投票影响不显著；相较于迁入地吴忠市而言，中卫市对亲自投票有非常显著的影响。第四，在社区归属感因素中，除“回原居住地居住过”对委托投票有显著的影响外，其余变量均不显著。

二、移民参与民主监督的影响因素分析

移民参与村务民主监督模型的二元 Logistic 回归结果如表 11－2 所示。

表 11－2　　移民参与监督的影响因素分析

		举报			举报
个体因素			家庭因素		
性别	男性	0.471**	收入	1000～3000 元	－0.090
年龄	18～45 岁	0.185		>3000 元	－0.331*
	>45 岁	－0.153	主要收入来源	农业	0.007*
政治面貌	党员	0.510**	银行是否有存款	有	0.085
文化程度	初中	－0.008	监督环境		
	高中及以上	0.068	是否有村务公告栏	有	－0.149
婚姻状况	已婚	－0.138	获取村务信息渠道	村务公告栏	0.159
民族文化				村干部	0.078
民族	回族	0.222		村民会议	0.213
宗教	信教	－0.535**	召开村民大会频率	经常	0.378
是否保留原有风俗习惯	不保留	0.485		很少	0.142*
	保留	0.485	就村内事务征求村民意见	经常	0.152
去宗教场所频率	去宗教场所不频繁	0.767*		偶尔	0.543*

注：***、**、*分别表示在 1%、5%、10% 的水平上显著。

由表 11－2 至少可以看出，第一，在个体因素中，相较于女性而言，男性更愿意举报违法腐败现象；相较于非党员来说，政治面貌为党员更愿意举报违法腐败现象；年龄、文化程度和婚姻状况均没有显著影响。第二，在民族文化因素中，相较于没有宗教信仰的移民户来说，信教移民更愿意举报违法腐败现象，去宗教场所不频繁与举报违法腐败有较为显著的正相关关系，其余变量均

不显著。第三，在家庭因素中，相较于月收入小于1000元而言，月收入大于3000元更愿意举报违法腐败现象，主要收入来源为农业的与举报违法腐败有较为显著的正相关关系。第四，就监督环境而言，很少召开村民大会和村委会就村内事务偶尔征求村民意见更愿意举报违法腐败现象，其余变量均不显著。

三、移民户参与村内公共事务决策的影响因素分析

移民参与村内公共事务模型的二元 Logistic 回归结果如表 11－3 所示。

表 11－3 移民参与村内公共事务决策的影响因素分析结果

	积极		积极
个体特征因素		家庭因素	
性别：男性	0.633*	人均收入：1000～3000元	0.274
年龄：18～45岁	－0.064	超过3000元	－0.231
>45岁	0.104	搬迁时长6～10年	0.366
政治面貌：党员	0.686*	主要收入来源（农业）	－0.122
受教育程度：		家庭在银行有存款	－0.097
初中	0.304	村级因素	
高中及以上	0.384	办事效率：一般	－0.282
婚姻状况：已婚	0.002	很高	1.334***
民族文化因素		办事态度：一般	－0.384
民族：回族	－0.708*	很好	0.873***
宗教信仰：信教	－0.444	村委能代表村民利益	0.655**
保留原有风俗习惯	－0.391	村委会解决村民问题：	
去宗教场所频繁	－0.314*	少部分能解决	－0.341
从来不去宗教场所	0.293	大部分能解决	2.122***

注：***、**、*分别表示在1%、5%、10%的水平上显著。

由表 11－3 至少可以看出，第一，在个体特征因素中，相较于女性而言，男性移民更愿意积极参与村内公共事务；相较于非党员来说，党员更愿意积极参与村内公共事务，其余变量均不显著。第二，在民族文化因素中，相较于汉族来说，回族与积极参与村内公共事务有显著的负相关关系，去宗教场所频繁与积极参与村内公共事务有显著的负相关关系。第三，家庭因素中家庭因素与移民参与村民大会之间没有显著的相关关系，这与原假设不符。第四，在村级因素中，相较于村委会办事效率不好而言，村委会办事效率很高与积极参与村

内公共事务有显著的正相关关系，相较于村委会办事效率不好而言，村委会办事效率很高与积极参与村内公共事务有显著的正相关关系，相较于村委会不能解决村民问题而言，村委会大部分能解决村民的问题与积极参与村内公共事务有显著的正相关关系。

本章小结

近十几年来，为防止和减少移民村搬迁后所产生的风险，移民迁入地政府对移民进行了大量经济支持、精神文化建设和社区政治动员。相比增加收入、丰富精神生活等目标来说，让移民尽快地融入社区政治生活要困难得多。一方面，从贫困地区迁过来的移民大多文化素质较低，并不能真正理解需要他们决定的社区公共事务；另一方面，由于移民搬迁后，发展适宜的经济产业是当务之急，地方政府和组织者往往把主要精力集中在对移民扶贫和发展经济上，对移民发展社区政治参与投入较少的精力，甚至应付了事。部分迁入区社区建设不够完善，社区组织建设落后，部分村委会形同虚设，不能很好地服务村民，给移民村的生计重建带来阻碍，甚至在一定程度上抵消了政府在减贫方面做出的努力。从移民个体层面来说，许多移民搬迁后为家庭谋求生计选择了外出务工，由于长期在外打工，与村内经济政治联系日益减少，对村内政治关心程度降低。另外，回族移民大多是在浓郁的宗教文化和氛围中从事生产生活，他们的政治参与过程就受到宗教性和民族性的影响，这种深层的文化心理在短期内很难得到根本的改变。

第十二章

生态移民社区认同研究

移民对社区的适应和认同是体现移民对社区生活和“生态移民”政策认同的关键要素。本章基于课题组对宁夏回族自治区生态移民村的调研数据，从情感认同、功能认同和行为认同这三个方面对移民对新社区的认同感进行了研究，分析了影响移民对新社区认同的主要因素。

第一节

研究问题

生态移民搬迁后，移民离开了自己生活多年的家乡，同许多原来并不熟悉的家庭生产生活在一起，容易对安置地新社区的认同感降低，另外，移民搬迁后生活方式的转变也使移民在社区中的异质性、多样性增强，许多移民并不完全依靠社区（村）中的资源生活，同其他村民或移民融合困难。对移民新社区的认同感及其边界逐渐模糊甚至瓦解，降低了移民新社区的凝聚力，不利于移民之间的合作，也给移民社区带来治理上的困难。然而，作为移民对社区的一种依赖和归属，移民新社区的认同感可以增强移民村或社区的向心力、凝聚力。如果移民对移民新村的社区认同度增强，移民村村民就会更加团结，积极主动参与到新的移民村建设中，发挥基层民主自治的作用，主动参与到基层社区的治理当中，对移民的生计恢复有较大的好处。

在宁夏生态移民工程中，许多生态移民生产方式发生改变，与社区（村）在经济上的关系变弱，移民村的社会利益格局发生了变化。移民分配到的土地减少，加上移民新村交通比原来便捷，很多移民选择外出务工谋生，对移民新村的经济依赖减少，更使移民对移民社区（村）的认同度降低。一般来说，移民村在安置方式上有整村安置与插花安置等不同的方式，插花安置的村民对于面对新的村庄，其原有的交流对象发生变化，他们面对新的环境，其社区认同感会弱于整村安置的移民。

然而，目前针对农村生态移民的认同的主要集中在文化认同、身份认同和心理认同等方面，对生态移民社区的认同研究较少，新的搬迁社区是移民顺利完成身份转化的场域，对社区的认同和支持对应着移民的社区融入中的心理融入，能够帮助移民真正进入新的搬迁社区生活。对社区的适应和认同也是体现移民对社区生活和“生态移民”政策认同的关键要素。因而，要有效地引导移民对新社区的适应，让村民真正地适应搬迁社区，从心理上疏导移民的心理适应问题。同时，有效引导移民主动参与到社区的治理中，从移民的自身行动出发，一起建设和谐美好的移民社区，增加收入，脱贫致富。

实际上，自改革开放以来，我国农村社区认同总体趋向不断降低，但社区认同降低仍是新农村社区建设中必须重视的问题之一，这涉及农民对社区的亲切感和归属感，对社区的舆论监督、道德教育、社会风气都有较为重要的作用。农村社区认同作为村民对社区的一种依赖和归属，对于增强其成员间的向心力、凝聚力，维持社区稳定具有现实意义。社区认同有效实现，作为认同的基础，也为公民的社会认同、国家认同提供了路径。

然而，从目前有关社区基层治理的相关文献来看，仅有少量集中在农村社区认同感的研究上，对于移民对其移民社区认同的影响研究较少。由于移民村的重组，移民面对新的生活环境在心理上原有的传统价值观念会不断受到冲击，并且渐渐消退，移民会对新的社区有种陌生感，其依赖和归属感就会降低，但相关的研究仍较少看到。

第二节

理论分析

“社会认同”概念其来源于概念“认同”一词，早已为世人所熟知。从关于“认同”的众多观点中可以看到，“认同”概念最初是作为一种心理机制由弗洛伊德提出来的，布鲁姆（2004）说：“在更一般的社会学水平上，弗洛伊德不仅意识到认同的社会化效果，而且从共同拥有的认同方面意识到它所具有的理解群体团结心理的潜在洞察力”（雷开春，2009）。许多心理学家都对认同的社会性进行了研究，米勒曾指出认同的本质不但是心理的，也包含“群体”的概念，是一项“自我的延伸”，将自我视为一个群体的一部分，这是认同的核心。同时，认同也被作为一种社会功能而受到了不少社会学家的关注，其中包括涂尔干、帕森斯和哈贝马斯等（布鲁姆，2004）。主流社会心理学对认同的关注也是“在群体中的个体（individual in the group）”，例如，杨宜音（2005）在社会认同的理论与经验研究中，认为受到群体压力的个体会不会“从众”，群体中处于权威地位的人发号施令会不会使个体出现“服从”，在什么条件下，个体会知觉他人（判断、印象、偏见、归因、吸引）、伤害他人（攻击）、帮助他人（利他）或改变他人（说服）等，而条件的控制也大多为“群体的规模”“群体的目标”“相似性”“邻近性”等。其关注中心仍然是个体，群体不过是外在于个体的背景。

目前，对社会认同概念的理解主要来自 Tajfel 在 20 世纪 70 年代的定义。Tajfel（1978）认为，社会认同是“个体自我概念的一部分”，来自他/她对某类社会群体（或多个社会群体）的成员资格的知识，以及基于这个成员资格的价值和情感意义。社会认同强调的是个体行为如何反映出个体的更大社会问题，涵盖了整个社会结构，如群体、组织、文化等。其中更为重要的是，个人认同与这些集体因素如何指引个人的内在结构和过程（Tajfel and Turner，1986）。因而社会认同是随着实际社会情况变化的社会建构的类别，关注的是“在个体中的群体（group in the individual）”，是心理化的群体，是个体主动将群体心理化之后，得到积极的情感和价值意义并以此区隔他人的动力过程。杨宜音（2005）进一步认为，群体成员不仅是一个社会现实，而且也是一个“心理现实”。Tajfel 和 Turner（1986）将社会认同理解为：“一个社会的成员共同拥有的信仰、价值和行动取向的集中体现，本质上是一种集体观念，它是团体增强内聚力的价值基础。”张乃和（2004）将社会认同理解为：“如个人社交圈、同业团体成员资格、阶层忠诚、家庭纽带、社会地位等这样很多的社会关系。”张春兴（1993）将社会认同理解为：“个人的行为思想与社会规范及社会期待看作一致。”王春光（2001）将社会认同理解为：“对自我特性的一致性认可、对周围社会的信任和归属、对有关权威和权力的遵从等。”上述学者对社会认同的理解都是离不开个体对自我社会身份及自我社会身份特性的这个问题。

部分学者对移民社会认同进行了研究。王春光（2001）在《新生代农村流动人口的社会与城乡融合的关系》中，将社会认同定义为：“对自我特性的一致性认可、对周围社会的信任和归属、对有关权威和权力的遵从等”，从社会时空和社会记忆两个视角来分析了社会认同的建构、解构、重构和变化过程。后来我国学者对于社会认同的相关文献研究，多沿着他的研究思路展开及论述。然而，在相关社会认同的研究中，学者的研究对象多为城市化进程中的城乡移民，如主动移民的农民工、被动移民的工程移民及被动移民的征地移民这三种类型。对于研究城乡移民主要从城乡移民的群体认同、地域认同、归属感、未来归属感、乡土认同和社区认同等问题来进行了讨论。

总之，社区认同主要体现在社区成员对社区有较高的评价和满意度，愿意为社区做出力所能及的贡献，渴望参与社区活动，乐于与社区或其他社区成员有良好的互动和社会交往，根据学者对于社区认同有关概念的界定，本章认为生态移民的社区认同包括三个方面：对社区评价与满意度、愿意与村民交往、愿意参与社区活动分别为社区功能认同（社区物质评价）、社区情感交流（集体情感交流）以及居民愿意在社区参与活动（行为）。结合宁夏回族自治区生态移民村的现实状况，本章进一步认为，宁夏生态移民村在其搬迁安置的过程中，由于移民村的重组，移民面对新的生活环境，在心理上，原有的传统价值观念在不断受到冲击后，而慢慢消退，会对新的社区有种距离感，其依赖和归属感会降低，这就为社区认同提供了新的研究对象和研究空间。本章将从生态移民对新社区的情感认同、功能认同和行为认同这三个方面来进行研究，探析影响生态移民社区认同的主要因素。

第三节 变量测量和研究方法

本节主要从移民对社区的功能、移民对社区的情感、移民对社区的行为这三个方面来分析生态移民对搬迁后新社区认同的影响因素。

一、变量测量

（一）因变量

（1）社区功能认同。社区功能（community function）是指社区各部分对社区整体的作用。社区作为居民生活的场所，它承担着满足社区居民生活的不同方面需要的职能，因此，社区的功能在一定程度上会对居民产生影响，进而影响居民对社区的认同。辛自强、凌欢喜（2015）在研究社区认同时，把社区认同分为功能认同和情感认同两个方面。他们认为，居民对社区的功能认同程度，可以从社区的便利程度、管理水平、环境条件以及社区能否满足家庭需求这些方面来研究。换句话说，就是居民对社区功能的满意和认可程度。对于宁夏生态移民来说，对社区功能上的认同度高，更能体现移民搬迁后对搬迁区功能上的认同度，反映了移民对搬迁区的满意度，使移民在心理上更能接受搬迁社区的生活，让移民更好地适应搬迁区的生活，有助于提高移民对搬迁社区的幸福指数。

通过对社区功能的各项指标进行赋值加分，得到因变量，如表 12－1 所示。

表 12－1　　　　移民社区功能评价表

社区功能	定义或者指标	均值	标准差
社区环境卫生情况	有所下降 =1，基本无变化 =2，有一些提升 =3，有很大提升 =4	2.91	0.92
社区道路交通情况	有所下降 =1，基本无改善 =2，有一些改善 =3，有很大改善 =4	3.44	0.74
社区购物、就医、文体、娱乐情况	有所下降 =1，基本无改善 =2，有一些改善 =3，有很大改善 =4	3.2	0.80

数据来源：宁夏调查。

（2）社区情感认同。社区情感是社区心理学研究的主题之一。德国社会学家滕尼斯（Tonnies，1887）首次提出社区的概念时就认为，社区成员具有共同的价值取向，彼此关系密切，而且守望相助，根据滕尼斯的阐述，社区情感是一种广泛而明显地存在于社区成员之间密切而富有人情味的人际情感关系。随着社会的发展，社区情感的内涵也随之发生变化，已经从以前的地域情感逐渐转变为地域情感和社区成员之间的情感这两种情感。村民想要在社区进行情感表达，就离不开村民之间的互动和交流，村民对社区情感的认同度越高，使村民愿意参与到村里的建设中，乐意为社区做出贡献，增强社区居民的凝聚力，可以更好地使村民参与到社区的治理中。

村民对社区的情感表达来自社区成员之间，村民想要表达情感，必然少不了与村民之间的交流。在实际调查中，研究人员详细询问了移民户情感交流的情况，并以有序 Logistic 变量“搬迁后，您和村民交流多么?”这一问题得到，其中“不交往 =1，很少交往 =2，一般 =3，较多 =4，非常多 =5”作为模型的因变量。

（3）社区行为认同。村民在社区行为上的认同，需要通过对社区参与活动的主动性来得以体现。宁夏回族自治区的移民村，由于搬迁后各种社会力量的重构，村民在面对新的社区，对社区的认同度的高低，会体现在移民的行为上。因此，移民在社区内愿意积极参与社区活动，村民对自己所在的社区认同就高，更能进一步体现移民在搬迁后对社区的融入度。村民愿意参加到社区的活动，愿意为社区贡献自己的一份力量，更有助于村民之间的凝聚力，使村民更好地参与到社区建设中。在实际调查中，研究人员详细询问了移民对社区活动的参与情况，并以二元 Logistic 变量“您村或社区组织群众活动您参加吗？（参加 =1，不参加 =0）”这一问题作为模型的因变量。

（二）自变量

本章的自变量基于已有学者对社区认同得出来的影响因素和生态移民的特点来设置的。主要的自变量如下：

（1）个体特征因素。移民农户的个体特征包括性别、民族、年龄、文化程度、婚姻状况、政治面貌以及宗教。陈振华（2004）发现，性别、年龄、文化程度、婚姻等个体特征会对社区认同有影响，但桑志芹、夏少昂（2013）在研究中发现，居民个人层面的因素对他们的社区认同没有影响。因此，选取移民户的个体特征的七个项目作为测量指标。

（2）移民特征因素。本章考虑到宁夏生态移民的特点，在问卷中选取“您家搬迁到此处多长时间了？”“搬迁过程中，您家是如何搬迁的？”“您家的搬迁距离？”这三个题目作为测量指标。

（3）社区政治参与因素。本章基于已有研究发现社区居民对社区的认同与社区政治参与有关。杜秀丽（2015）研究表明，农村的社区认同与政治参与呈正相关关系。因此，社区政治参与因素在本次问卷调查中选取“是否参加过村委会选举”“平常的时候您关心村里的公共事务吗”“您是通过什么渠道来获取村务信息”“您是否就村委的公共事务向村委会或有关部门提出过意见或建议”“您是否会经常去看一看村委会公布的账目”这五个问题作为测量移民社区政治参与的指标。

（4）文化风俗因素。戴维·波普诺（2011）认为：“每一种文化都是不同的，因为它们要适应特定的环境条件，包括自然条件和社会条件。”移民的搬迁必然会出现移民对新搬迁区的文化风俗适应问题。向安强等（2017）在研究水库农村移民社区认同与适应的多重关联因子分析时，发现文化风俗对于移民社区的认同和适应存在显著影响，因此，基于此，本章选取问卷中“是否保留搬迁前传统的民居习俗？”“搬迁后，当地风俗对您的影响大吗？”“您过本地民族的节日还是当地民族节日？”这三个问题作为测量移民社区文化风俗的指标。

(5) 社区服务因素。社区为社区居民提供各类社区服务设施和公共服务，来满足社区居民的生活需求。栗志强（2006）研究表明流动人口对所在社区认同感强弱的因素包括社区服务。作为移民村社区，对关于社区服务因素，本章选取问卷中以“您觉得目前的村委会办事效率如何?”“您觉得目前的村委会办事态度如何?”这两个问题作为测量移民社区服务的指标。

(6) 邻里关系因素。已有研究发现邻里关系与社区的认同有着显著的相关关系（辛自强和凌喜欢，2015）。本章以“你到邻居家串门的次数?”“邻居发生冲突时，会找哪种途径解决?”这两个题目作为测量社区移民邻里关系的问题。

(7) 社区规模类型因素。作为主要的自变量，辛自强、凌喜欢（2015）在研究社区认同时，把社区类型划分为大院社区和社会社区两种类型，经过分析后发现，大院社区居民的社区认同要显著高于社会社区的居民。本章基于问卷中的户数总数作为划分移民社区规模类型的依据，把社区分为五类型社区，包括超小社区、小社区、中社区、大型社区、超大社区。

二、研究方法

本章的研究方法是三个模型分析。第一个模型为移民的社区功能认同分析，移民对社区功能的认同指标是移民对社区环境、治理等指标加总的结果，因变量为连续变量，故用 OLS 回归方法分析；第二个模型为移民的社区情感认同分析，移民对社区情感认同的指标是用移民和村民的情感交流测量，是一个序数变量，故用有序 Logistic 模型估计；第三个模型为移民的社区认同行为分析，移民的社区行为认同是一个二元变量，故采用二元 Logistic 模型分析。

第四节 实证结果分析

一、社区功能认同回归结果

对宁夏生态移民社区功能影响因素 OLS 回归的结果如表 12 - 2 所示。

表 12－2　　　　移民社区功能认同的影响因素分析

	社区功能认同		社区功能认同		社区功能认同
个人特征因素		没办法不得不搬迁	－0.459 (0.544)	文化风俗因素	
性别：男	－0.232 (0.314)	搬迁距离：乡内	－0.884 (0.896)	依然保留传统文化风俗	0.115 (0.362)
政治面貌：党员	0.152 (0.350)	县内	－1.332* (0.724)	过当地民族节日	－0.584 (0.569)
年龄：18～48 岁	0.596 (0.586)	省内	－0.847 (0.694)	搬迁后受当地风俗影响一般	－0.893** (0.284)
>45 岁	0.053 (0.628)	政治参与因素		社区服务因素	
文化程度：初中	－0.056 (0.350)	参加村选举	－0.123 (0.233)	村委会办事效率：高	－0.105 (0.534)
高中	0.023 (0.338)	关心公共事务	0.038 (0.548)	办事态度办事态度：好	0.584 (0.415)
婚姻：已婚	－0.115 (0.367)	获取信息渠道：广播	0.685 (0.800)	邻里交往因素	
移民特征因素		村干部通知	0.421 (0.798)	邻居家串门次数一般	0.097 (0.407)
搬迁时间：<5 年	－0.199 (0.561)	村务公告栏	0.723 (0.786)	邻居家串门次数多	－0.126 (0.470)
5～10 年	－0.150 (0.563)	是否村委会提出意见：经常	－0.054 (0.472)	社区规模类型因素	
10～15 年	－0.577 (0.469)	偶尔	－0.543** (0.261)	小规模社区	0.562 (0.824)
搬迁意愿：自愿搬迁	0.304 (0.508)	看账目：经常	0.110 (0.517)	中规模社区	0.146 (0.654)
政府劝说	－0.042 (0.523)	有时候去	0.046 (0.269)	超大规模社区	1.349** (0.681)

注：①数据来源：宁夏调查；②**、*分别表示在 5%、10% 的水平上显著（括号内为标准差）。

由表 12－2 至少可以看出，第一，在个体特征因素中，性别、政治面貌、年龄、文化程度和婚姻状况均对社区功能的认同没有显著影响；第二，在移民特征因素中，搬迁距离的县内搬迁有显著的负相关关系，搬迁时间、搬迁意愿均不显著；第三，在社区政治参与因素中，偶尔对村委会提出意见呈负相关关系；第四，在文化风俗的因素中，搬迁后受当地风俗影响一般对于无影响的有着较为显著的负相关关系；第五，就社区服务而言，村委会办事效率、村委会办事的态度均不显著；第六，在邻里交往的因素中，邻居交往以及邻里矛盾解决均不显著；第七，在社区规模类型因素中，超大规模社区对于超小规模社区有着较为显著的正相关关系。

二、移民对社区情感认同的影响因素回归结果

对移民社区情感认同的有序 Logistic 模型回归结果如表 12－3 所示。

表 12－3　　移民社区情感认同的影响因素分析

变量					
个人特征因素		搬迁意愿：自愿搬迁	0.447	留有一些	0.294
性别：男	0.340	政府劝说	0.008	过本民族节日	1.323*
民族：回族	1.083	搬迁距离：乡内	1.994*	过当地节日	0.814
政治面貌：党员	－0.051	省内	0.707	搬迁后受当地风俗影响很大	－0.130***
年龄：＜18 岁	2.127	政治参与因素		社区服务因素	
18～45 岁	－0.437	参加村选举	－0.282	村委会办事效率：低	－1.371**
文化程度：初中	0.540	关心公共事务	－1.473**	办事态度办事态度：低	－0.589
小学	0.278	获取信息渠道：其他村民	2.735*	邻里交往因素	
婚姻：已婚	－0.762	是否村委会提出意见：从不	－0.119	邻居家串门次数少	－3.260***
宗教：信教	－0.051	偶尔	0.542	社区规模类型因素	
移民特征因素		经常	0.089**	超小规模社区	1.105
搬迁时间：＜5 年	－0.779	看账目：有时候去	－2.381**	小社区规模社区	0.336
5～10 年	－0.077	文化风俗因素		中等规模社区	－1.548
10～15 年	－0.239	是否保留传统节日的民俗：保留	0.651	大规模社区	1.606**

注：①数据来源：宁夏调查；②***、**、*分别表示在 1%、5%、10% 的水平上显著（括号内为标准差）。

由表12－3可以看出，第一，在个体特征因素中，性别、民族、政治面貌、年龄、婚姻、文化程度、宗教状况均对社区情感的交流没有显著影响；第二，在移民特征的因素中，搬迁距离对村民的交往有较为显著的正相关关系，搬迁时间、搬迁距离、搬迁意愿均不显著；第三，在社区政治参与因素中，积极关心公共事务的社区村民对村民交流有非常显著的负相关关系，对于获取村公共事务的渠道来自其他村民有着较为显著的正相关关系，对于经常向村委会提出意见的与村民交往有着较为显著的正相关关系，对于查看村委会重要账目，有时候去查看账目有着较为显著的负相关系，参加村委会选举这个变量不显著；第四，在文化风俗的因素中，过本民族节日的有着较为显著的正相关关系，搬迁后受当地风俗影响较大有着较为显著的负相关关系；第五，就社区服务而言，村委会办事效率低有着较为显著的负相关关系，村委会办事的态度不显著；第六，在邻里交往的因素中，邻居家串门次数少具有非常显著的负相关关系；第七，在社区规模类型因素中，大社区对于超大社区有着较为显著的正相关关系。

三、移民对社区行为认同的影响因素分析

对移民社区行为认同的二元Logistic回归结果如表12－4所示。

表12－4　　移民社区行为认同的影响因素分析

	社区活动参加		社区活动参加		社区活动参加
个人特征因素		搬迁意愿：自愿搬迁	0.063	文化风俗因素	
性别：男	1.554***	政府劝说	0.334	保留传统文化风俗	0.526
民族：回族	－1.303	搬迁距离：县内	0.117	过当地民族节日	－2.449*
政治面貌：党员	－0.394	省内	－0.280	搬迁后受当地风俗影响很大	0.743
年龄：<18岁	0.214	政治参与因素		社区服务因素	
18～45岁	－0.203	参加村选举	－0.473	村委会办事效率：高	－0.884
文化程度：初中	0.037	关心公共事务	0.118***	办事态度办事态度：好	2.402**
小学	0.314	获取信息渠道：广播	3.544**	邻里交往因素	
婚姻：已婚	－0.790	村干部通知	2.385	邻居家串门次数少	0.325
宗教：信教	0.569	村务公告栏	2.792	邻居家串门次数多	0.035**

续表

	社区活动参加		社区活动参加		社区活动参加
移民特征因素		是否村委会提出意见：从不	0.183	社区规模因素	
搬迁时间：<5 年	0.467	一般	-0.029	小规模社区	0.336*
5~10 年	-0.293	看账目：有时候去	0.241	中规模社区	-1.548
10~15 年	0.618	从不去	-0.244	大规模社区	-0.308

注：①数据来源：宁夏调查；②***、**、*分别表示在1%、5%、10%的水平上显著（括号内为标准差）。

由表12-4可以看出，在个体特征因素中，相较于女性而言，男性对社区活动的参加具有非常显著的正相关关系，民族、政治面貌、年龄、婚姻、文化程度、宗教状况均对社区活动的参加没有显著影响；在移民特征的因素中，搬迁时间、搬迁距离、搬迁意愿对移民参加社区活动均没有发现显著的影响；在社区政治参与因素中，积极关心公共事务的社区村民对参加社区活动有非常显著的正相关关系，对于获取村公共事务的渠道，广播对村民参加社区活动有着非常显著的正相关关系，对于是否参加村委会选举、是否经常向村委会提出意见、查看村委会重要账目这些变量均不显著；在文化风俗的因素中，搬迁后，过当地本民族的节日与村民参与社区活动有着较为显著的负相关关系，其余保留传统的民俗文化、受搬迁社区的文化风俗影响很大的变量均不显著；就社区服务而言，村委会办事的态度好对村民参与社区活动也有较为显著的正相关关系，村委会办事效率无显著；在邻里交往的因素中，邻居家串门次数多相较于次数少的对社区活动参加具有较为显著的正相关关系；在社区规模类型因素中，小规模社区相较于超大规模社区对参与社区活动有显著的正相关关系。

近年来，在宁夏生态移民搬迁中，移民对新社区认同度总体上在降低，由于移民社区生产方式的转变，移民外出务工不断增多，降低了移民对社区的认同。在传统中国的小农经济生产方式有两个基本前提：一是人多地少的约束；二是把农民束缚在土地上，与这种小农经济生产方式相适应，人们形成了稳定不变的社区认同。然而，随着社会经济以及信息化不断的发展，村民不断接收到新的现代化观念，其原有的传统观念会逐渐受到冲击，村民不再仅仅依靠土地来获取经济收入，村民可以选择更多的收入方式，在实地调查时，我们发现宁夏沙坡头区和中宁县移民村的经济状况普遍优于红寺堡区，宁夏沙坡头区靠近旅游景区，在这里，村民依靠旅游业来获取收入。宁夏自治区政府对搬迁后的每家每户的土地按人口划分，有些村里将土地承包出去，不再自己耕种。例如，中宁县的宽口井社区的土地都承包出去，用于种植枸杞。相反，我们去红寺堡区调研的几个移民村，相较于沙坡头区和中宁县而言，交通较为不便，移民村也没有发展特色产业，村民为了获取收入，越来越多的移民选择离开村庄到外地打工。相比较于耕种土地获得的收入，外出务工在移民的家庭收入中占主要经济来源。因此，移民与村庄在经济上的联系日趋薄弱，移民生产方式的转变，使他们对社区的公共事务关注度降低，对社区的认同感和归属感不断被削弱，进而呈现出对社区的认同比较低。

移民生活方式及人际关系的改变，使社区异质性增强。移民来自原来的村庄，虽然宁夏生态移民都属于省内搬迁，但是移民难免会出现对新的社区的陌生感，移民需要重新对社区进行认识，尤其是搬到新的社区，其原有的邻里关系和传统观念被打破，移民需要时间来重新构建村里的人际关系，然而，随着农村社会的发展，农村社会快速城市化、现代化，村里的交通越来方便，人们能快速地接触到新的理念，这些都很快渗透到农民日常生活的不同方面，进而渐渐消除了传统的农村社会的传统观念。移民在面对新的生活圈子，会考虑自己属不属于这个社区，因此，很难形成对社区的认同。移民在生活方式转变以及人际关系的转变，使社区居民对社区的认同感和归属感也有所不同，在对社区情感认同进行分析时，愿意回到原居住地生活的村民认为自己不属于居住地人，他们在于集体情感的表达对象上，更愿意与亲戚交流。在分析邻里关系和移民是否愿意参与社区活动的时，邻里关系交往越少，他们不愿意参与到社区活动当中，更不愿主动参与到社区的建设中。

另外，社区规模的不同使移民在社区的融合比较困难，其社区认同度会有所不同。宁夏政府在安置移民搬迁地点时，有整村安置和插花安置这两种方式，但是对于安置规模考虑时，政府将几个村合并成一个社区。例如中宁县的宽口井社区和红寺堡的团结村、弘德新村。这在一定程度上可以节约资源，但是居民的社区融合度并不高。原因在于，原来的村里的社会网络、邻里关系、社区认同很难在大型社区里短时间内得以构建。社区规模越大，移民与村民的交流相对越少。村民在遇到挫折和休闲时选择的交往对象主要是亲戚，这可以说明，移民在社会交往中的人际关系仍然局限于原来的血缘或血亲关系之内，移民之间的交往主要是以有亲属关系为主。即，他们处于我们所说的半熟人社会交往关系中。

本章小结

总之，在近年来的宁夏生态移民中，生态移民对新社区的社会认同感在降低。一方面是由于移民搬迁后生计方式的转变，如外出务工活动降低了移民对新社区的依赖；另一方面也是由于部分安置工作的原因，如社区过大降低了人们的认同感。在社区认同的三个维度中，移民对社区功能认同度相比较高，不管是对自身物质功能认同，还是社区整体功能认同度都比较高。移民对社区地域情感认同较高，社区归属感比较高，但是社区移民间情感较低，移民主要交往对象是亲戚。移民对社区行为认同较低，多数移民对于社区是否组织社区活动，表示没有或者不知道。再进一步分析是否愿意参加社区活动，移民多以经济负担为主要理由，表示不愿意参与社区的活动。

第十三章

生态移民社区归属感研究

社区归属感是人们把自己归为某一地域人群集合的一种心理状态，能够反映移民对于社区生活的适应状况和心理归属。本章将生态移民的社区归属感作为研究对象，基于课题组在内蒙古巴彦淖尔市和鄂尔多斯市的调研数据，建立移民社区归属感的指标和模型，探讨移民搬迁特征的差异与移民社区归属感之间的关系，分析生态移民社区归属感的影响因素。

第一节

研究问题

对生态移民来说，家庭搬迁导致原有的生产体系、社会网络、社会组织与社会结构解体，重新安置后的移民群体会面临新的社区融合及再适应问题。尽管生态移民搬迁是一个短期事件，但移民的安置与适应则是一个长期过程，涉及生态、生产、生活、稳定和持续发展等问题，因此，搬迁和安置是一个事件的两个阶段。对于移民社区归属感的研究不应仅仅停留在搬迁后的影响因素上，还应考虑搬迁前移民对于政策的了解程度、搬迁地的选择权、是否参与搬迁过程、搬迁意愿等因素。有研究指出，移民在搬迁前对于涉及自身利益的搬迁与安置政策的了解程度是移民对于搬迁态度的体现。移民越是想试图了解搬迁政策，就越会对搬迁及以后的生产生活形成更为明确的认识和充分的心理准备，也容易积极配合政府的搬迁工作安排。搬迁地的选择权是移民搬迁后作为村民（居民）的权利，在搬迁过程以及后期的社区适应过程中有积极意义。社会心理学研究表明，当人们做出选择决定时，会偏爱自己所做的选择，在社会心理学上这叫“决定不后悔”。在行为的基础上，人们会发展出积极的、稳定的态度。参与搬迁过程能够促进移民产生积极的主观能动性并努力地适应新社区的环境。在移民搬迁意愿的研究方面，我国学者对于不同搬迁意愿下的移民的搬迁行为进行了一定的研究，普遍认为自愿性移民与非自愿性移民在剥夺感上存在差异，自愿性移民由于在搬迁时没有太多的情绪抵触，能够在搬迁后积极融入社区生活。

从已有研究看，目前社区归属感的研究对象大多是以城市流动农民工、三峡水库移民为研究对象，而对以内蒙古移民为代表的生态移民角度的研究相对较少。生态移民与进城务工农民工、三峡水库移民在很多方面都存在较大差异。从研究内容来看，当前关于社区归属感的研究主要是集中在生态环境、经济和社会等宏观层面，或者是以移民社区为核心，探讨移民搬迁后社区建设（如社区的条件、结构和功能）和移民的社区活动（社区参与、社区关系等）等对移民社区归属感的影响。而对于生态移民在搬迁前的搬迁意愿、搬迁地的选择权、搬迁参与程度、政策了解情况等与后期社区归属感的养成与提升之间的关系研究很少，在分析移民社区适应以及归属感时往往不太重视这些方面的影响作用。

随着生态移民政策的实施，移民群体规模不断扩大，移民与新安置区的社会融合问题也越来越受到学者的关注，并成为易地移民后需要着力解决的问题。移民的社区归属感是移民把自己归为新安置区的心理状态，能够反映移民对于社区生活的适应状况和心理归属。移民在搬迁前的态度、意愿以及搬迁过程中的参与程度等既是搬迁行为得以顺利完成的保障，又是搬迁后移民对于搬迁地适应性的重要影响因素。移民了解搬迁政策、具有搬迁地的选择权利等有助于移民搬迁后对新社区的心理认同。由此可见，最大限度地提升生态移民搬迁的成效，实现移民社区归属感的提升，促进移民更好地适应新区生活，在以往分析移民社区归属感的基础上，探讨移民搬迁意愿以及搬迁前移民对搬迁活动的理解、参与等与其社区归属感之间的关系具有重要的意义。本章研究的目的是了解移民的搬迁特征，理解移民搬迁特征与社区归属感之间的关系，探讨它们之间的相关关系。本章试图回答以下几个问题：

第一，搬迁前，移民对于搬迁政策的了解情况、搬迁地的选择权、搬迁过程的参与程度以及搬迁意愿是怎样的？

第二，如何界定移民社区归属感，移民社区归属感具体包括几个维度？

第三，搬迁后移民社区归属感的影响因素是什么？如何提升移民的社区归属感，增强移民对新社区的适应性？

第二节

理论分析

国外尤其是西方发达国家的社区建设活动发展较早，对于影响社区存在和发展的社区归属感的研究是西方发达国家社区建设研究的一个重要方面。社区归属感是社区得以稳定发展的重要因素，对于社区归属感影响因素的分析引起了众多学者的兴趣。关于移民社区归属感影响因素的研究主要包括以下几个方面。

1. 移民的社会经济地位

社区归属感作为一种心理意识，它的产生是多种因素作用的结果，包括政治、经济、文化等。社会地位不同意味着居民所具有的社会机会和社会关系具有较大差异（Stinner et al.，1990），居民社会地位与其社区归属感之间有着较为密切的联系（Kasarda et al.，1974），社会地位高的居民拥有更多社会机会、更广的社会关系，能够按照自己的意愿选择社会关系，掌握更多的社会机会（Goudy，1990），积极的、正向的选择将扩大社会心理上的优越感，从而提升社区归属感。另外，社会经济地位高的居民在社区活动中也表现出更为强烈的社区参与意识，与社会地位较低的居民相比，他们更加认同社区，社区意识也更强（岑颖等，2003）。

2. 移民在社区居住的时间

人们在一个地区拥有的社会关系越多，人们对居住地的情感就越浓厚。移民从迁出地到迁入地的过程中，原有社会关系解体，一旦移民在新社区内建立更为广泛的人际关系，将增强其对新社区的归属意识（Stinner et al.，1990），而社区关系的建立是长期过程，移民在社区内的居住时间能够促进社区关系的建立与扩大。因此，移民在社区中的居住时间越长，其社区归属感越强（Goudy，1990）。

3. 移民的社区满意度

社区满意度是居民对其社区环境的总体感受和主观评价。Kasarda 和 Janowitz 曾提出，如果社区条件不能够满足居民的希望和要求，就会影响到居民是否愿意留在这个社区居住（Kasarda et al.，1974）。我国的一些学者也指出，居民对社区的满意度越高，越能增强其对社区的归属意识。潘允康、关颖（1996）认为，社区归属感在很大程度上决定了社区成员的社区满意度，反过来，社区满意度也会影响社区归属感。单菁菁（2008）指出，社区居民对社区的综合满意度与其社区归属感有着高度的正向相关性，而且社区满意度是影响社区归属感最重要的因素。叶继红在对城郊农民集中居住区移民社区归属感的研究中指出，集中居住区条件与移民社区归属感有着较大的关系，移民的社区归属感是以良好的社区居住条件为前提的（叶继红，2011）。

4. 移民在社区内的社会关系

居民是否参与社区事务，是影响社区建设的一个关键因素，居民作为社区的主体，社区的运行与各种社区活动的开展都离不开主体的参与。社区居民在社区组织中的成员资格以及对社区活动的参与程度是研究社区归属感的重要方面（Stinner et al.，1990）。个人在社区活动中的参与范围是研究居民社区情感的三个主要方面之一（Stinner et al.，1990）。居民参与社区活动越多，他们对社区越熟悉，就越容易建立起良好的社会关系，进而增强他们的责任感、自豪感和社区归属感（程燕，2006）。而且居民直接参与社区事务和社区治理有助于增强其主人翁意识，提升其对社区的归属感和认同感（巢小丽，2013）。

居民在社区内的社会关系是指居民在社区范围内的社会互动以及由此形成的关系网络。居民在社区内建立起来的社会关系：亲情、友情以及更广泛的人际关系有助于社区归属感的增加，这些关系一旦建立就会增强人们的社区归属感（Kasarda et al.，1974）。人们在社区内的社会关系，如是否与亲戚、朋友居住在同一个社区内，是否与邻居亲密往来等，会影响到这个人是否愿意居住或离开这个社区（Gerson，1997）。我国早期研究社区归属感的学者丘海雄认为，居民在社区内的人际关系与其社区归属感有较高的正向相关性。叶继红（2011）指出，居民的邻里关系与其社区归属感之间有密切的联系，通过邻里互动形成相互支持、相互信任的邻里关系能够促进移民的社区归属感。

5. 搬迁特征

态度是人心理世界和外界表现之间的中介过程，是行为的准备或潜在行为，是一个综合性的心理过程。人们在对他们和各种事物认知的基础上产生一定的态度，它所具有的评价系统和心理反应倾向会使每个人对待任何都会做出肯定或否定、赞成或者反对的评价，同时还表现出一种心理倾向。移民态度对于政府政策的了解程度是移民对于搬迁态度的一种体现，移民对移民政策具有较高的关注度时，会使移民对搬迁行为产生积极乐观的态度。移民的搬迁意愿在一定程度上反映了移民对于搬迁的态度，自愿的移民在搬迁行为上会保持一种积极的状态（杜发春，2014），对迁入地的适应性也会更强。搬迁地的选择权，作为移民的一种权利，无论是在搬迁过程中，还是在搬迁后对于新社区的适应过程中都具有重要意义。另外，根据参与改变理论，个体参与会改变其态度与行为。参与搬迁过程能够促进移民产生积极的主观能动性，会对社区归属感产生潜移默化的影响。在搬迁距离方面，有学者指出搬迁距离与移民对社区的感知融合程度呈负相关关系，搬迁距离越远，移民对迁入地的融合越困难（史梦薇，2018）。缩短原居住地与迁入地之间的距离能够减少搬迁所带来的破坏性，对于移民而言，搬迁距离越短，越能够更好地适应新的环境，更好地融入新的社区生活。

6. 其他因素

个体特征的差异会导致其社会需要的不同，移民个体或家庭作为移民过程的主体，必然会产生不同的社会需要，其对社区归属感也会产生不同的看法。因此影响社区归属感的因素除了以上最重要的几点之外还有其他的因素，如居民年龄、月收入（韩恒，2014）、小区类型（辛自强、凌喜欢，2015）、住房条件、居住时间（李志刚，2011），以及征地拆迁、补偿设置、居住点规划等。

第三节 变量测量与研究方法

一、变量选择

社区归属感的程度取决于多方面的因素，如居民的社会经济地位，生态移民的搬迁特征、个体特征、经济状况、社区满意度、社区交往等。因此，拟对生态移民社区归属感的影响因素进行模型分析，找出主要的影响因素。

（一）因变量

本章将内蒙古生态移民的社区归属感分为四个维度进行测量，包括社区责任感、社区地域认同、对社区的依恋程度和对社区人际关系的拓展意愿。具体变量说明如表 13－1 所示。

表 13－1　　内蒙古生态移民社区归属感变量说明表

指标变量	题项设置	变量解释
1	平时关心社区（村）里的公共事务吗?	社区责任感
2	你对现在居住区有没有归属意识?	社区地域认同
3	你家想过搬回原来的村子居住吗?	社区依恋
4	你希望在搬迁后扩大自己的交际圈吗?	人际关系拓展意愿

为了测量内蒙古生态移民社区归属的程度，本章采用四级赋值法对各题答案进行赋值，分值大小从低到高表明移民对社区归属感的程度由低到高。具体如下：

社区归属感是一种对社区的责任感，表现为对社区公共事务的关心。社区责任感为问卷中的"平时关心社区（村）里的公共事务吗?"，答案有"非常不关心、不太关心、比较关心、很关心"，分别表示社区责任感的"缺失、一般、比较强烈、非常强烈"。社区地域认同对应问卷中"你对现在居住区有没有归属意识?"，答案为"没有、一般、比较强烈、非常强烈"，分别表示社区地域认同的"不认同、一般、比较认同、非常认同"。社区依恋对应问卷中"您家想过搬回原来的村子居住吗?"，答案为"特别想、想过、一般、没想过"，分别表示社区依恋程度的"不依恋、一般、比较依恋、非常依恋"。人际关系拓展意愿对应问卷中"你希望在搬迁后扩大自己的交际圈吗"，答案为"不希望、一般、比较希望、非常希望"，分别表示人际关系拓展意愿的"不希望、一般、比较希望、非常希望"。

（二）自变量

根据已有学者关于社区归属感影响因素的研究并结合内蒙古生态移民的特征，本章把与生态移民社区归属感相关的主要因素分为五大类：搬迁特征、经济状况、社区满意度、社区交往和个体特征。

1. 搬迁特征

在以往的研究中，很多学者谈及搬迁时间、搬迁方式等这些变量对移民社区归属感的影响。史梦薇（2018）指出，搬迁距离与移民对社区的感知融合程度呈负相关关系，搬迁距离越远，移民对迁入地的融合越困难。对于搬迁意愿的研究，国内外研究人员对于不同搬迁意愿下移民的搬迁行为方面进行了一定的研究，普遍上认为搬迁意愿更高的移民会更好地适应迁入地的生活，形成较强的社区归属感。为了充分考虑移民搬迁特征的不同，我们在以往研究的基础上，结合本章的内容设置了内蒙古生态移民的一系列指标，包括搬迁时间、搬迁距离、搬迁地的选择权、搬迁决定过程的参与程度、搬迁意愿、搬迁政策的了解程度，从而探讨生态移民的搬迁特征对其社区归属感程度的影响。

在问卷调查中，我们询问了“您家搬到此地多长时间了?”用来测度移民的搬迁时间。搬迁距离对应问卷中“您家的搬迁距离”，答案有“村内、乡内、县内、省内、省内以上”，把变量进行合并后，成为县外 =1 和县内 =2，以县外 =1 为参照。搬迁地的选择权对应问卷中“您对您的搬迁地是否有选择权?”，答案为“有、没有”，设置为无 =1、有 =2，以无 =1 为参照。搬迁决定过程的参与程度对应问卷中“您是否参与了村里搬迁与不搬迁的决定过程?”，答案为“有、没有”，设置为无 =1、有 =2，以无 =1 为参照。搬迁地的选择权对应问卷中“搬迁过程中，您家是”，答案为“自己愿意搬、随大流、政府劝说搬迁、政府强制搬迁”，合并变量为自愿搬迁 =1、政府主导 =2 的二分类变量，以政府主导 =2 为参照。搬迁政策的了解程度对应问卷中“您对政府的搬迁政策了解吗?”，答案为“非常了解、比较了解、知道一些、不了解”，变量合并后为不了解 =1、一般 =2 和了解 =3，以不了解 =1 为参照。

2. 经济因素

经济因素是影响移民融合必不可少的重要因素。移民过程中造成的经济损失或搬迁后面临的经济困难和经济收入的降低可能导致移民普遍产生相对剥夺感和精神焦虑，而降低其对社区的归属感（汪雁等，2001）。收入是反映移民经济状况的一个指标，而移民生活水平的变化更能体现出移民搬迁前后的经济状况，可以更加充分反映出移民搬迁前后的经济变化情况。史梦薇（2018）在对云南移民进行研究的过程中指出，移民生活水平的高低与移民的社区感知融合有正向的显著性，移民搬迁后生活水平越高，其对社区的感知融合度越高。另外，胡颖（2018）指出家庭收入会影响移民个人的社区意识。李智（2016）在对“农转非”型居民社区归属感进行研究时也指出居民的经济状况与其社区归属感之间有着显著的正相关性，即居民的月收入越高其社区归属感越强。因此，本章把移民年均收入以及移民搬迁后生活水平的变化作为影响移民社区归属感的经济因素。

移民年收入对应问卷中“近三年，您家的年收入平均是多少元?”，变量类型为连续变量。移民搬迁后生活水平的变化对应问卷中“您觉得您家的整体生活水平较移民前”，答案设有“提高较大、提高一点、差不多、下降一点、下降较大”，合并变量为不好 =1、一般 =2 和好 =3，以不好 =1 为参照。

3. 社区满意度

社区满意度作为人们对社区环境的总体感受和主观评价，可以通过居民对其社区服务质量的评价加以测量（Rojek，1975），而社区服务的质量检测由居民对社区环境的评价指标组成。潘允康、关颖（1996）通过对 23 个社区环境与服务的指标衡量居民的社区满意度。单菁菁（2008）采用因子分析方法，将 20 个社区环境与服务的指标社区满意度划分为社区环境、日常生活、教育因素、文化卫生、基础设施五个方面，而社区质量作为社区满意度的根本原因也是人们形成较强的社区归属感的最终力量。李志刚（2011）从住房、安全、卫生以及社区四个维度测量了移民的整体满意度，并指出社区满意度是影响移民社区归属感的重要因素之一。根据已有文献的分析，社区满意度是对社区各个方面包括生活环境、社区服务、社区日常生活等方面的全面反映，这些也都是居民比较关心的问题。它体现了人们的期望、需求与实际居住状况的一种状态，是衡量理想与现实之间的一种主观感受。因此，应该从综合的方面考虑与居民主观感受相关的各种要素，本章将社区满意度划分为社区生活环境满意度、社区物业管理服务满意度、社区活动满意度、社区教育环境满意度四个方面。

社区生活环境满意度对应问卷中“您对现在的生活环境满意吗?”，答案设置为五个层次，分别为“非常满意、比较满意、一般、不太满意、非常不满意”，合并变量为不满意 =1、一般 =2 和满意 =3，以不满意 =1 为参照。社区物业管理服务满意度对应问卷中“您对社区（村委）提供的物业管理服务满意吗?”，答案设置为五个层次，分别为“非常满意、比较满意、一般、不太满意、非常不满意”，合并变量为不满意 =1、一般 =2 和满意 =3，以不满意 =1 为参照。社区活动满意度对应问卷中“您对社区组织的活动效果满意吗?”，答案设置为五个层次，分别为“非常满意、比较满意、一般、不太满意、非常不满意”，合并变量为不满意 =1、一般 =2 和满意 =3，以不满意 =1 为参照。社区教育环境满意度对应问卷中“您对社区周围的教育环境满意吗?”，答案设置为五个层次，分别为“非常满意、比较满意、一般、不太满意、非常不满意”，合并变量为不满意 =1、一般 =2 和满意 =3，以不满意 =1 为参照。

4. 社区交往

社区交往与心理融合密切相关，并在很大程度上影响移民的社区归属感，而邻里关系是个人实际社区关系最直接的反映（陆自荣、张颖等，2016），邻里是一种较小的更适合人的尺度的社区研究（谭英，1999），移民通过邻里互动而形成的邻里之间相互支持和相互信任的氛围能够促进移民的社区归属意识（谭英，1999），邻里关系较好的人口往往比邻里关系疏远的外来人口的社区归属感更高，融洽的相处方式能够促进其社区归属感的提升（陈凯仁等，2017）。此外，众多学者也提出人们积极地参与社区活动能够促进其建立新的社会网络，从而增强其社区归属感，侯小富研究了人们参与社区活动的频率与社区归属感之间的关系后得出社区活动对居民社区归属感的形成具有积极的促进作用（侯小富，2017）。在个人社区交往的政治方面，陆自荣等把社区政治参与作为影响社区感知的一个重要因素（陆自荣、张颖等，2016），何华玲等（2018）指出外来移民在遇到困难时寻找居委会的人数仅仅占到6.6%，也就是说，居民与社区乡镇干部之间的接触较少，长此以往可能使移民产生强烈的失落感，渐渐地疏离社区。因此，本章借鉴他们的研究并结合本书的研究内容选取群众性活动参与程度、邻里关系、与乡镇干部接触频率这三个变量作为衡量居民社区交往的三个指标。

群众性活动参与程度对应问卷中“社区（村）组织的群众性活动，您会参加吗?”，答案有“经常参加、偶尔参加、很少参加、从不参加”，合并变量为没有=1、一般=2和经常=3，以没有=1为参照。邻里关系对应问卷中“您与邻里关系相处怎么样?”，答案设有“很好、可以、一般、不好、很不好”，合并变量为差=1、一般=2和好=3，以差=1为参照。与乡镇干部接触频率对应问卷中“搬迁后，您与村、乡镇干部接触多吗?”，答案设有“非常多、较多、一般、很少交往、不交往”，合并变量很少=1、一般=2和较多=3，以很少=1为参照。

5. 个体特征

不同人口特征的居民其社区意识存在显著性差异（胡颖，2018）。个体对社区的归属感，来自人的基本社会需要，每个人由于自身特征的不同导致社会需要的差异，也会对社区归属感产生不同的看法。研究表明，居民的个体特征如年龄（叶继红，2011；李智，2016）、受教育程度等与农民工的社区归属感显著相关（才国伟，2011；杨卡，2010）。所以本章选取的内蒙古生态移民的个体特征包括年龄、性别、民族、婚姻、教育程度、健康状况等。

二、研究方法

本章的因变量社区归属感指标是赋值1~4的整数，分值大小从低到高表明移民对社区归属感的程度由低到高，因此本章采用Oprobit模型。首先用Oprobit模型将社区居民社区归属感的四个维度视为排序变量看待，然后使用潜变量推导出 MLE（极大似然估计）估计量。社区依恋、社区地域认同与人际拓展意愿同社区责任感的模型估计方法相同。

第四节

实证结果分析

使用有序 Oprobit 回归模型对内蒙古生态移民社区归属感的四个维度进行研究，分析各变量对内蒙古生态移民社区归属感影响程度。

一、生态移民社区责任感的分析

根据前面分析，依次对生态移民社区责任感的每个模型进行回归，考察搬迁特征在不同模型中对移民社区责任感的影响。结果如表 13 -2 所示。

表 13 -2　　生态移民社区责任感的回归分析

变量		模型 1	模型 2	模型 3	模型 4
搬迁特征	搬迁时间	-0.008	-0.008	-0.010	-0.010
	搬迁距离	0.319**	0.346**	0.539***	0.461**
	搬迁地选择权	0.243*	0.266*	0.416***	0.318*
	搬迁过程	0.206	0.192	0.290*	0.237
	搬迁意愿	-0.141	-0.143	-0.124	-0.098
	搬迁政策				
	一般	0.119	0.064	0.056	-0.047
	了解	0.645***	0.521***	0.196	-0.178
个体特征	年龄	-0.012***	-0.013***	-0.017***	-0.018***
	性别	0.292**	0.393***	0.464***	0.552***
	民族	-0.384**	-0.465**	-0.430**	-0.465**
	婚姻	0.255	0.197	0.291	0.302
	教育程度				
	初中	-0.140	-0.169	-0.144	-0.229
	高中	-0.027	-0.091	-0.099	-0.277
	身体健康				
	一般	0.308	0.234	0.193	0.300
	良好	0.275	0.189	0.0739	0.198

续表

变量		模型 1	模型 2	模型 3	模型 4
经济因素	年收入		0.086	0.046	0.052
	生活水平				
	一般		0.298	0.188	0.142
	较高		0.446**	0.235	0.141
社区满意度	生活环境				
	一般			0.001	-0.012
	满意			0.488	0.546*
	物业服务				
	一般			-0.074	-0.238
	满意			0.302	0.114
	社区活动				
	一般			0.358	0.519*
	满意			0.641**	0.577*
	教育环境				
	一般			-0.210	-0.206
	满意			0.069	-0.014
社区交往	群众性活动				
	一般				0.327**
	经常参加				0.811***
社区交往	邻里关系				
	一般				2.914***
	较好				2.924***
	乡镇干部接触频率				
	一般				0.319*
	较多				0.790***
cut1					
_cons		-1.783*** (0.396)	-0.827 (0.765)	-0.753 (0.855)	1.480 (1.258)
cut2					
_cons		0.265 (0.391)	1.240 (0.768)	1.513* (0.864)	3.921*** (1.278)

续表

变量	模型 1	模型 2	模型 3	模型 4
cut3				
_cons	1.452 *** (0.395)	2.473 *** (0.775)	2.912 *** (0.872)	5.468 *** (1.287)
N	403	393	375	374

注：①数据来源：内蒙古调查；② *** P<0.001， ** P<0.01， * P<0.05。

由表 13-2 可知，从搬迁特征来看，搬迁距离、搬迁地的选择权、搬迁政策的了解程度这三个变量对社区责任感具有正的显著性。其中，搬迁距离与社区公共事物的回归系数在四个模型中都比较高（分别是 0.319、0.346、0.539、0.461），表明生态移民的搬迁距离越近，其对社区的责任意识越强；相比没有搬迁地选择权的移民而言，拥有搬迁地选择权的移民社区责任感更强；移民越了解搬迁政策其社区责任感越强。另外，本章没有发现搬迁时间、搬迁意愿这两个变量与内蒙古生态移民的社区责任感之间具有显著的相关性。

从人口学因素中，回归模型结果显示，生态移民的年龄、性别、民族这三个变量对因变量显著相关。相比女性而言，男性具有更强的社区责任感，这可能是由于与男性工作有关，他们在外与别人打交道更多。相比于汉族，少数民族的人社区责任感越强，这可能与生态移民自身有关，他们更关注社区相关政策。另外，本章没有发现教育程度、身体健康这两个变量与社区责任感之间有显著的相关性，这可能与内蒙古生态移民整体文化程度偏低有关（小学及以下 276、初中 133、高中以及上 75）。

经济方面，在模型 2 中，生态移民的生活水平与其社区责任感呈正相关，回归系数为 0.446，表明提高生活水平和质量有助于提高移民的社区归属感。

社区满意度方面，模型 3、模型 4 的回归结果显示，生态移民的社区活动满意度与其社区责任感具有正向的显著性，回归系数分别为 0.641 和 0.519，说明移民对社区活动越满意越能够增强其责任意识。而在社区教育、社区生活环境、社区管理服务这三个变量与社区责任感之间，本章没有发现显著的相关性。

社区交往方面，参与群众性活动频率、邻里关系、与乡镇干部接触频率这三个变量对社区责任感均具有显著的正相关性。和谐的邻里关系能够促进移民积极参与到社区活动中，移民在社区交往的过程中，才能增强社区责任意识，进而提高社区归属感。与乡镇干部接触越多则越能够其社区责任感，两者正向相关。

二、生态移民社区地域认同的分析

根据前面分析，依次对生态移民社区地域认同的每个模型进行回归，考察搬迁特征在不同模型中对移民社区地域归属感的影响。结果如表 13-3 所示。

表 13-3　生态移民社区地域认同的回归分析

变量		模型 1	模型 2	模型 3	模型 4
搬迁特征	搬迁时间	0.022**	0.019**	0.013	0.012
	搬迁距离	-0.115	-0.109	-0.042	-0.094
	搬迁地选择权	-0.113	-0.117	-0.039	-0.062
	搬迁过程	-0.018	-0.001	0.087	0.065
	搬迁意愿	0.115	0.228*	0.296**	0.301**
	搬迁政策				
	一般	0.426***	0.485***	0.550***	0.511***
	了解	0.427**	0.347*	0.128	0.065
个体特征	年龄	0.001	-0.003	-0.004	-0.003
	性别	-0.233*	-0.244*	-0.242*	-0.272*
	民族	-0.425**	-0.409**	-0.390**	-0.418**
	婚姻	-0.043	-0.058	-0.032	-0.014
	教育程度				
	初中	-0.012	0.019	0.115	0.118
	高中	-0.087	0.030	0.140	0.148
	身体健康				
	一般	0.416**	0.372*	0.328	0.386*
	良好	0.372**	0.310*	0.210	0.226
经济因素	年收入		-0.021	-0.044	-0.049
	生活水平				
	一般		0.477**	0.512**	0.523**
	较高		0.652***	0.657***	0.622***
社区满意度	生活环境				
	一般			-0.324	-0.320
	满意			0.084	0.103
	物业服务				
	一般			0.092	0.070

续表

变量		模型 1	模型 2	模型 3	模型 4
社区满意度	满意			-0.055	-0.137
	社区活动				
	一般			0.397	0.430
	满意			0.304	0.314
	教育环境				
	一般			-0.148	-0.150
	满意			0.015	0.012
社区交往	群众性活动				
	一般				-0.117
	经常参加				-0.142
	邻里关系				
	一般				0.849
	较好				0.998
	乡镇干部接触频率				
	一般				-0.174
	较多				0.441**
cut1					
_cons		-2.232*** (-5.46)	-2.389*** (-3.07)	-2.513*** (-2.95)	-1.657 (-1.48)
cut2					
_cons		0.077 (0.19)	-0.010 (-0.01)	-0.075 (-0.09)	0.812 (0.72)
cut3					
_cons		1.094*** (2.76)	1.032 (1.34)	0.985 (1.16)	1.890* (1.68)
N		400	391	373	372

注：①数据来源：内蒙古调查；② *** P < 0.001， ** P < 0.01， * P < 0.05。

从表 13-3 可知，在模型 1 和模型 2 中，搬迁时间与社区地域认同具有显著的影响，搬迁时间越长，移民具有更高的社区地域认同；移民的搬迁意愿与社区地域认同具有显著的影响，相比于政府主导下的移民而言，自愿搬迁的移民对社区具有更高的社区地域认同。搬迁政策的了解程度与移民的社区地域认同具有显著的正相关，表明移民对搬迁政策的了解程度越高，对社区的归属意识越强。另外，本章没有发现搬迁距离、搬迁地选择权、搬迁过程三个变量与因变量之间有显著的相关性。

从个体特征来看，性别、民族两个变量与社区地域认同具有负向的显著性，具体而言，与男性相比，女性具有更高的社会认同；与汉族相比，少数民族的移民具有更高的社会认同。在模型 1 与模型 2 中，移民的身体健康状况与社区地域认同具有正向的显著性。另外，本章没有发现，年龄、婚姻、教育程度与社区地域认同之间有显著的相关性。

经济方面，生活水平这一变量与因变量有显著的正相关。具体而言，移民收入越高，其生活水平有较大的提高，越能够增强其对社区地域认同。

社区交往方面，回归结果显示，邻里关系这一变量与因变量具有正向的显著性。移民与乡镇干部接触越频繁，相处越融洽，越能够提升移民的社区地域认同。

三、生态移民人际关系拓展意愿的分析

根据前面分析，依次对生态移民人际关系拓展意愿的每个模型进行回归，考察搬迁特征在不同模型中对移民人际关系拓展意愿的影响。结果如表 13－4 所示。

表 13－4　生态移民人际关系拓展意愿的回归分析

变量		模型 1	模型 2	模型 3	模型 4
搬迁特征	搬迁时间	0.022**	0.019**	0.013	0.012
	搬迁距离	－0.115	－0.109	－0.042	－0.094
	搬迁地选择权	－0.113	－0.117	－0.039	－0.062
	搬迁过程	－0.018	－0.001	0.087	0.065
	搬迁意愿	0.115	0.228*	0.296**	0.301**
	搬迁政策				
	一般	0.426***	0.485***	0.550***	0.511***
	了解	0.427**	0.347*	0.128	0.065
个体特征	年龄	－0.018***	－0.017***	－0.015***	－0.015***
	性别	－0.063	－0.040	－0.164	－0.182
	民族	0.277	0.317*	0.305	0.277
	婚姻	－0.054	－0.070	－0.080	－0.088
	教育程度				

续表

变量		模型 1	模型 2	模型 3	模型 4
个体特征	初中	0.327**	0.290**	0.341**	0.299***
	高中	0.157	0.124	0.173	0.162
	身体健康				
	一般	-0.298	-0.267	-0.280	-0.225
	良好	-0.247	-0.228	-0.203	-0.196
经济因素	年收入		0.034	-0.017	-0.013
	生活水平				
	一般		-0.094	-0.103	-0.096
	较高		-0.131	-0.183	-0.210
社区满意度	生活环境				
	一般			-0.430	-0.423
	满意			-0.502*	-0.546*
	物业服务				
	一般			-0.140	-0.197
	满意			-0.052	-0.153
	社区活动				
	一般			0.388	0.400
	满意			0.731**	0.690**
	教育环境				
	一般			0.149	0.188
	满意			0.398*	0.411*
社区交往	群众性活动				
	一般				0.421***
	经常参加				-0.142
	邻里关系				
	一般				0.335
	较好				0.095
	乡镇干部接触频率				
	一般				-0.000
	较多				0.359*
cut1					
_cons		-2.703*** (-6.66)	-2.354*** (-3.06)	-2.431*** (-2.87)	-2.163** (-1.99)

续表

变量	模型 1	模型 2	模型 3	模型 4
cut2				
_cons	-0.544 (-1.40)	-0.219 (-0.29)	-0.241 (-0.29)	0.080 (0.07)
cut3				
_cons	0.870 ** (2.22)	1.231 (1.61)	1.230 (1.46)	1.578 (1.46)
N	406	396	378	377

注：①数据来源：内蒙古调查；② *** P<0.001，** P<0.01，* P<0.05。

从表13-4可知，模型1、模型2表明，移民户的搬迁时间对移民的交际意愿有正的显著性影响，搬迁时间越长，移民的交际意愿越高。移民对搬迁政策的了解程度与被调查对象的交际意愿有正向的显著性影响，相比不了解搬迁政策的移民，了解搬迁政策移民的交际意愿会增加0.43%。移民的搬迁意愿与移民的交际意愿有正向的显著性，移民搬迁意愿程度越高，其与迁入地的移民交际意愿越强。

在个体特征方面，从回归结果可以看出，移民的教育程度与移民的交际意愿有显著的正向影响，移民的文化程度越高，其与社区居民的交际意愿越高；移民的年龄与其与社区居民的交际意愿呈负相关关系，也就是年龄越大，其与社区居民的交际意愿越低。

在社区满意度方面，模型3、模型4中，社区活动满意度、教育环境满意度两个变量与移民的交际意愿均有显著的正向影响，具体来说，从对社区活动不是很满意的移民来说，对社区活动感到满意的移民的交际意愿会分别增加0.73%、0.69%。就对社区教育环境不是很满意的移民而言，对社区教育环境感到满意的移民的社区交际意愿会分别增加0.4%、0.41%。

在社区交往方面，模型4中可以看出，移民的群众性活动满意度与移民的交际意愿有显著的正向影响，相比较对群众性活动不满意的移民而言，对群众性活动满意的移民的社区交际意愿会提高0.42%。

本章小结

第一，社区归属感是一个内容丰富的情感，它有认知、情感、责任、交流的成分，主要内容包括对社区的责任感、认同感、依恋程度、人际关系拓展意愿。在社区归属感的现状分析中，本章发现当前生态移民的社区归属感整体上较高，这意味着人们对社区的归属感不但没有消失，反而处于一个较高的水平，人们与社区之间依然有着较强的纽带关系。但是移民的社区责任感依然较低，缺乏群体意识和参与意识。

第二，从社区归属感的影响因素来说，生态移民的社区归属感受到移民自身因素、搬迁特征、社区满意度、社区交往等因素的影响，但其三个不同维度之间存在一定的差异性。对于社区依恋而言，移民搬迁时间越长，对社区的依恋程度越高。移民搬迁意愿也与其社区依恋息息相关，相对于受政府强制搬迁的移民，自愿搬迁的移民对社区的依恋程度更高，会对社区产生更强的社区归属感；收入、生活水平这两个变量与移民的社区归属感呈显著的正相关；移民的物业管理服务满意度与社区的依恋具有正向的相关性；移民邻里关系与其社区依恋程度具有正向的显著性。另外，移民年龄越大，对社区的依恋程度越高，汉族移民比少数民族移民的社区依恋程度更高。

第三，在社区责任感方面，搬迁距离越近移民社区责任感越强，移民拥有搬迁地的选择权以及对搬迁政策越了解他们具有更高的社区责任感，表现出较强的社区责任意识；随着移民生活水平的提升，移民表现出更强的社区责任意识；生态移民的社区活动满意度与其社区责任感具有正向的显著性；参与群众性活动的频率、邻里关系、与乡镇干部接触频率这三个变量对社区责任感均具有显著的正相关性。生态移民的年龄、性别、民族这三个变量对因变量显著相关，相比女性而言，男性的社区责任感更强烈，相比于汉族，少数民族的人具有更强的社区责任意识，年龄越大社区责任感越低。

第四，在人际关系拓展意愿方面，移民的搬迁时间、搬迁意愿和对搬迁政策的了解程度与移民的交际意愿有显著的正相关性；移民对社区活动满意度与社区的交际意愿具有显著的正向影响；移民参与活动的频率与社区居民的交际意愿有显著的正向影响。另外，移民的文化程度越高，其与社区居民的交际意愿越高。而本章并没有发现搬迁意愿与居民的交际意愿具有显著的相关性。

第五，在社区地域认同方面，移民的搬迁时间、搬迁意愿、对搬迁政策的了解程度与移民的社区地域认同具有显著的正相关性；移民生活水平与其社区地域认同之间呈现正向的显著性；邻里关系、与乡镇干部的接触频率这两个变量与移民的社区地域认同具有显著的正相关。性别、民族两个变量与社区地域认同具有负向的显著性，具体而言，与男性相比，女性具有更高的社会地域认同，与汉族相比，少数民族的移民具有更高的社会地域认同。

第十四章

生态移民搬迁后生活成本对心理适应的影响研究

生态移民搬迁后，生活成本的上升是移民最主要和最直观的感受，原本不需要花钱的东西变成了刚需，如蔬菜等必需品，原本属于享受型的消费也变成了刚性需求，如暖气等。本章研究了内蒙古自治区生态移民搬迁前后生活成本变化及这个变化对移民心理适应的影响。

第一节

研究问题

前已述及，生态移民工程是一项涉及搬迁和重建，跨度时间长、牵扯复杂的项目，移民安置作为整个迁移过程的重要部分，是整个项目的重点和难点。许多研究发现，虽然生态移民在搬迁后收入大多有所增加（刘小强，2010），但生产生活的支出较搬迁前增加得更多更快。一方面，移民需要购买新的生产资料和生活用品；另一方面，移民在搬到新安置区后，由原来大部分依靠自给自足变成了大部分依靠商品化经济，一些原本不需要花钱的生活用品变成不可或缺的生活开支，如蔬菜、牛羊肉、奶制品等。消费需求的增加给移民的生活成本造成了不小的影响，移民的生活成本增加主要集中在衣食住行、子女教育等诸多方面。

生活成本的大幅攀升，而收入渠道却更不稳定。原有的大部分固定资产、收入渠道、生产技能都随着搬迁而丧失，再加上移民还没找到新的收入门路，更使移民在经济上捉襟见肘，困难重重。加之，搬迁后移民村落距离城区较近，从前靠养殖业或种植业为生的移民由于技术水平或文化程度较低，一时间无法找到适合的工作而陷入困境，有些移民的收入还不足以支付修建房屋或者购置基本生产工具的费用。收入的非农化与消费的市场化使移民的许多基本支出无法保障，许多移民出现了入不敷出的现象，这已经成为移民抱怨的主要内容，如果移民的生活得不到有效改善，将会对其社会适应、心理适应造成影响。

针对移民的生活成本问题，学者专门研究的较少，有的只是一笔带过或者政策建议中的简单阐述，只有少量关于农民工进城务工（李强，2014）、老年人（王媛，2017）、大学生、"城中村"生活成本（陈前虎，2010）等主体的探究，这些虽然与本研究主体不同，但它们仍具有共性，都有一个在新环境中适应的过程——主体如果不能很好地解决生活成本的问题，就难以很好地适应新环境的生活，很可能会出现一定的焦虑不安心理，出现心理不适应的现象，进而引发一系列的情绪，影响移民工程的正常进行。移民搬迁后的生存状况就是看其适应性的好坏，移民不能很好地适应新环境甚至会返回原居住地（叶嘉国，2000）。新环境带给移民的挑战不仅仅是生活生产方面，也是心理方面的适应。移民从原住地搬出只是搬迁的第一步，能否融入迁入地的新生活，接受新环境的变化进而从心理上接纳新生活才是移民搬迁的重中之重。移民在新环境中所面对的生计方式、消费理念及风俗、语言等差异，使移民搬迁后的心理世界复杂而困惑，新环境的变迁带给移民的不安与原来生活的熟悉带给移民一定的心理落差感（Agnes，2009）。对于新环境生活开销和经济收入的期待和担忧、子女以后教育水平的担忧和期待等（鲁碧华，2012），这些复杂又纠结的心理都会对移民的心理适应产生影响，所以当地政府实施搬迁后的政策扶持才是影响移民户生计恢复和心理适应的关键因素。

目前学者对于心理适应的研究较多涵盖在移民的社会适应研究中，或者单纯从医学角度测量，集中在搬迁后的现状恢复及移民生产生活习惯、文化宗教变迁、对移民在搬迁后的生活成本变化、心理预判与后期心理适应之间的关系研究较少。

根据 2018 年 2 月对内蒙古自治区生态移民所做的相关调查，本章了解内蒙古地区生态移民搬迁后生活成本方面的变化，及对移民搬迁后的心理适应状况。本章就是了解移民的生活成本变化情况和对移民心理适应的关系，主要试图回答以下问题：

第一，搬迁后移民的生活成本发生了怎样的变化？

第二，搬迁后影响移民心理适应的机制是什么？如何改善移民的心理适应情况？

第二节 理论分析

分析移民心理焦虑与社会适应的理论主要有压力应对理论等，这一理论又称为压力认知交互理论（葛根高娃等，2003），理论强调了个体在处理超出自己能力范围之外的事件时，会发挥主观能动性进行动态的认知与行为上的努力。压力是指人与外部环境交互过程中创造改变并需要适应的生活事件。压力源则是引起个体紧张或不良反应的各种内外环境刺激，只要能够对个体产生影响，使个体有压力感的都称为压力源，包括躯体性压力源、心理性压力源、社会性压力源和文化性压力源等。压力应对理论在心理压力领域应用较有代表性，应用也较为广泛。具体的，在生态移民过程中，压力源是移民搬迁，移民的一系列变化追根溯源都是搬迁这一事件；而压力是移民生活生产的变化，是移民改变创造并需要适应的生活事件；而认知评估的过程就是判断压力源、分析拥有的应对资源以及克服压力、反馈调整的过程：在判断压力源的阶段，如果移民认为搬迁对自己造成威胁、挑战、伤害或损失，则搬迁是有压力的；如果应对资源充足，如经济条件较好或有稳定的工作，那么该事件对移民不会造成压力，如果应对资源不足，如生计受阻，生活成本变化较大，那么就会对移民造成压力；克服压力的过程就是解决问题、缓解情绪的过程，如寻找新的生计方式，降低生活成本等，由此反馈调整进入较好的迁后适应状态。移民通过感知、思考、推断决策等心理活动来完成认知过程，在面对搬迁事件时，移民采取正面应对、积极主动方式还是退避消极对移民的迁后心理适应有很重要的影响。

近几十年来，移民搬迁后的社会适应问题逐渐成为关注的焦点。国内外学者对移民的社会适应进行了大量研究。研究范围主要围绕文化适应、社会适应和心理适应进行。关于移民不适应的具体方面是学者最为关心的问题。国外研究表明，生态移民搬迁改变的不仅仅是生活、生产环境，还包括原有社会支持网络的重构，对移民户的内心冲击也各有不同，自我抗挫能力低的移民可能会出现心理健康问题。国内关于生态移民的研究也显示，移民在搬迁后的心理健康状况不容乐观（刘琴，2009）；与当地居民相比较，移民更可能出现心理症状问题（陈景红，2015）；少数民族相比汉族移民的心理症状检出率显著高于本地常住居民；移民的贫困程度对其心理健康也有影响；无意返迁的移民承受的心理压力小于有返迁想法的移民（杨辉等，2009），心理压力大的移民想返迁的可能性是心理压力小的移民的 1.015 倍（杨文婷，2014）。同时，外迁移民的心理焦虑与抑郁程度高于本地居民，影响因素有性别、年龄、疾病、个人收入满意度与搬迁后的人际关系等（郭欢欢，2016）；对移民户心理适应产生影响的重要预测变量还包括移民意愿、文化融入程度、社会文化适应这些因素（崔冀娜，2019）。由于刚搬迁到一个新的环境，如果不能适应新环境、新的生活生产方式、人际关系等，就难以实现社会角色的及时转变，移民会出现孤立、无助甚至焦虑、抑郁等负面情绪，再加上其他负性生活事件的影响，移民在面对新环境时更倾向于不作为的消极被动状态。

大部分学术研究认为，移民的心理症状受个体和社会等多种因素影响。如性别、年龄、人格特质、搬迁距离、搬迁时间等因素对移民的心理适应关系密切。移民的搬迁距离及搬迁时间等搬迁特征对移民户心理适应程度关系密切。有许多学者就搬迁特征与心理适应的关系进行了实证研究，发现搬迁一年内的新移民产生各种心理问题的概率较高，对新环境的适应上困难程度较大；搬迁距离越远，移民心理问题越严重，迁出地与迁入地的差别越小，适应时间越快，适应程度越高（解彩霞，2009）。

内蒙古自治区的移民主要是为治理风沙、草场退化而进行的生态移民，移民搬迁前大多居住在交通不便、基础设施较差、经济收入单调、条件艰苦的北部草原。生活资料大多自给自足，很少在市场上购买，生活成本相应较低。移民搬迁后，大多被安置在交通较便捷、设施较完善、相对开放的新建村镇社区，临近县城或乡镇集市，移民的生活必需品需要在市场上购买，日常生活开支增加，开销增大。受物价影响，一些生活成本隐形增长。另外，农牧民在搬入安置地后，生计方式的变化对经济收入也产生了不同程度的影响，收入的不稳定和消费的刚性增长造成的移民搬迁后生活成本快速上涨已成为移民搬迁后最为关心、最为焦虑的问题之一。

然而，针对移民的生活成本的具体研究目前还较少看到，仅有学者在三江源移民研究中指出移民打工的收入搬迁后不稳定，维持正常家庭开支存在困难，搬迁前的食物费用为 1860 元，搬迁后的食物费用为 3590 元，开支明显增大（祁进玉，2015），另外，医疗、住房、孩子上学等费用也明显增加（张灵俐，2014），移民生活成本增加。但学者的研究仅是从生计角度给予描述性统计，专门对移民的生活成本和心理焦虑关系的实证研究还很少看到。

第三节

变量测量和研究方法

一、变量测量

本章的变量包括三类变量：自变量（生活成本、资本）、因变量（心理适应状况）和控制变量（年龄、文化程度、性别等）。对这些变量的测量主要根据相关文献研究的变量测度方法，并结合了内蒙古生态移民的独特特征而做出。

（一）因变量

心理适应状况是形成移民感知的重要因素，移民是否适应是期望与现实结果相比较得出的一种结果，而心理适应状况有不同的表现形式，如睡眠质量状况、压力感、焦虑、抑郁等不同症状。为了测度移民户的心理状况，我们引入了由心理压力、心理焦虑到心理疾病并在本次研究作为三个层次进行分析研究。我们认为这三个层次能在某种程度上作为移民户的心理状况的反应，哪些因素影响移民的心理层次指数，如何从生活成本角度为改善心理不适应状况提供参考，将是我们研究的核心内容。

在实际调查中，“您认为自己的心理健康状况怎么样（非常健康 = 1，一般 = 2，不是很健康 = 3）”得出被试整体的心理健康状况，有大约 38% 认为自己非常健康、55% 认为一般，7% 认为不是很健康。移民在搬迁后需要适应新的生活生产环境，部分移民出现心理无法适应的现象，产生睡眠质量不好甚至心理压抑、焦虑等症状，图 14－1 反映了移民心理适应的一般心路历程。

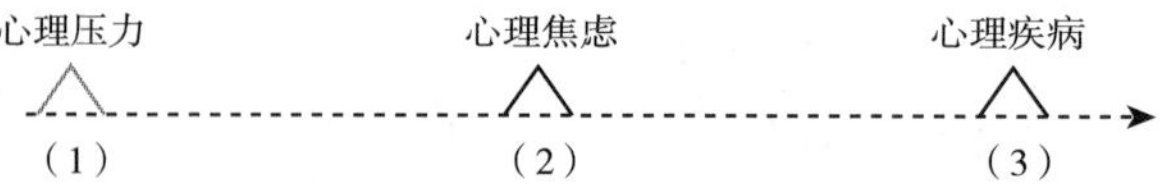

图 14－1　移民心理适应的历程

（1）心理压力：睡眠质量不好或感到压抑；

（2）心理焦虑：自我感觉强迫、抑郁或焦虑；

(3) 心理疾病：精神恍惚衰弱或感觉周围人对自己有敌对心理。

(二) 自变量

1. 生活成本

对生活成本的测量有不同的方法，如有学者（邢丹等，2017）对居民生活成本的测量采取居民消费支出占居民可支配收入的比重，并认为生活成本的重要影响因素有消费支出和生活质量；也有人认为消费者价格指数和恩格尔系数与生活成本存在正相关关系，也就是说，消费者价格指数上升及恩格尔系数上升，生活成本可以用消费者价格指数来测量，也有必需品法、价格法等方法；也有针对不同群体采取的特别的测量方法，如有学者（徐丽萍、王小林等，2011）对不同地区、不同收入水平及不同年龄的老年人的生活成本就采用了直接支出法测算；也有学者（任天波、余白露等，2016）对前述的消费者价格指数法提出了质疑，认为影响生活成本的因素很多，单一的 CPI 并不能如实反映生活成本变化，两者之间不能完全划等号，并以城镇居民食品支出举例，采用指数核算法将 15 种商品纳入其中，证明生活成本受各类食品价格变化的影响，这也是在陈龙、杨天宇和张品一（陈龙，2010）等将 8 种消费品作为生活成本研究内容的基础上进行扩展细化。

从范围上来讲，生活成本的测量有以下三种：一是居民消费支出占居民可支配收入的比例，涵盖衣食住行；二是消费结构分类角度的生存性消费（恩格尔系数）、发展性消费、享受型消费（医疗、交通、教育文化、服务型消费）及私人成本和公共成本等分类；三是生活质量视角的旅游支出及居住条件占比，生活质量与生活成本成正比。本章采取生存性消费概念即衣食住行消费作为生活成本的概念研究，结合移民区搬迁面临的特殊问题，如住房重建、生计资本方式转变引起的收入来源不稳定及不同返迁原因（何淑兰、赵森等，2018）引发的不同。

2. 人口特征变量

据相关文献研究及调查分析，我们结合移民问卷特征，选择了性别、户主年龄、身体健康状况、文化程度及搬迁距离作为控制变量研究。其他变量的描述性统计如表 14－1 所示。

表 14 -1　　其他变量的描述性统计

人口特征	性别	男 =1，女 =2	1.34	0.475
	年龄	<30 岁 =1，30 ~60 岁 =2，>60 岁 =3	56.47	14.917
	身体状况	很好 =1，较好 =2，一般 =3，较差 =4，很差 =5	2.23	1.116
	文化程度	1 = 小学及以下，2 = 初中，3 = 高中或中专，4 = 大专或本科以上	1.58	0.744
	搬迁距离	村内 =1，乡内 =2，县内 =3，省内 =4，省内以上 =5	2.63	0.918

二、研究方法

根据上述理论分析，本章的因变量依据移民心理适应的强弱程度分为心理压力、心理焦虑和心理疾病三个层次，因三个变量均为是否有二分类变量，故回归模型采用 Logistic 回归分析影响移民心理适应状况的各种因素。

第四节　实证结果分析

一、生活成本对心理压力的影响

前已述及，本章将依次对心理压力的模型进行回归估计，考察移民的生活成本变化对移民户心理压力的影响，回归结果如表 14 -2 所示。

表 14 -2　　移民户心理压力的回归分析

变量		模型 1	模型 2	模型 3
生活成本	目前最担心（参照项：非经济）			
	经济方面	0.309*	0.655	0.638
	土地分配方式（参照项：满意）			
	一般	0.636	0.266	0.281
	不满意	5.478**	7.495*	10.163*
一般特征	性别（参照项：女）			
	男		0.283*	0.354

续表

变量		模型 1	模型 2	模型 3
一般特征	户主年龄（参照项：30 岁以下）			
	60 岁以上		0.238	0.162
	30～60 岁		0.092 *	0.079 *
	身体状况（参照项：好）			
	差		39.601 ***	40.750 ***
	一般		1.240	1.684
	搬迁距离（参照项：近）			
	县以内		0.223 *	10.189 *
	远		0.556	0.733
P 值		0.0003 ***	0.0000 ***	0.0000 ***

注：①数据来源：内蒙古调查；② *** 表示 P≤0.01，** 表示 P≤0.05，* 表示 P≤0.1；③介于篇幅原因，报告中只呈现了结果显著的变量，部分不显著的变量未呈现。

表 14－2 是生活成本对移民心理压力的回归分析结果。模型 1 表明，移民"最担心的问题""土地分配方式"对调查对象"心理压力"有正向的显著作用：与移民"最担心的问题非经济方面"相比，"经济方面"移民的心理压力要增加 0.31%；从"土地分配方式满意度"这个变量也可以看出，与"对土地分配方式满意"相比，对其"不满意"移民的心理压力要增加 5.48%；模型 2 和模型 3 结果显示，与"土地分配方式满意"移民相比，"土地分配方式不满意"移民的心理压力要分别增加 7.50% 和 10.16%；这说明土地分配方式满意度对移民心理状况产生重要影响：对土地分配方式越不满意，心理压力越大。

模型 2 和模型 3 显示，部分家庭人口特征对调查对象心理压力有显著的影响，如户主身体状况、户主年龄、户主性别及搬迁距离等，与身体状况好的移民相比，健康状况差的移民心理压力分别增加 39.60% 和 40.75%；与搬迁距离在乡内的移民相比，距离在县以内移民的心理压力分别会增加 0.22% 和 10.18%。

二、生活成本对心理焦虑的影响

本小节使用 Logistic 模型对移民心理焦虑模型进行回归，考察生活成本变化对移民心理焦虑的影响，估计结果如表 14－3 所示。

表 14－3　　移民心理焦虑的回归分析

变量		模型 1	模型 2	模型 3
生活成本	返迁原因（参照项：非生计）			
	生计	0.537	0.349*	0.410
	住宅建设费用（参照项：可以承担）			
	无法承担	4.057**	0.349*	3.705*
	基本可以	0.773	0.734	0.460
人口特征	户主年龄（参照项：30 岁以下）			
	60 岁以上		0.151*	0.164
	30～60 岁		0.108*	0.101*
	身体状况（参照项：好）			
	差		5.750**	6.404**
	一般		1.431	0.905
	文化程度（参照项：小学及以下）			
	高中以上		1.121	1.046
	初中		2.831*	4.249*
P 值		0.0377*	0.0041**	0.0191*

注：①数据来源：内蒙古调查；②＊＊表示 P≤0.05，＊表示 P≤0.1；③介于篇幅原因，报告中只呈现了结果显著的变量，部分不显著的变量未呈现。

模型 1 表明，搬迁户的“住宅建设费用”对其“心理焦虑”有正的显著性影响，也就是说，与“住宅建设费用可以承担”的移民相比，“无法承担”移民的心理焦虑要增加 4.06%。模型 2 表明，“住宅建设费用”“返迁原因”对“心理焦虑”有正向的显著影响，与“因非生计返迁”移民相比较，“因生计返迁”移民的心理焦虑会增加 0.35%，与“住宅建设费用可以承担”的移民相比，“无法承担”移民的心理焦虑要增加 4.06%。模型 3 表明，“住宅建设费用”对移民心理焦虑有显著的正向影响，与“住宅建设费用可以承担”的移民相比，“无法承担”移民的心理焦虑要增加 3.71%。就本章研究所关注的生活成本视角而言，说明移民的住宅建设费用承担能力及返迁原因对调查对象的心理焦虑有重要影响。

另外，移民的“身体健康状况”“户主年龄”“文化程度”对其“心理焦虑”也有正向的显著影响，与“文化程度为小学”移民相比，“文化程度为初中”移民的心理焦虑要增加 4.25%。

三、生活成本对心理疾病的影响

本小节使用 Logistic 模型对移民心理疾病的模型进行回归，考察生活成本变化对移民心理疾病的影响，结果如表 14 - 4 所示。

表 14 - 4　　移民心理疾病的回归分析

变量		模型 1	模型 2	模型 3
生活成本	土地分配方式（参照项：满意）			
	一般	1.286	0.897	0.561
	不满意	0.978	0.505	0.159*
	住宅建设费用（参照项：可以承担）			
	无法承担	2.395*	2.219	3.698
	基本可以	1.305	0.853	0.821
	子女教育阶段（参照项：高中以下）			
	高中以上	0.473	0.304*	0.285*
	教育投资（参照项：5000 元以下）			
	5000 元以上	2.795*	3.161*	4.111*
一般特征	性别（参照项：女）			
	男		1.970	2.837*
	户主年龄（参照项：30 岁以下）			
	60 岁以上		0.104	0.065*
	30 ~ 60 岁		0.048*	0.031*
	身体状况（参照项：好）			
	差		2.383	4.957*
	一般		1.134	0.491
	文化程度（参照项：小学及以下）			
	高中以上		0.129*	0.087*
	初中		1.483	2.283
	搬迁距离（参照项：近）			
	县以内		1.254	1.225
	远		8.957*	3.096

续表

变量		模型1	模型2	模型3
资本	有无土地（参照项：有）			
	无			9.426*
	收入来源（参照项：种植业、养殖业）			
	家庭经营			0.228*
	政府补助			0.496
P值		0.3921	0.0242*	0.0013**

注：①数据来源：内蒙古调查；②**表示 $P \leqslant 0.05$，*表示 $P \leqslant 0.1$；③介于篇幅原因，报告中只呈现了结果显著的变量，部分不显著的变量未呈现。

由表14-4可知，模型1中显示，搬迁户的“住宅建设费用”及“教育投资”对其心理疾病有显著影响：与“教育投资在5000元以下”的移民相比，“教育投资在5000元以上”移民的心理疾病要增加2.80%，与“住宅建设费用可以承担”的移民相比，“无法承担”移民的心理焦虑要增加2.40%。模型2表明，“子女教育阶段”及“教育投资”对搬迁户的“心理疾病”有正向影响，与“处于高中以下教育阶段”的移民相比，“教育阶段处于高中以上”移民的心理疾病要增加0.30%，与“教育投资在5000元以下”的移民相比，“教育投资在5000元以上”移民的心理疾病要增加3.16%。模型3表明，“土地分配方式”“子女教育阶段”“教育投资”对移民的“心理疾病”有正向显著影响，与“子女处于高中以下教育阶段”移民相比，“子女处于高中以上”移民的心理疾病要增加0.28%，与“教育投资在5000元以下”移民相比，“教育投资在5000元以上”移民的心理疾病要增加4.11%。就本章研究所关注的生活成本角度而言，“住宅建设费用承担能力”“教育投资”“教育阶段”对于搬迁户的“心理疾病”有重要影响。

此外，户主年龄、户主文化程度、户主身体状况、搬迁距离及有无土地、收入来源对心理疾病也有影响：与“有土地”的移民相比较，“没有土地”移民的心理疾病会增加9.43%。

四、讨论

研究显示，内蒙古生态移民的住宅建设、土地分配上的满意度及子女教育是移民搬迁后经济上最为担心的三个方面，这三个方面的费用和消费也是引起移民心理压力、心理焦虑和心理疾病的三个主要的生活成本，可能的原因是：

首先，移民搬迁后面临着生活环境的改变，而最大的一笔费用就是购买住房和修葺房屋的费用，虽然有来自安置地政府给予的住房补贴，但数量较少，大部分仍需要由移民自筹解决，住宅建设费用基数大，是刚性支出，影响了移民的其他生活支出，由于新购买的房屋增加了自来水、热水器、暖气等基础设施，这些设施的使用需要支付费用，部分直接上楼入城镇的移民还要交纳物业费，生活成本更是大幅增加，超出了移民的预期和承受能力，部分移民特别是年龄较大的移民忧心重重，睡眠状况不好及压抑等心理不适应的症状也时有发生。

其次，移民对土地分配方式的满意度也对心理适应状况呈正相关关系，移民对土地分配方式越满意，心理适应状况越好，对土地分配方式越不满意，越容易有心理上的压力和问题。土地作为主要生产资料对从事粗放式的种植养殖业的移民有重要影响，有土地才能进行劳动产生收益，没有土地或者对土地分配方式不满意就相当于“无源之水、无本之木”，巧妇难为无米之炊，移民失去了创造财富的生产资料，不管重新寻找新的生计手段或是等待政府救济都会间隔有不短的空档期，空档期内这些家庭不仅没有收入来源，而且还背上沉重的债务负担，部分移民除了要承担高失业风险外，还要承担高生活成本，生活压力加重，而经济地位在某种程度影响着社会地位，归属感降低，社交关系有限，无法找到合适的救济或者排解方式，影响睡眠质量甚至产生压抑、抑郁焦虑及精神衰弱和恍惚等心理不适应症状。

最后，移民搬迁到平川地带后，由于安置教育水平较高，基础设施也较好，移民对子女教育也有了新的认识，家庭教育以外的学校教育开始受到重视，反映在具体行为上就是子女教育阶段越来越高，除正常的学校缴费外，对教育的投资也在逐渐加大。移民在搬迁过程中，经历了一个商品化和城镇化的过程，由相对闭塞的牧区迁入比较开放的城镇，由半自给自足半商品化的生产方式变为完全商品化的生产方式。城镇的生活方式和思想观念冲击着牧民的生活，商品经济进入牧区以后，牧民的思想开放程度提高。那些头脑灵活、见过世面的人能够适应这一变迁，并利用这一契机发展壮大。而这部分人的整体文化水平高于普通牧民。城镇化也冲击着移民的教育观念，最明显的就是孩子教育支出的增加。由于地方政府投入不足，小城镇学校办学条件较差，优质教育资源短缺，教师流失严重，且长期得不到改善，大多数农业转移人口千方百计地将孩子送入城市学校读书。但很多城里的学校对农业转移人口设有较高的门槛，有些学校需要入学者交纳一定的借读费，有的甚至需要入学者交纳较高额的“赞助费”，这在一定程度上也加重了农业转移人口的生活负担。移民搬到新安置区后，子女的教育环境也发生变化，寄宿、陪读变为走读，受新环境外界教育观念的影响，移民对比选择之后也加大了教育培训的投资，在收入不变的前提下，加大子女教育投资意味着其他支出的缩水，刚性需求的支出让移民通过借贷款方式救急，但是这种急切想要改变贫穷的心理同教育本身的投资大、战线长、见效慢的性质让移民陷入窘境，一方面来源于经济压力，另一方面是精神压力：对自己选择的迷茫压抑、纠结矛盾的状态。久而久之，心理承受力降低、焦虑感增加、精神衰弱等心理不适应的症状出现，负性心理效应持续存在。

本章小结

内蒙古生态移民的住宅建设、土地分配上的满意度及子女教育是移民搬迁后经济上最为担心的三个方面，这三个方面的费用和消费也是引起移民心理压力、心理焦虑和心理疾病的三个主要的生活成本。

住房建设费用承担能力对户主心理适应有影响，随着移民的承担能力的增强，心理不适应的程度越弱，承担能力越弱，心理不适应的可能性越大；移民对土地分配方式的满意度对心理适应状况有影响，对土地分配方式越满意，心理适应状况越强，对土地分配方式越不满意，心理适应程度越弱。移民对子女的教育投资对心理适应有影响，子女教育阶段越高或者投资越多，产生心理不适应的可能性就越大，反之则越小。

第十五章

生态移民社区融合与子女教育期望

转变移民的教育观念并提高移民的教育水平是实现搬迁后生态移民减贫、脱贫的长远之策。本章分析了宁夏生态移民对子女教育期望的影响因素，家庭条件较好、社区融合度较高的移民家庭更倾向于让子女上大学，而文化融合对移民家庭关于子女上大学的期望转变影响则很小，最后提出了促进移民社会融合以加快移民教育观念步伐转变的对策建议。

第一节 研究问题

宁夏回族自治区为使生态移民尽快适应当地的生产和生活环境，迁入地政府开展了许多减贫、脱贫支持计划，如兴办产业园区、劳务输出、发展庭园经济、低保人群“应保尽保”等。在政府扶贫措施的帮扶下，移民收入得到迅速增加。据统计，2015 年，宁夏生态移民可支配收入达 5638 元，同比增长 10.9%，移民的人均收入已经超过了 5000 元，而搬迁比较早的吊庄移民的人均收入更是达到 7000 多元。

但是，这些措施仅仅可以解决移民新迁入时的暂时困难，长远的生产问题仍需要靠移民自身的内生发展动力和能力，而教育问题解决的正是生态移民精准扶贫中的内生动力问题。自治区政府在移民的教育方面也采取了一些措施，如集中修建新的校舍、对移民子女采取学费优惠、培养通晓蒙汉双语的师资队伍等。但是，由于在迁入地面临从牧区到农耕区巨大的生产方式转变，许多移民无法适应新的生产生活环境，许多移民迫于家庭经济或社会环境的压力，更希望自己的子女尽早进入劳动市场，外出务工帮助家庭赚钱以贴补家用，对他们在学校的学习表现则并不关心。实际上，从长远来看，只有从根本上转变移民的教育观念，才能获得比较持久的脱贫减贫成绩，从而使移民真正摆脱贫困，正所谓“扶贫先扶智，治穷先治愚”。

在已有关于父母对子女教育期望的研究中，学者偏重于研究各类家庭因素对于教育期望的影响，普遍认为家庭经济条件、父母教育观念、子女个数等对于父母希望不希望孩子上大学有不同程度的影响。一般而言，经济条件较好，父母拥有高学历的家庭，父母更希望子女可以完成大学学业，以高起点步入社会。同时，学者还提出有些父母在进入城市或者因为工作原因举家迁移到新的住址后，随着周围环境的变化，对于子女的教育期望也会发生改变。例如，进城务工的农民工家庭，在经济条件改善的同时，由于城市教育资源集中且优异，城市父母希望孩子上大学的意愿相当普遍，农民工父母在与城市居民的交往中，教育观念受到当地居民潜移默化的影响，对子女的教育期望提高。

那么，生态移民在迁入新址后，除了受固有的家庭因素的影响外，教育观念在逐渐融入新的生产生活环境时，是否会有所改变？如果存在变化，这种转变又是受到哪些因素的推动？是否由于不同移民的不同家庭因素造成了在新址融入状态的不同，而导致了教育期望的不同？

第二节 理论分析

一、家庭因素与教育期望

学者对于生态移民教育的研究较为少见，但对外来人口子女教育观念的转变进行了大量较为深入的研究。有些学者认为教育观念变化的其中一个表现就是父母对子女教育期望的变化。家长教育期望是教育观念的一部分，是家长对子女发展目标的看法。早期，学者认为家长对子女的教育期望主要受家庭因素和学校因素两方面的影响。在家庭因素中，一般探讨的是家庭成员的社会、经济、成员素质等相关因素对教育期望的影响（方建华，2014；杨威，2012；杨习超等，2016），主要集中在 4 个方面：

一是父母层面各因素（如父母职业、教育程度、婚姻状况等）。一般研究认为，从事管理或技术岗位的父母对子女的学历期望较高（杨习超等，2016），但也有研究表明低层劳动人民也存有“望子成龙，望女成凤”的观念，希望孩子可以上大学，改变落后面貌（熊和妮，2017）。此外，国内外学者普遍认为父母的受教育程度显著影响其对子女的教育期望（魏勇、马欣，2018；Behrman，1984；魏勇、马欣，2017；上官木子，1997），“父母可以从自己受教育经历中充分认识到教育的重要性并对子女的教育给予更多的投入、产生更高的教育期望”（Wadsworth，1981）。

二是子女层面各因素（如子女性别，子女个数等）（张云亮，2018）。一般来说，家庭的子女个数影响着父母的教育期望（吕国光等，2011），农村家庭拥有较多的子女数，有些家庭为了满足生计需求，会选择其中学习较好者上大学，而其余子女则外出务工以贴补家用，有些家庭甚至无法承担任何一个子女的教育费用，对子女的教育期望更是不用提及。此外，我国历史由来已久的“重男轻女”思想会导致某些家庭更注重对男孩的教育而忽视女孩的教育，也有家庭是相机而为，儿子与女儿谁学业成绩优秀就供其上大学（杨习超等，2016）。因此，子女层面特征对教育期望的影响还要视具体情况而定。

三是家长参与教育情况（检查孩子作业、辅导功课、对教育关心程度等）（梁文艳等，2018；刘保中等，2015）。家长参与教育主要从观念和行为两个方面来施加（杨习超等，2016），观念上表现为父母对子女学业的态度和期望，行为上则包括与子女沟通学习体验、监督和帮助子女完成学业、教育投入等。家长与子女的学习互动使孩子感受到来自“重要他人”（黄超、吴愈晓，2016）的积极鼓励，激发子女学习动力，获得好的学业成绩，而好成绩又反过来令父母对教育投入更多，拥有高的教育期望（Teachman，1988；Seginer，1983）。就某种程度而言，父母的教育参与和对子女的教育期望具有双向的互相促进作用。

四是家庭背景因素（家庭收入、家庭社会经济地位等）（黄超，2017）。社会学领域的研究普遍认为家庭为子女教育直接提供了重要的经济、文化和智力资源，家庭社会经济地位是影响儿童及青少年发展的重要因素（Duncan，1997；Coleman，1988），父母的经济优势可以在子女学习中提供更多的物质保障和认知环境（刘保中等，2015），而且一般收入较高家庭的父母更希望子女可以拥有高学历。学校因素对教育期望的影响主要从学校类型、学校规模、教育质量、学校环境等方面来进行（张云亮，2018；梁文艳等，2018；黄超，2017）。因为问卷中涉及学校方面的问题不全面，所以在本章只探讨家庭因素与家长教育期望的关系。

二、社会融合与教育期望

随着包括生态移民在内的外来人口外出务工行为的普遍出现，学者逐渐跳出家庭和学校的局限，将影响范围扩大到周围的社会环境，认为农民工进城务工后，在融入城市生产和生活的同时，教育观念也会随之发生很大变化。那些经常与邻居交往的城市外来务工家庭，他们经常与城市家长接触、交流，城市居民的教育观念会使他们对知识的重要性逐渐产生认同（陈旭峰，2013；钟一彪、李娜娜，2009；许传新，2012），这类家庭对子女的教育期望值比较高。

但相关研究大多集中在外来人口教育观念受城市人影响的范围，对于内蒙古的生态移民来说，他们有其独有的特点：内蒙古各个地区的移民在迁入地的生存状态存在很大差异。那些搬迁到城市边缘的移民户，社区基础设施和服务相当齐全，其子女可以轻松享受到教育资源，家长对子女的教育期望逐渐与城市居民趋同；而依旧搬迁到农村地区的移民户，子女上学要去几十公里以外的旗里，教育成本高昂。他们的基本生计都成问题，对子女的教育期望便会随着家庭经济情况的好坏而高低不同，也会因为周围普遍的教育环境和其他家庭的教育观念作出相机决策（马俊龙，2017）。因此，在内蒙古西部移民的教育观念转变和生计重建过程中，还应该考虑移民户移入不同环境后的不同社会融合情况对子女教育期望的影响情况。

内蒙古西部生态移民的社会融合情况分别从经济、文化、社区三个方面衡量。针对移民户所讲的经济融合，更多地表现在生产方式融合、职业融合和民生融合三个方面。移民来到新的地方，有些保留了原来的生产方式，依旧种植作物。但也有一部分人选择在附近或外出务工，他们在职业选择、劳动机会和报酬的获得等方面面临新的情况和挑战，由于劳动技能的缺失，许多移民只能从事低收入职业，勉强维持生计。而移民的民生融合主要表现在居住环境、住房设施、公共服务、社会保险、社会救助等方面，是实现社会融合的关键环节（杨聪敏，2014）。许多研究表明，移民在新迁入地获得了持久稳定的职业收入、质量较好的住房，即所谓的“安居乐业”后，才可能进一步考虑子女的教育问题。

关于移民的文化融合，学者一般从民族的角度进行分析，内蒙古的生态移民中包括大部分的汉族、少部分的蒙古族和其他少数民族，有牧民也有农民，迁入地也分为城市边缘和村庄，文化中显性与隐性融合方面的情况比较复杂。但是由于汉族人居多，移民中少数民族汉化的趋势非常明显，因此移民一般不存在文化不适应的现象，对子女的教育期望也随着周围文化环境的改变而有所改变，同时，蒙古族的移民因为担心民族文化的缺失，更加地注重对其子女的教育。

至于对移民社区融合的研究，本章借鉴学者关于社区融合情况考察维度的划分，从社区参与（如“关心公共事务”“参加群众活动”等）、社区交往（如“邻里关系如何”“村务信息获取渠道”等）（佟雪铭，2015）、社区信任（如“维权途径”“是否有归属感”等）（陆自荣，2013）3个方面分析。学者提出，那些喜爱同周围邻居交往、乐于参与社区组织的群众性活动的居民，更加快速融入于新居住地的生活，在子女教育的观念中更容易与当地居民趋同（陆自荣等，2016）；而一般户籍也随着迁入的移民有强烈的归属感，所以可以迅速融入新社区的生产生活，保证子女的教育获得。

笔者在研究宁夏生态移民社会融合情况对子女教育期望影响时发现，反映移民社会融合情况的三方面融合都对父母的教育期望产生一定程度的影响。研究的数据结果表明，经济融合和社区融合对教育期望的影响较为显著，且呈现正向系数，而反映文化融合的变量对教育期望的影响系数则是负数，这说明经济、社区融合度较高的移民家庭更倾向于让子女上大学，而文化融合似乎并不太影响家庭对子女上大学的期望（郜秀军、赵翌彤，2018）。内蒙古移民的社会融合情况对于移民的教育期望的影响情况将依照前面提及的三个方面情况进行深入的分析。

三、家庭、社会融合与子女教育期望

前述分析中可以看出，移民的家庭因素中对子女教育期望的影响显而易见，社会融合情况对移民家庭中父母的教育期望也存在作用。研究随迁子女融合教育的学者提出，家庭作为进城务工者子女城市融入的初始环境，为子女提供进入城市后的社会化基础条件（张璐璐，2013）。有些移民家庭父母受教育水平有限，不得不从事低收入职业，在新迁入地经济融入困难。这也就导致了这些家庭的经济条件有限，父母将多数时间花在维持生计上，无暇参与一些社区组织的群众活动以融入社区生活，更加没有意识去与周围和学校对子女进行互动式的融合教育（钟海青，2014），这类家庭对子女能否上大学也就不存在特别强烈的期待。另外，有些移民村中政府的相关教育保障措施不到位，移民迁入后想要与周边开展融合教育而不得。因此，有学者提出应构建政府、学校、家庭、社会融合教育协同机制，以解决随迁子女在迁入地学习、生活、交往中可能遇到的问题（张铁军，2018）。

综上所述，移民家庭在新迁入地的生产生活融入情况会在一定程度上受到其固有家庭因素的影响，而其社会融入情况又对子女的融合教育发生作用。已有研究中分别研究了家庭各因素对教育期望的影响，社会融合各因素对教育期望的影响，但鲜有研究移民家庭在新迁入地家庭因素通过社会融合情况对子女教育产生影响的机制。内蒙古西部生态移民在新迁入小区不仅面临家庭社会经济地位的重建，还面临在新址与周边环境的社会融入问题，家庭层面中固有的和重建的因素势必对移民的经济、文化、社区融入产生不同程度影响，而移民在新社区社会融入的程度不同，在子女教育方面受到的观念影响也就不同，对子女的教育期望便自然会存在差异。

第三节

变量测量与研究方法

一、变量测量

（一）教育期望

家庭教育中的“期望”一般指家长对孩子成长和发展的希望和期待，是家长对子女最终所接受的教育水平的期望。家长期望是教育观念的一部分，是家长对孩子发展目标的看法。生态移民的文化水平普遍偏低，在对子女的教育投入中，更多地集中在对子女文化课程的投入，对于其他才艺兴趣班则并不重视，因此，为了考量移民家庭对子女的教育期望，在问卷中设置了“您希望孩子能读到什么学历?”这一问题，样本移民回答情况如表 15 - 1 所示。

表 15 - 1　　父母学历期望

希望的学历	小学及以下	初中	高中	大专	本科及以上
频数	7	11	25	63	326
频率	1.62	2.55	5.79	14.58	75.46

考虑到样本移民的回答情况，我们对这些选项进行了合并，把学历期望合并为两个阶段：取值为 0 时表示期望子女完成本科以下的各阶段学习，即不希望子女上大学；取值为 1 时表示期望子女最终完成本科及以上的教育阶段，即希望孩子上大学。

（二）社会融合

根据以上学者的研究，本章针对宁夏生态移民的特点，将移民的社会融合分为经济、文化、社区三个方面去了解。经济部分适用了生计重建可持续生计框架的分类，从自然资本、物质资本、人力资本、金融资本、社会资本五个方面进行了调研，抽取了其中社会资本的部分，并入社区方面进行有关移民社区融合的研究，经济部分其他的问题则用来研究移民的经济融入情况。同时，由于文化观念和文化适应与社区融合存在一种互生关系，两者相互影响与促进，因此，本章从经济融合、文化融合和社区融合三个方面对移民的社会融合情况作出分析。

经济融合情况从移民生产方式、职业选择、居住环境、住房设施等方面进行分析。比对问卷中相关问题，分别选取“你对生产方面的变化满意吗”来测量移民生产方式的融合情况，“你觉得您家整体生活水平较移民前的变化”反映职业选择带来的家庭收入的变化，“房屋质量”“居住环境变化满意度”分析住房设施、居住环境的融合。

文化融合主要包括语言、风俗、价值观、情感、心理等方面的融合，回族移民有其独特的宗教信仰和别具一格的风俗习惯，并且从心理和行动上格外尊崇自己的文化和风俗传统。综合选取“对现在饮食的适应程度”“是否参加当地婚礼葬礼”“还保留原来的居民风俗吗”“受当地风俗的影响程度”来分析移民的语言、风俗融合情况。“择偶时配偶的民族身份”“信仰何种宗教”“你觉得您现在是迁入地人吗”来考量价值感、情感等方面的移民心理上的融合情况。

社区融合包含问卷中经济部分的“社会资本”相关的问题和社区部分的问题，学界对社会资本内涵的普遍性的界定，是从社会参与、社会信任、社会交往三个维度来衡量，而对社区融合状况一般从社区认同、社区参与、社区交往来分析，其中，社区参与包括社区维权、选举、文娱等项目。结合两种分类，本章从社区参与、社区交往、社区信任来分析。

（三）其他变量

除此之外，本章还选取了“户主学历”“是否向他人借款”作为变量，这是因为考虑到父母的学历水平也可能是影响家长对子女教育期望的重要因素，通过有无借款可以在一定程度上反映家庭的经济水平，而这一因素可能会影响到其社会融合的速度，进而对子女教育期望有影响。

二、研究方法

首先，我们以教育期望为因变量，研究工具中提及的社会融合三个维度中的变量为自变量进行列联表的关系分析，并进行卡方检验；其次，为进一步分析移民社会融合情况与教育期望的关系，本章采用 Logistic 回归分析对移民的社会融合与教育期望的关系进行深入研究。因变量为“是否想让孩子上大学”，自变量包括“社会融合”的所有变量。在回归之前，为防止回归方程中可能出现的多重共线性，我们对自变量进行了相关分析。

第四节 实证结果分析

一、移民的社会融合与教育期望的列联表分析

移民社会融合和教育期望的列联表分析结果如表 15－2 所示。

表 15－2　移民社会融合情况与教育期望的关系

	变量	选项和赋值	样本量（行百分比%）	样本量（行百分比%）	卡方	P 值
			不上大学	上大学		
经济融合	1. 生产方面的变化满意吗	满意＝1	47（23.62）	152（76.38）	7.326	0.062
		一般＝2	33（22.45）	114（77.55）		
		不满意＝3	24（28.57）	60（71.43）		
	2. 房屋质量	好＝1	32（16.39）	157（83.07）	12.461	0.006
		一般＝2	41（27.78）	106（72.11）		
		差＝3	33（34.74）	62（65.26）		
	3. 整体生活水平较移民前	有所提高＝1	47（19.67）	192（80.33）	10.027	0.007
		差不多＝2	38（35.51）	69（64.49）		
		下降了＝3	21（24.42）	65（75.58）		
	4. 居住环境的变化	非常满意＝1	19（20.88）	72（79.12）	7.140	0.068
		基本满意＝2	55（22.18）	193（77.82）		
		不满意＝3	29（33.33）	58（66.67）		

续表

		变量	选项和赋值	样本量（行百分比%）	样本量（行百分比%）	卡方	P值
				不上大学	上大学		
文化融合		1. 对现在饮食的适应	不太适应 = 1	13（23.64）	42（76.36）	18.150	0.000
			一般 = 2	50（33.78）	98（66.22）		
			适应 = 3	41（18.06）	186（81.94）		
		2. 您觉得您现在是	迁出地人 = 1	12（26.67）	33（73.33）	8.035	0.045
			居住地人 = 2	58（21.72）	209（78.28）		
			迁入地人 = 3	32（27.59）	84（72.41）		
		3. 当地风俗的影响	影响很大 = 1	20（33.33）	40（66.67）	6.360	0.095
			一般 = 2	42（28.00）	108（72.00）		
			影响很小 = 3	44（19.91）	177（80.09）		
		4. 过本民族还是当地民族节日	本民族 = 1	74（21.83）	265（78.17）	7.130	0.068
			当地民族 = 2	16（36.36）	28（63.64）		
			都过 = 3	11（36.67）	19（63.33）		
			都不过 = 4	4（22.22）	14（77.88）		
		5. 信仰何种宗教	伊斯兰教 = 1	94（28.75）	233（71.25）	12.953	0.005
			其他 = 2	4（12.12）	29（87.88）		
			不信教 = 3	8（11.27）	63（88.73）		
社区融合	社区参与	1. 是否参与过候选人提名	经常 = 1	11（40.74）	16（59.26）	5.198	0.074
			偶尔 = 2	20（28.99）	49（71.01）		
			没有 = 3	37（21.51）	135（78.49）		
	社区交往	2. 获取信息渠道	广播 = 1	37（36.27）	65（63.73）	12.246	0.007
			村干部/村民 = 2	54（23.08）	180（76.92）		
			其他 = 3	15（15.96）	79（84.04）		
	社区信任	3. 遇到困难或烦心事找谁倾诉	亲戚 = 1	47（23.98）	149（76.02）	9.390	0.052
			朋友 = 2	25（26.32）	70（73.68）		
			村民 = 3	10（16.13）	52（83.87）		
			不找别人 = 4	22（28.57）	55（71.43）		

注：由于表中涉及变量较多，表格篇幅过长，这里只保留了P值小于0.1的变量。如果想看到所有变量，可以向作者索要。

从表15－2中结果可以看出，变量P值均在0.1以下，说明父母教育期望在这些因素中存在明显差异。也就是说，这里用来反映移民社会融合程度的大部分变量都对教育期望有很大的影响，移民在经济、文化、社会融合的过程中，对子女的教育期望在发生着不同程度的变化。那么，究竟是经济融合、文化融合还是社区三个方面融合在移民教育期望变化中所起的作用更为关键，则需要进行更深入的分析。

二、移民社会融合与教育期望的回归分析

移民社会融合与子女教育期望各变量的相关分析结果如表 15 - 3 所示。

表 15 - 3　　自变量间的相关系数

变量	户主学历	是否借款	房屋质量	活动参与	风俗保持	选举参与	信息渠道
户主学历	1.000						
是否借款	-0.008 (0.864)	1.000					
房屋质量	-0.006 (0.898)	-0.142 (0.003)	1.000				
活动参与	-0.072 (0.136)	-0.020 (0.686)	0.135 (0.005)	1.000			
风俗保持	0.022 (0.642)	0.012 (0.795)	-0.137 (0.004)	-0.006 (0.906)	1.000		
选举参与	-0.139 (0.023)	-0.076 (0.218)	0.071 (0.246)	0.147 (0.016)	-0.032 (0.602)	1.000	
信息渠道	0.039 (0.418)	0.002 (0.964)	-0.097 (0.043)	-0.094 (0.052)	0.072 (0.136)	-0.061 (0.323)	1.000

注：表格中第一行数字为相关系数，括号内数字为 P 值。

从表 15 - 3 的检验结果可以看出，只有一小部分变量间的相关性显著性 P 值小于 0.1，绝大部分变量间的相关性显著性 P 值均较高，各自变量间的相关程度不高，可以用于回归分析。回归分析结果如表 15 - 4 所示。

从表 15 - 4 的回归结果看，大部分变量都对“想让孩子上大学”这一变量有显著的正向影响（P 值在 0.05 左右），但影响程度并不相同。这些变量中除去“户主学历”这个变量，其他变量都是前面用来反映社会融合三个维度融合程度的指标，他们的系数均在 5% 的水平呈显著关系，意味着移民的社会融合程度与移民对其子女的教育期望水平有显著的正向关系。

表 15－4　　　　社会融合对教育期望影响情况的回归结果

变量（参照项）	β	$Exp^{(\beta)}$	Z	P
户主学历（初中及以下＝0）				
初中以上	0.696**	2.007**	2.13	0.033
是否向他人借款（是＝0）				
否	1.006**	2.735**	1.90	0.058
房屋质量（差＝0）				
一般	0.188	1.206	0.60	0.546
好	0.830**	2.294**	2.42	0.015
您村或社区组织过群众活动吗（无或不知道＝0）				
有	0.676*	1.965*	1.92	0.055
搬迁后，当地风俗对您影响大吗（没有＝0）				
影响很小	0.125	1.133	0.33	0.740
一般	－0.600*	0.549*	－1.93	0.053
影响很大	－0.505	0.603	－1.30	0.195
村委会选举过程中您参与候选人的提名吗（没有参加过＝0）				
偶尔参加	－0.414	0.660	－1.26	0.206
经常参加	－1.240***	0.289***	－2.57	0.010
您是通过什么渠道来获取村务信息（广播＝0）				
村务公告栏	0.752**	2.122**	1.97	0.049
村干部通知	0.502	1.652	1.45	0.147
村民会议	0.399	1.491	0.78	0.437
其他村民	0.703**	2.019**	2.08	0.038
cons	0.087	1.091	0.16	0.872

注：*** 表示 P<0.01，** 表示 P<0.05，* 表示 P<0.1。

“是否组织群众活动”“受当地风俗影响程度”“是否参与村委会候选人提名”“获取村务信息渠道”，其相对于参照项，其他选项均说明社会融合度较高。例如，与“通过广播获取村务信息”的移民相比，“通过其他村民、村民会议或者村干部通知”等渠道获得信息更能说明移民与当地人接触多，意味着他们的社会融合程度较好。

在回归结果中，“社区有组织群众活动”的移民想让孩子上大学的发生比是“无或不知道”移民户的 1.965 倍（$e^{0.676}$）。在获取村务信息上，比起仅通过听广播的渠道，“通过村务公告栏、村干部通知、村民会议和其他村民获取信息”的移民想让孩子上大学的发生比分别是通过广播获取信息移民的 2.122

倍（$e^{0.752}$）、1.652 倍（$e^{0.502}$）、1.491 倍（$e^{0.399}$）和 2.019 倍（$e^{0.703}$）。社区经常组织群众活动，有利于移民快速融入新的生活环境，促进社会融合。虽然信息获取渠道中村干部通知和村民会议未能通过显著性检验，但相对于从广播获得信息，其他渠道更容易促成移民与当地人的社会融合。因此，社会融合的程度显著影响到移民对子女的教育期望。社会融合情况越好的移民越想让孩子上大学，即对子女的教育期望越高。

而在受当地风俗影响程度中，受影响一般的移民想让孩子上大学的发生比是不受影响移民的 54.9%（$e^{-0.600}$），经常参加候选人提名的移民想让孩子上大学的发生比是没参加移民的 28.9%（$e^{-1.240}$）。以上结果中没有发现“受当地风俗影响程度”“是否参与候选人提名”与“是否想让孩子上大学”之间有相关关系。这是因为当地风俗中更多的是回族与汉族的民族差异，并非一些教育观念的差异，而经常参与候选人提名仅仅反映移民参与社区活动的积极性，选举的结果不同，在村中的身份不同，才可能对教育期望有所影响。

此外，回归结果中显示，初中学历以上的户主想让孩子上大学的发生比是初中及以下学历户主的 2.007 倍（$e^{0.606}$），没有向他人借款的移民想让孩子上大学的发生比是有向他人借款户主的 2.735 倍（$e^{1.006}$）。这两类变量说明户主学历越高，家庭经济条件越好，对孩子的教育期望也就相对提高，希望孩子可以上大学。但此两类变量是否加速了移民的社会融合速度，有待于今后的进一步研究。

从回归结果可以看出，反映家庭条件、经济融合和社区融合的变量对教育期望的影响较为显著，而反映文化融合的变量（“风俗保持”）对教育期望的影响系数则是负数，这说明家庭经济条件较好、社区融合度较高的移民家庭更倾向于让子女上大学，而文化融合似乎并不太影响家庭对子女上大学的期望。

本章小结

总之，目前子女上大学给家庭带来希望的同时，也意味着一笔数额较大的支出，家庭条件起着重要的作用，贫困的家庭更在意付出能得到立即的回报，许多贫困家庭子女初中辍学程度的比例很高就说明了这一点，因此，加快移民的经济融合步伐、改善移民的家庭经济条件，对于移民子女教育期望的转变有着至关重要的影响。另外，社区融合程度高更有利于促使移民家庭改变教育观念，这是因为社区融合更能让移民家庭有参与感，有主人翁的自我感觉，自觉加强同当地汉族家庭的来往，久而久之教育思想观念跟着发生了转变。由于目前中国大部分地区的父母对孩子寄予了很高的教育期望，许多家庭已不满足于仅仅是上大学，而是努力使自己的孩子能在北（京）、上（海）、广（州）的重点大学如“985”院校或“211”院校读大学。为此，不惜财力和物力。部分移民受此影响，也开始重视并希望子女能受到尽可能好的教育及至上大学。而相对于经济条件和社区融合的作用，文化融合并不影响父母对子女的教育期望，这说明少数民族的文化传统并没有影响到父母对子女的教育期望，那种借口少数民族文化传统不利于少数民族发展的论断是没有道理的。

总之，本章经过分析移民社会融合与子女教育期望的关系，至少可以得出如下结论：并不是所有社会融合程度指标均有利于移民改变教育观念，但社区融合程度在孩子的教育期望转变上起着重要的作用。

第十六章

生态移民的社区治理与收入增加

移民搬迁到移民新村首先考虑的是生计问题，考虑如何获得收入以保障基本的生活需求。面对移民迫切的经济发展需求，移民村的社区治理显得尤为重要与迫切。本章试图通过调研内蒙古生态移民的收入状况，移民村的社区基础设施等治理现状，分析社区治理因素对移民收入的影响。

第一节 研究问题

内蒙古自治区政府为了加强社会治理并且兼顾经济发展要求，提出内蒙古将按照“生产发展、生活宽裕、乡风文明、村容整洁、管理民主”的要求，逐步推进新农村新牧区建设。其中，计划利用 3 年时间实施农村牧区“十个全覆盖”工程，提升基层社区治理能力从而提高社区公共服务水平。随着近年来的项目实施，农牧区发生了很大变化，已基本实现村村通电、村村通广播电视，柏油路修到家门口，这项工程促使自治区许多村庄和社区一改过去残墙破房、脏乱泥泞的景象①。受工程实施的影响，许多自治区村庄特别是生态移民村庄的社区公共服务设施和生产生活条件日益改善，居民生活满意度显著提高，社区治理体制更加完善，社区治理能力显著提升，社区公共服务、公共管理、公共安全得到有效保障（张锋，2019）。但在生态移民社区的基层治理过程中存在居民参与度低、公共意识淡薄等问题还需要社区基层组织与生态移民共同解决（付诚，2015；李晓壮，2015；马全中，

① 中国政府网. 内蒙古：“十个全覆盖”工程让农村牧区“旧貌”换“新颜”［OL］.（http：//www.gov.cn/xinwen/2015－10/14/content_2946858.htm）

2017）。

多数学术研究从政府补助、职业选择、子女教育等方面分析影响移民迁后生活水平的因素，认为生态移民受生活方式转变、耕地减少等原因的影响，他们的迁后生活水平恢复较慢（东梅，2006；赵剑波等，2015；东梅等，2010），却少有学者从基层社区组织的治理水平这一因素来研究它对移民收入恢复的影响。然而，移民村的社区治理与社区可持续发展是目前亟待解决的问题，也是难点问题。生态移民被重新安置到一个使他们的生产技能不能充分发挥的地方，原有的组织结构和社会关系网被削弱，家族群体被分散，文化特征、传统势力、互惠网络被减弱（Cernea，1996，1999；冯伟林等，2016）。移民搬迁至移民新村需要重新建构社会关系网，恢复生产生活水平，移民新村成为基本的社会治理单元，如何通过有效的社区治理实现移民经济快速发展、移民之间和谐安定、移民新村美好发展、移民和迁入地融合发展，是移民村面临的关键问题。

第二节　理论分析

良好的社区治理包括社区中完善的电力、洁净水、互联网、教育卫生等设施以及能让移民参与的村务治理方式。一方面，完善的基础设施为移民恢复生计提供了物质基础；另一方面，允许移民参与村务和良好的精神风貌也为移民摆脱贫困、发展生产提供了内生动力。

一、基础设施显著改善为提高移民收入创造成了物质条件

已有学者的研究发现，生态移民工程能否达到预期效果，移民安置区公共服务的建设是否完善最为关键。移民从草原迁入城镇，原有的产业结构、生产方式及社会的各个领域都发生了天翻地覆的变化。因此，需要结合安置区的实际情况和移民迁入前的生产实践，发展农牧业产业化经营，将原有的牧区生产经营与现代化农业进行合理有效的结合。此外，拓宽就业容量和渠道，让移民在进入新的安置点后有事可干，提高移民工作积极性，以巩固移民效果。加强社区基础服务设施建设，如道路、供水、供电、通信等建设是稳定社区居民生活的重要措施。另外，在完善基础设施建设的同时还须加强对社区居民科学文化素质的培养，加大劳动技术的培训，提高生活质量。苏

岚岗和孔荣（2020）发现，互联网使用有效拓展了农户尤其是创业农户的生产及销售模式，提升了创业绩效，增加了家庭收入。也有学者研究认为金融机会、信息机会等有利于农户摆脱贫困（Bae et al.，2012；单德朋等，2017）。

二、社区治理能力提高为移民发展生产提了内生动力

前已述及，移民对于生态移民的了解程度、搬迁地的选择权、搬迁意愿、生态重建中的政策参与能够促进移民对生态移民政策的心理认同。而参与搬迁过程这一自觉的行动过程又能更进一步地增加移民对于生态移民政策的理解与认知，从而增加移民对于生态移民政策的认同、内化、配合与服从。移民对生态移民的认同可以理解为移民对生态移民所产生的一种感情和意识上的共鸣感，既决定着政策执行的成败，又能够促进移民对于政策的参与和支持，加强对政策的认可和接受，使政策得到更好的贯彻落实（杨永峰，2013）。

在移民进入新的社区后，社区的社会治理能力建设是构建基层社会治理体系的重中之重。治理能力指的是化解矛盾维护秩序的能力、动态把握和平衡利益的能力、科学制定公共政策的能力、运用民主和法治方式推进工作的能力。换句话说，就是根据本社区的实际情况发现问题、解决问题的能力，这是科学构建民族社区治理体系的关键所在。只有通过这种方式，移民社区治理体系中所蕴含的各种能力才能得到有效的施展。

许多研究发现鼓励移民有效参与移民村的村务有助于移民发展生产等经济行为。王磊和李聪（2019）研究发现村务参与程度越高的搬迁户其多维贫困指数越低，提高农村居民对村集体事务的参与程度能够显著降低其陷入能源贫困、资产贫困的概率。交通状况与本地户的多维贫困存在显著的正相关关系。张正（2018）也发现乡镇政府或村集体主持的公益性劳务派遣制度更多地承担集体协商的功能，帮助村民维护自身的权益，还可以在纠纷出现时代表村民协商，保护农民免受损失，使其不至于返贫。

黄志刚等（2018）认为政府应该按照新农村建设的要求完善当地的民主管理、治安管理等，完善“文化广场”等基础设施建设，丰富村民的文化生活以促进区域和谐，同时应该继续完善实施“家电下乡”和农机具购置补贴等惠农政策，促进农户物质资本的积累。

第三节

研究方法与变量测量

一、研究方法

研究方法包含三个部分。首先，将生态移民收入按社区分布作分位图进行描述，特别是移民的收入是否与移民社区的分布相关，分析鄂尔多斯市社区与巴彦淖尔市社区之间是否有显著差异，以显示移民收入在社区之间的差异。

其次，估计移民社区对生态移民收入的影响，由于本次问卷调查的数据结构是多层次的（个体居民嵌套于社区），本章使用多层次模型（multilevel linear regression model）设定，第一层是个体居民，第二层是社区。考虑到这 400 个被调查者是被随机选择的，他们来自不同的社区，因此我们使用随机效应模型进行统计估计，模型的公式为：

$$y_{ij} = \beta_0 + \sum \beta_k X_{kij} + \zeta_j + \varepsilon_{ij} \qquad (16-1)$$

其中，y_{ij}是因变量，是指第 j 个社区第 i 个居民的收入情况；β_0是常数项；β_k是第 k 个个体层面变量的回归系数；X_{kij}是代表 j 社区 i 个体（居民）的第 k 个个体层次的变量；ζ_j是每个社区的随机截距；ε_{ij}是个体层次的随机误差项。

最后，估计移民社区中的社区治理因素对移民收入的影响，由于随机效应模型无法估计具体的社区治理因素对移民收入的影响，因此我们使用随机系数分析模型进行估计，模型的公式为：

$$y_{ij} = (\beta_0 + \mu_{kj}) + (\beta_k + \mu_{kj}) x_{ij} + e_{ij} \qquad (16-2)$$

其中，y_{ij}是因变量，是指第 j 个社区第 i 个居民的收入情况；β_0是常数项；μ_{kj}是第 j 个社区的第 k 个随机系数；β_k是第 k 个个体层面变量的回归系数；X_{ij}是代表 j 社区 i 个体（居民）的个体层次的变量；e_{ij}是个体层次的随机误差项。

二、变量测量

本章研究将生态移民的家庭的年人均纯收入选取为被解释变量。在个体层次的解释变量中，选取受访者性别、年龄、文化程度以及家庭劳动力作为受访移民个人特征；选取是否想念移民前生活、村委会帮助解决问题情况、村委会征求意见情况、受访者扩大自己交际圈情况、与村干部接触情况反映生态移民户对社区治理的感知特征，共计 9 个变量。在社区层次的解释变量中，选取社区配套设施、配套服务、群众活动情况、民族文化建设情况、社区治安情况等 5 个变量。主要变量定义及描述性统计如表 16 – 1 所示。

表 16 – 1　　所有变量的描述性统计结果

变量	均值	标准差	最小值	最大值
个体层次变量（样本量 =353）				
户主性别（男 =1，女 =2）	1.343	0.475	1	2
户主年龄	49.994	38.947	19	85
户主文化程度（小学及以下 =1，初中 =2，高中或中专 =3，大专或本科以上 =4）	1.640	0.874	1	4
家庭劳动力（2 人及以下 =1，2 人 =2，3 人 =3，四人及以上 =4）	1.680	0.734	1	4
是否想念移民前生活（很想念 =1，较想念 =2，一般 =3，不太想念 =4，不想念 =5）	3.287	1.384	1	5
村委会帮助解决问题（完全解决 =1，能解决一些 =2，不能解决 =3，不知道 =4）	2.348	0.755	1	4
村委会征求意见（经常会 =1，一般会 =2，偶尔会 =3，从不 =4，不知道 =5）	2.944	1.189	1	5
扩大自己交际圈（非常希望 =1，比较希望 =2，一般 =3，不希望 =4）	2.528	0.735	1	5
与村干部接触（非常多 =1，较多 =2，一般 =3，很少交往 =4，不交往 =5）	3.538	1.126	1	5
社区层次变量（社区数 =9）				
配套设施（完善 =1，一般 =2，缺失 =3）	1.090	0.301	1	2
配套服务（健全 =1，一般 =2，缺失 =3）	1.636	0.674	1	3
群众活动（经常举办 =1，一般 =2，偶尔举办 =3，从不举办 =4）	1.923	0.954	1	3
民族文化（非常注重 =1，注重 =2，一般 =3，不注重 =4）	2.727	1.190	1	4
社区治安（很好 =1，较好 =2，一般 =3，较差 =4，很差 =5）	1.846	0.688	1	3

（一）因变量

本章用生态移民家庭搬迁后的年均收入作为因变量，在调查中，我们详细询问了移民家庭的收入来源，加总了家庭过去一整年中通过各种途径所获得的全部收入，并按家庭常住人口求得了家庭的人均纯收入。

（二）自变量

自变量包括农户家庭层次的变量和社区层次的变量，农户家庭层次的变量包括移民家庭的户主性别、户主年龄、户主文化程度、家庭劳动力数量等变量以及移民在搬迁后是否想念搬迁前的生活、村委会能否帮助搬迁后遇到的各种问题、村委会在决策时是否征求村民的意见、移民在搬迁后是否愿意扩大自己交际圈、是否喜欢与村干部接触等变量来作为自变量以了解移民对社区治理的感受。社区方面的变量包括搬迁后的新社区设置配套设施、配套服务、群众活动、民族文化、社区治安等变量以测量移民新社区的社会治理状况。

第四节　实证结果分析

一、不同社区治理情况下的移民收入差异

首先，通过分位图来考察生态移民收入在不同移民社区中的差异，图 16 - 1 表明，不同移民社区之间的移民收入存在明显差异。

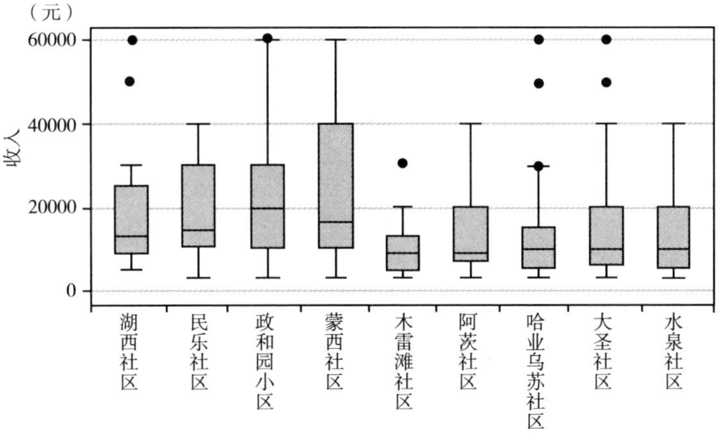

图 16 - 1　内蒙古生态移民样本社区家庭收入分布

从图 16-1 中不难看出，内蒙古鄂尔多斯市的生态移民社区与巴彦淖尔市的生态移民社区存在明显的收入差距，鄂尔多斯市的四个社区家庭年收入明显高于巴彦淖尔市的五个社区，表明内蒙古自治区鄂尔多斯市整体经济水平高于巴彦淖尔市。

其次，各个社区之间移民收入也存在明显差异，这一数据结果为我们解释社区治理因素影响生态移民收入提供了支持。

二、社区治理对移民收入影响的随机效应模型

为了得到社区治理因素对移民收入的影响大小，本章设定了社区对移民收入影响的随机效应模型，首先，设置一个零模型只加入结果变量和社区变量；其次，在零模型基础上加入移民个人变量来考察社区对移民收入的影响，结果如表 16-2 所示。

表 16-2　　估计社区对收入影响的随机效应模型

	收入		
居民变量	零模型	模型 1	模型 2
变量（参照项）			
户主性别（女）			
男		-0.124	-0.098
户主年龄（60 岁以上）			
30 岁及以下		0.074	-0.132
31~60 岁		0.226**	0.223**
户主文化程度（小学及以下）			
初中		-0.209	-0.237
高中、专科及以上		-0.419**	-0.493***
家庭劳动力（1 人及以下）			
2~3 人		0.277**	0.175
4 人及以上		0.401**	0.435***
是否想念移民前生活（不想念）			
一般			-0.307**
想念			-0.412***
村委会帮助解决问题（不能）			
一般			0.108

续表

	收入		
居民变量	零模型	模型 1	模型 2
能解决			0.240
村委会征求意见（从不）			
一般			-0.112
经常			-0.295**
扩大自己交际圈（不希望）			
一般			-0.468**
非常希望			-0.227
与村干部接触（不接触）			
一般			0.218*
较多			0.181
社区变量			
常数项	9.412***	9.544***	10.078***
组间变异	0.317	0.324	0.355
组内变异	0.891	0.860	0.814
组内相关系数	0.112	0.124	0.159
样本量	398	371	353
Log - likelihood	-527.135	-479.177	-437.707

注：*** 表示 $P<0.01$，** 表示 $P<0.05$，* 表示 $P<0.1$。

社区是社会治理的基本单元，社区治理事关居民群众切身利益，对移民的影响至关重要（黄成亮，2019；曹惠民，2015），从表 16-2 中的零模型来看，社区变量的常数项为正数且显著，并且组内相关系数值为 0.112，即社区变量对移民收入的影响比为 11.2%。这就表明总差异之中 11.2% 的差异是由社区之间的差异引起的，88.8% 的差异是移民自身之间的差异引起的。这个结果证实社区治理这一因素对移民的收入确实存在影响。模型 1 中表明总差异之中 12.4% 的差异是由社区之间的差异引起的，87.6% 的差异是移民之间的差异引起的。模型 2 表明差异之中 15.9% 的差异是由社区之间的差异引起的，84.1% 的差异是移民之间的差异引起的。

总之，表 16-2 的统计结果表明，零模型与模型 1、模型 2 的组内相关系数值不同，模型 2 在加入移民对社区治理的感知变量后，社区变量对移民的收入影响值明显大于零模型，根据原则，即当组内相关系数值大于 0.059 时，应当使用多层次模型。模型2的组内相关系数值为0.159，属于高关联强度。这一结果表明社区治理与生态移民的收入有很大关联，我们可以得到社区治理因素在移民收入的占比中有很大影响，这也为我们继续研究这种影响的好坏提供了支持。

三、社区治理对移民收入影响的随机系数模型

为了得到具体哪些社区治理因素对移民收入有影响，且这些社区治理因素是如何影响生态移民的收入，本章设定了社区治理对移民收入影响的随机系数模型，首先设置零模型只加入结果变量和社区变量，然后在此基础上加入移民户个体变量，从模型1至模型5分别加入社区变量中的一个变量，模型的估计结果如表16－3所示。

表16－3　估计社区治理变量对移民收入影响的随机系数模型

居民变量	模型1	模型2	模型3	模型4	模型5
变量（参照项）					
户主性别（女）					
男	-0.141	-0.140	-0.094	-0.140	-0.087
户主年龄（60岁以上）					
30岁及以下	-0.167	-0.171	-0.152	-0.171	-0.132
31~60岁	0.188*	0.189*	0.221**	0.189*	0.224**
户主教育（小学）					
初中	0.128	0.131	0.191*	0.131	0.173
高中、专科及以上	0.475***	0.475***	0.435***	0.475***	0.427***
家庭劳动力（1人及以下）					
2~3人	-0.213	-0.217	-0.231	-0.217	-0.235
4人及以上	-0.435**	-0.437**	-0.499***	-0.437**	-0.488***
是否想念移民前的生活（不想念）					
一般	0.131**	-0.325**	-0.314***	-0.325**	-0.306**
想念	0.120***	-0.401***	-0.433***	-0.401***	-0.420***
村委会能否帮助解决问题（不能）					
一般	0.099	0.100	0.101	0.100	0.115
能解决	0.175	0.170	0.224	0.170	0.234
村委会征求意见（从不）					

续表

居民变量	模型 1	模型 2	模型 3	模型 4	模型 5
一般	-0.127	-0.128	-0.127	-0.128	-0.113
经常	-0.288**	-0.287**	-0.282**	-0.287**	-0.292**
扩大自己交际圈（不希望）					
一般	-0.493**	-0.490**	-0.468**	-0.490**	-0.484**
非常希望	-0.213	-0.209	-0.241	-0.209	-0.242
村干部接触（少）					
一般	0.160	0.161	0.224*	0.161	0.219*
较多	0.152	0.152	0.177	0.152	0.172
社区变量					
配套设施	0.341				
配套服务		0.285			
群众活动			0.527		
民族文化				0.285	
社区治安					0.450
常数项	10.180***	10.118***	9.861***	10.118***	9.998***
组间变异	0.116	0.077	0.019	0.279	0.059
组内变异	0.678	0.678	0.664	0.824	0.662
Log - likelihood	-434.323	-433.245	-434.384	-436.235	-437.052
样本量	307	307	350	307	353
组内相关系数	0.146	0.012	0.027	0.102	0.082

注：*** 表示 P<0.01，** 表示 P<0.05，* 表示 P<0.1。

社区是社会治理的“最后一公里”，是党和政府联系群众、服务群众的“神经末梢”，社区治理的好坏直接影响群众的生活质量，让群众感受到基层社区治理的效果，是社区治理的重要环节（刘红等，2018；郜秀军等，2017）。表 16-3 的零模型显示，移民收入总差异之中 11.2% 的差异是由社区之间的差异引起的，88.8% 的差异是移民之间的差异引起的。模型 1 表明配套设施这一社区治理变量对移民收入的影响比为 14.6%。模型 2 的结果表明配套服务这一社区治理变量对移民收入的影响较小，可忽略社区治理变量中变量对移民收入的影响效应。模型 3 结果表明群众活动这一社区治理变量对移民收入的影响较小，可忽略社区治理变量中这一变量对移民收入的影响效应。模型 4 的结果表明配套服务这一社区治理变量对移民收入的影响为 10.2%。模型 5 的结果表明群众活动这一社区治理变量对移民收入的影响为 8.2%。

总之，表 16－3 的统计结果表明，社区治理变量中的配套服务、群众活动这两个变量对移民收入的效应较小；社区治理变量中的配套设施、民族文化和社区治安这三个变量对移民收入的影响效应较大，存在积极的正向效应，从模型的估计结果中，我们可以得出社区治理水平确实对移民的收入有明显的正向作用，这一结论表明要积极提升社区治理能力，不断提高社区治理水平，既可以提供和谐稳定的地方社区环境，又对居民的经济收入有显著的提升作用。

本章小结

随着内蒙古自治区“十个全覆盖”扶贫工程的实施，生态移民村庄和社区的社会治理效果显著，基层组织社区治理水平普遍提升，移民生活满意度不断提高，社区治理工作的有效落实为内蒙古地区的和谐稳定提供了有力的保障。

从我国的现实情况来看，许多移民新村（区）的生态移民工程后续工作仍然在路上，通过政府的政策引导，加上基层社区的有效实施，给许多因搬迁而重组的社区和村庄提供了良好的社区治理大环境，移民搬迁至此后，可以较有效地通过自身努力和社区提供的保障发展自身经济，在较短的时间内重建新的生计模式，实现收入恢复和增长。

第十七章

黄土高原生态移民主要经验、存在的问题和政策启示

40 年来，黄土高原各省区因地制宜，创新形式，开展实施了大量生态移民工程和项目，既有成功的案例，也有失败的教训。本章将在前述各章的研究结论基础上，总结主要经验，提出主要问题，并提出一些政策建议以供参考和讨论。

第一节 黄土高原生态移民的主要经验

一、政府主导是黄土高原生态移民搬迁和生计恢复顺利进行的根本保障

政府主导，是我国反贫困政策的一个重要特色，表现在生态移民领域显得尤其突出。生态移民的两个主要任务“扶贫”和“生态保护”都属于政府职能中的公共管理职能，政府必须勇于承担、责无旁贷。对于生态移民工程，我国政府有非常强烈的决心，这也是该政策能获得巨大成功的前提条件和根本保障。更是将生态环境保护上升到了国家意志，2012 年，在党的十八大全会上确立了“五位一体”的战略布局，生态文明建设上升为执政党的执政理念。同时，中国共产党在减贫目标上做出了 2020 年贫困户全部脱贫的“庄严承诺”，提出了“易地搬迁脱贫一批”的“五个一”工程，在 2020 年之前将生活在缺乏生存条件地区的约 100 万贫困人口搬迁安置到其他地区，并通过改善安置

区的生产生活条件、调整经济结构和拓展增收渠道，帮助搬迁人口逐步脱贫致富。

近几年来，以习近平同志为核心的党中央更是以前所未有的力度加大了在扶贫和生态文明建设中的作风整顿，并将其提升到“讲政治”的高度。中央政府的强力推动和持久发力使地方政府更加认真地对待辖区内的生态移民工程。在整个生态移民工程中，地方政府的组织、督查有着至关重要的作用。其职能主要体现在：首先，地方政府提前谋划，认真做好搬迁群众的宣传、动员、解释、疏导、引导工作，积极动员贫困人口搬迁；其次，生态移民一般是以集中安置为主，许多地方为移民建立了“移民新村（区）”，地方政府需要统筹考虑土地条件、资源承载和发展潜力，把靠城、靠镇、靠园区，发展条件好的地方作为规划集中安置点的优先选择；最后，政府负有强化安置房项目管理，从严控制成本，保证建设质量的职责。

因此，地方政府的决心和行动是生态移民扶贫项目成功的关键所在，可以说，我国包括生态移民扶贫在内的减贫事业的快速发展得益于我国的强政府体制。强政府可以排除万难，集中力量办大事（胡娟，2015）。在我国，政府有着强大的组织能力、动员能力和资金保障能力，是保证宁夏中南部移民工程、内蒙古生态移民工程等大型生态移民工程顺利进行的根本保障。

二、移民的自觉自愿是生态移民搬迁和生计恢复顺利进行的内生动力

与传统的水库移民、城建工程移民等非自愿移民的补偿型政策相比，生态移民政策更侧重于自愿移民的诱导型政策，不仅强调对生态的重视，还关注移民搬迁之后的生计状况、收入和适应性（黄志刚等，2018），在实施生态移民工程时，一个很重要的原则就是移民搬迁自愿，对于是否搬迁、何时搬迁、迁往何地、是分批搬迁还是集中搬迁、是分散安置还是统一安置等问题充分尊重移民的意愿，不搞强迫命令。但政府也不是无所作为，它们通过深入细致的宣传倡导，变“要我搬迁”为“我要搬迁”，将外在的强制性的“别人要我搬迁”的心态转变为共同利益驱动和发展引致的自愿性搬迁行动。

学术界和政策执行者明白让搬迁群众知晓、了解、认可生态搬迁政策，积极配合生态搬迁工作，是做好生态搬迁工作的前提和基础（陶少华，2018）。充分听取和尊重群众意愿，搬迁时间、安置地点、安置方式及房屋面积等均由

群众自主选择。在移民搬迁中，当地政府在实施中就突出避灾、安全，统筹安排移民搬迁安置布局，调动群众积极性，逐户签订搬迁协议，按轻重缓急有序推进。

尊重移民的搬迁意愿，使移民由“要我搬”转变为“我要搬”，不但可以规避移民在搬迁过程中极易出现的各种复杂矛盾，而且会让移民意识到搬迁后的生活是自己的选择，更容易发挥出移民在安置地建设新家园的主观能动性。一方面，自愿程度较高的移民户大部分是文化程度较高、社会网络较大、发展前景较好的家庭，他们开拓新生计方式的能力要高于那些不愿意搬迁的家庭；另一方面，在搬迁准备、决策以及实施过程中，自愿程度高的家庭由于积极参与了相关的公共决策，在生计恢复中愿意主动地激发自身潜力，重组自身拥有的和可获得的生计资本，缓解搬迁过程的经济、心理和文化上的压力，更快更好地融入新社区。而在搬迁时心里并不愿意搬迁的移民家庭虽然在各种社会压力下最终选择了搬迁，但仍会对地方政府的迁后经济扶持措施采取了不合作或抵触的心理和行为，在我们同移民的访谈中，也觉察到移民的精神面貌差异，愿意搬迁的移民总是会谈到未来的打算、生活的变化等积极因素，即使一些现在仍处于贫困之中的移民也并不后悔自己当初的决策，认为困难只是暂时的。然而，被动搬迁的移民总是对政府充满着指责，即使一些比原来生活水平提高的家庭也认为政府在搬迁前答应的承诺并没有兑现，部分家庭还经常诉说要搬回迁出地等，对未来的信心和生计转换的主动性可能是形成他们收入差异更重要的因素。

三、注重保护、继承和发展搬迁移民的民族文化、风俗习惯

黄土高原上居住着不同的民族，在长期的共同生活中，既形成了共同的生活准则和价值观，但又有着自己独特的民族文化和风俗习惯。即使是同一民族，由于地理位置、气候条件，其生产生活习俗、风土人情也多有不同，正所谓“三里不同风，十里不同俗”。这些文化和习俗是居住其中的农民生活、生产与治理的文化基础，离开了这一基础而又没有新的文化替代，人们的思想就会陷入混乱，生产生活都会受到影响。

移民的搬迁，特别是中长距离的搬迁都会产生文化的冲击。尽管从根本上说，移民在搬迁后，语言、价值标准、总的习俗并没有发生大的变化，他们是可以很快学会的，但是一些只隶属于本地的文化、习俗仍然发生了变化，加之移民本身是弱势群体，在当地人看来是“穷人”，是“落后”，移民只有改掉

自身的习俗才能融入新的群体等。这给移民群体带来了较为沉重的心理负担，移民抛弃原来的习俗，又难以很快学会新安置地的习俗，往往会使他们进退失据，陷入“两难”。

在黄土高原的移民实践中，特别是近十几年来，地方政府特别注重保护、继承和发展移民的原有文化。宁夏回族自治区政府扶持建设少数民族聚居地区村文化活动室、社区文化中心，高起点规划建设了集中生态移民点文化设施。建设回族博物馆，展示回族历史文化遗存，提升民族文物的管理、研究和展示服务水平。在每个移民村都建设了移民的宗教场所，照顾了移民的宗教需求。

然而，不可否认的是，随着扶贫减贫的进一步深入，政府的力量在减弱，市场经济的作用在不断增加，但市场经济的更广泛影响是民族文化、独特文化与习俗如果不能产生利益就会越来越衰弱。即便有表现也是“形象工程”，这些情况已经引起了许多学者的重视，如何平衡统一市场利益和文化多样性也已经在不同地方开始了新的探索。

四、面向市场的扶持措施是移民生计恢复与发展的快速路

近年来我国加大了移民搬迁后的扶持力度。例如，在陕西生态移民中，地方政府在移民点布局时，优先选择靠近现代农业园区、工业园区、旅游景区、城镇近郊规划建设集中安置点，为搬迁群众就地就近进入园区或城镇就业创造条件。搬迁群众就地就近进入农业园区、工业园区、旅游景区就业。同时，扶持措施配套到户。实行“一点一策、一户一法”，逐个安置点规划配套产业，逐户落实创业就业方案，引导和扶持搬迁群众充分利用当地资源发展特色产业，探索形成了“山下建社区、山上建园区、农民变工人”等多种增收致富的发展模式。三是技能培训到人。全面整合培训项目和资源，加大搬迁群众技能培训力度，做到搬迁贫困家庭子女义务教育资助、搬迁贫困大学生资助、搬迁家庭新增劳动力免费技能培训、搬迁家庭实用致富技术培训、搬迁群众就业创业培训、搬迁家庭外出务工返乡人员再就业培训“六个全覆盖”，实现每户主要劳动力至少掌握 1 ~2 门致富技能，至少有一项致富产业，至少有一人稳定就业。

这些做法取得了较好的效果，在有效促进移民收入的同时，也维护了社会的稳定。例如，在移民区附近兴办农业产业园区就能有效促进移民的就业以及移民新村的经济发展。在宁夏的调研中，我们发现中卫市和吴忠市生态移民安置区的附近都有一些产业园区，如中卫市中宁县宽口井生态移民区的枸杞示范基地种植枸杞上千亩。自 2014 年初，中宁枸杞产业发展良好，在宽口井移民

区建设了枸杞示范基地和示范园区[①]，这样既有利于移民的就业，也有利于移民村经济的发展。中卫市宽口井社区宁原村村干部就向我们反映："像我们村主要是发展枸杞产业，村里的地都承包给枸杞企业了，村民种下的枸杞有人收，打工还能赚钱，收入还不错。"另外，将移民的安置点靠近城区或者产业园区，移民的就近务工机会就会增多，并且移民较为靠近城区，不仅可以享受到便捷的生活，同时也可以外出务工或者经营小商品等副业增加其就业等，提高了移民户的收入（侯东民等，2014）。

另外，市场行为的增加也使移民户能更快地恢复生计。安置地政府积极鼓励移民开展多样化的生活和生产活动，特别是一些市场行为，加快他们生计恢复和发展的速度。我们在宁夏中卫市和吴忠市调研发现，搬迁后移民新社区的生产工具和生产方式得到了改善，并且移民外出打工或经营副业等市场化行为使其收入增加，生计恢复速度较快，移民户搬迁后，会与安置地居民的生产和生活方式进行融合，并且学习当地较为先进的生产和生活技能，获得当地居民的生产技术的指导和帮助等，收入有了较大增长。

五、综合使用生态移民经济扶持、传统文化发展、社区治理、教育培训等多种手段

在黄土高原生态移民的实践中，特别是近10年来，移民安置地政府改变了过去单打一的扶贫模式，综合使用了产业扶贫、教育扶贫、社区治理、基础设施改善、健康扶贫等多种方式，使移民各方面同步推进，取得较好的扶贫和发展效果，也是黄土高原生态移民成功实践的经验之一。

20世纪80年代初期的移民扶贫实践，虽然也强调移民的自愿搬迁，但是更多的是想让移民尽快搬出去，对移民搬迁较为重视，在给予少量移民补偿和分配少量土地后，就不再过问移民生计重建的具体事情，许多这一时期搬迁的移民靠着艰苦奋斗才算站稳了脚跟。从甘肃省会宁县移民到酒泉市瓜州县梁湖乡的李某就认为移民是自己的正确决定。新的迁入地梁湖乡位于戈壁滩上，耕地盐碱化严重。2003年，李某移民到了梁湖乡。"地里的盐碱很厚。"李某说。"我是用架子车往外拉，用尼龙袋往出背的。"在李某全家的积极努力下，收入明显提高。李某说，"8万元的收入，超过了会宁老家10年的收入。然而，由

① 中宁党政门户网. 中宁枸杞产业集团以新技术助推宽口井枸杞示范基地建设［OL］. http://www.nxzn.gov.cn/xwzx/znxw/201508/t20150812_3457094.html，2015-08-13.

于没有基层政府的帮助，大部分移民仍然生活较为贫困。2010 年，宁夏回族自治区在《关于进一步扶持生态移民新村发展的若干意见》支持移民新村发展大中拱棚和庭院经济，有条件的农户可发展日光温室，保证每户 1 亩以上的设施农业。对覆膜种植和发展马铃薯、西甜瓜及养殖业的，继续按自治区支持农业产业化发展政策在项目安排上给予倾斜，通过发展产业帮助安置后的生态移民摆脱贫困。近年来，在实施“生态移民”工程中，安置地政府多措并举，以“扶贫工作项目化、移民致富产业化”为目标，通过“企业 + 基地 + 农民”等方式，大力发展设施农业、养殖业，并通过发展劳务经济、产业转移等多种措施，催生了生态移民的历史性变化。

同时，移民安置地政府更加注重移民的心理适应、文化适应及社会治理参与等软实力，通过提高移民的全面发展来实现移民的增收致富，已成为安置地政府、学术界和移民个体的普遍共识。

第二节

黄土高原生态移民工程中存在的问题

尽管黄土高原生态移民工程取得了较大的成绩，我们在第一节也总结了一些基本经验，但是，在课题组数次调研中，也发现了一些实施中的问题，结合本书的研究结论，我们将主要发现的问题总结如下：

一、基层政府对生态移民安置后的发展缺乏长远规划

在我们的调研中发现，部分地方政府对生态移民安置发展缺少长远发展规划。从地方政府的利益来说，生态移民工程并不符合地方政府短期考核的政绩需求，部分地方政府只是借着生态移民工程的名义向中央政府索要项目资金，资金到位后有些项目不能得到认真执行，甚至导致整个项目喊“空口号”而无法启动。部分基层政府仍没有相对完善的配套政策。诸如宅基地置换与使用，荒沙林地用地补偿减免，农业科技支持，水、电、路、通信、卫生、教育等方面的优惠政策规定。目前搞得好的移民点都是市县（区）的示范点。大量其他非示范的移民点都难以享受到政策上的优惠和扶持。易地搬迁政策不配套。有土安置是实施易地扶贫搬迁项目的一条重要原则，也是实现“搬得出、稳得住、能致富”的一个基本条件，但是随着土地制度的改革和地下资源的不断开发利用，政府没有一套行之有效的办法无偿给移民划拨土地，增大了移民难度。

另外，由于受土地、资金以及配套项目等客观条件的限制，一是那些真正生活在恶劣环境中的贫困人口和偏远山村，因无力解决自筹资金，而导致无法搬迁。二是一些规模小、生产条件差的村，虽然通过就近搬迁可以解决居住、出行、吃水方面的困难，但从长远看，仍没有从根本上改变生存条件，还会形成新的“空壳”村。

二、一些“暖心”工程变成“寒心”工程，引发移民不满

移民搬迁的补助低，给贫困农民增加了负担。众所周知，充足的资金是移民搬迁的重要保证。中央政府的补助、省财政资金的补贴、县级政府部门的资金支持，再加上个人自筹的资金，都无法满足搬迁后新的重建。一方面，这使绝大部分移民群众都是负债进行搬迁，还有移民搬迁后的路、电、水、学校、卫生等基础设施的投入更是需要一大笔资金，由于相关部门的资金投入落实困难，造成移民群众的负担太重，信心不足、积极性不高。特别是一些急需搬迁的贫困户因无力举债，导致无法实施搬迁。目前实施部门的补助标准又不一致，也对移民搬迁造成一定影响。另一方面，搬迁项目国家补助标准偏低、配套资金少、群众自筹能力薄弱，加上建筑材料水泥、砖、钢材等材料价格上涨，群众负担加重，影响了群众搬迁的积极性。

另外，一些移民工程由于承包给了开发商，基层政府疏于监管，开发商以次充好的事情屡有发生，如在宁夏一些安置移民新村，房屋质量较差，安装的太阳能热水器就从来不能用等，使政府的“暖心”工程变成“寒心”工程，致使移民花费较多时间上访。在山西省长治市襄垣县付村调研中发现，一些村庄由于煤炭的过度开采成为采空区，农民居住的房屋墙壁出现裂缝，道路塌陷等问题也频繁发生，给贫困农户的生产、生活安全造成了巨大的威胁，当地政府虽将这部分人口划定为“生态移民”，拟搬迁到更安全的地方生活。但基层政府在组织时遇到资金困难、补偿困难等多种因素，工程一直无法启动，贫困人口生产生活艰难。

三、搬迁的后续产业发展滞后或不适应市场需求难以达到脱贫致富目标

生态扶贫移民搬迁的目标是“搬得出、稳得住、能致富”。但是，目前有

不少移民点只解决了移民的居住问题、交通不便的问题、吃水难的问题等，将来靠什么脱贫致富，尚没有明确的措施和目标。特别是那些从山大沟深、广种薄收的山区迁入新移民点的农民，更是一大难题。在调研中，我们发现在榆林市靖边县小桥畔移民村，有移民500户，绝大多数是从白于山区的六个乡镇搬迁来的，目前入住的仅有200户左右，部分移民因迁入地的土地少，新的生产方式、生产环境不适应，致富的信心不足，因此有部分群众一时不愿迁入移民新区，已经迁入的农民旧地方仍然不愿放弃，甚至个别移民还有回迁的想法。

产业扶持力度大，但落实困难。部分地方政府倒是在移民村开展了诸如设施蔬菜之类的产业，但在主导并实施产业化扶贫的过程中，很容易出现产业选择不当并造成的产能过剩、农户效益亏损、农企纠纷增加的现象。部分地方政府违背市场规律过分干预经济，许多移民安置地区在产业扶贫过程中遭遇产品“撞车”，致使“越扶越贫”，出力不讨好的事情屡有发生。

四、少数民族受多种因素影响，无法“走出去”，收入增长受限

少数民族移民一般都有宗教信仰，加之不同的生活习惯、文化背景，少数民族移民外出务工的范围和时间都受到较大的限制，如我们在宁夏调研发现，该地的汉回移民在选择就业地域、从事行业等方面有着各自特点。不同于汉族移民的长距离务工，回族移民多以就近务工为主。除本地之外，穆斯林移民往往前往拥有相同的信仰群体的务工地区（一般多集中在西北地区的市区，如甘肃、新疆等地），且多会在当地的清真寺周边及回族社区就业、居住，以方便沟通和生活。此外，两者在选择从事的具体工作方面也有所不同，受宗教文化的影响，穆斯林多聚集在具有民族特色的清真餐饮、食品加工等行业内（西北地区），而汉族移民受到的限制较少，且较多从事建筑业、运输以及采矿等报酬较高的相关行业。

五、部分移民存在“等、靠、要”思想

部分移民在搬迁后陷入了贫困生活，一方面是由于物质资本不足，生产技能不能适应新的生产要求，但还有一个重要的原因就是这部分移民拥有较强的“搬迁是国家要求的，国家就要对我负责”的心态，在搬迁后的生计重建中

“等、靠、要”思想严重，影响了移民的生计恢复进程。我们在调研中也发现移民的家庭收入与移民搬迁前的意愿有较密切的关系。搬迁“自愿”程度不同的移民户在收入增加量和恢复时间上存在着差异。

六、部分移民对搬迁后的生活期待过高、过快，产生了失望情绪

另外，有些地方政府为了争取到更多的移民搬迁资金，也进行了不恰当甚至夸大的宣传，实践中存在一些违规操作，使部分移民对于政府政策期望值增加，降低了对当地政府政策的满意度。我们在宁夏生态移民调研中发现，部分地方政府在鼓励移民户搬迁中存在一定的工作方法问题，为加快搬迁进度，对准移民有夸张诱导现象，如一些不太可能兑现的承诺，村民王某说：“那会没搬来的时候，村干部告诉我们家家户户都有暖气，户户通自来水。但是你看我们现在屋里哪有暖气，告诉我们每年要自己交钱通暖气，我们哪有那么多闲钱啊，而且自来水也时常停水，浇地的水都没有。”类似的承诺加重了移民户搬迁前的期望，但在搬迁后却又不能得到确认，希望越大，失望也越大，移民的不适应感也会越强。政府的承诺增加了准搬迁户的期望值，但又不能兑现，部分移民搬迁后心理落差较大，产生失望和不满情绪，影响到他们在搬迁后的生计重建。

第三节　政策启示

受研究水平的限制，本书的研究还存在代表性不足、研究不够深入等诸多不足之处，但本书仍有以下政策启示。

一、地方政府应完善移民安置后政策，做好移民生计发展的长远规划

首先，要做好移民搬迁工作，就要完善一系列的政策与规范，国家及各级地方政府等相关部门要根据实际情况出台相关的移民搬迁安置政策，主要包括移民的土地分配、户籍、就业等的方面；其次，要做好移民搬迁与生计重建的

全面规划，安排各级负责人，并分派专业科技人员和移民工作者等进行合理的指导，开发考核验收机制和监督机制，以防移民工作中出现问题，使移民工作能够更好更快地完成。同时，也要加强对生态移民政策的宣传与讲解，鼓励社会机构推动移民搬迁，奖励生态脆弱区的自发移民搬迁，将前期的移民搬迁由政府主导型生态移民逐渐转变为政府主导与社会机构组织、个人自发移民等相结合，减轻政府的移民负担，使政府可以将资源和精力更好地用在后期对移民后农户的生活质量提高与收入增加方面，建设生态移民安置地相关产业园区，提供更多的就业机会，努力将生态移民安置区的农户收入与全国水平靠拢。

二、考虑民族特点，因地制宜选择移民安置方式

不同地区因土地资源、水源、地势、产业资源、文化差异等各方面的情况各有差异，应根据安置地实际情况要选择适宜的安置方式。如为减少移民与原住民的大冲突大矛盾，进行大规模移民时可以考虑往文化相近的地区搬迁。同时移民群体中模范的带头作用依旧占据很强的示范作用，给移民在迁入地分配住房和其他资源时，有意识地把有文化、有威望的人分散，在生活中给移民以指引。

另外，在对有民族文化差异的移民安置区进行规划时，一方面要合理规划宗教场所，避免纷争；另一方面，避免回汉移民“相对隔离”甚至“完全隔离”的居住格局，在居住场所为回汉移民交往提供便捷的环境，增进回汉移民的日常交往，促进移民的宗教信仰适应。例如，对于民族地区的安置方式的选择，为减少文化冲突，提高移民的社会融合，可以考虑将同一民族的移民集中安置到一个区域。在回族移民区，应充分尊重民族传统文化与移民的宗教信仰，营造和谐、稳定的社会氛围，消除因宗教信仰差异而引发的矛盾争端。

三、尊重移民少数民族群本的文化传统，将之纳入发展理念中

把民族文化属性考虑在搬迁政策的制定中，关注不同民族文化背景下的移民群体生计特征，将搬迁政策与移民的文化特色和生计困境相对接，利用各自的资源优势推进搬迁和生计重建项目。搬迁和重建的组织者需要将自己放在与移民地位平等的基础上，置身其中，而不是强制性地要求其服从“讲条件”的协商。从移民层面看，移民心悦诚服地接受搬迁安置方式，更容易响应和支持搬迁安置政策的实行，延续政策效果。移民通过认识的深入、觉悟的提高和自

身知识的拓展，能够表达出政策决策者易为忽略的声音，为各方面的群体采取恰当的扶持行为提供条件。

四、“输血”和“造血”结合，多种方式壮大移民的资本要素

首先，加强移民人力资本建设，使移民真正可以通过自身恢复生计，排除移民在迁入地的后顾之忧，也避免一定的生存压力；其次，应本着取之于民、用之于民的观念，给予移民一定的资金支持，如给予积极创业的移民一定的低息贷款、有偿贷款等，增强移民自主创业的能力；再次，协助统规自建的移民相关住房设施的建设，如帮助移民购置砖块、水泥等建造材料，加快移民房屋建设。最后，完善移民的社会网络，减少移民间的各种冲突，使移民社区真正可以和谐和不断发展。

针对移民受教育程度普遍偏低的问题，一方面要通过加大财政投入力度，合理配置教育资源等方式，不断加快移民地区教育发展，实现移民文化构成由低层次向高层次的转变；另一方面，要将现代社会教育作为学校教育的重要补充形式，向移民提供各种教育资源，通过举办各种文化补习学校、扫盲班、技术培训班以及各种讲座、报告会等，直接为移民社会提供教育服务，提高回族移民的文化素质和思想觉悟，促进其宗教文化的进一步适应。

另外，对于移民来讲，教育不仅仅是指移民的技术培训，还需要重视移民的子女教育。应鼓励移民将子女送入学校进行正规教育，让移民适应新环境下的教育理念。加大财政投入力度，合理配置教育资源等方式，实现移民文化构成由低层次向高层次的转变；教育优惠政策倾斜于新移民，城市学校适当降低或减免农业转移人口子女的就读费用，取消高额的赞助费或借读费，适当为农业转移人口子女提供生活资助，学校不允许对新移民有不公正对待。重视移民区的文化教育事业，提高移民群体教育水平，为移民区子女上学提供便利。通过提高移民群体的受教育程度来提高移民的文化适应能力，进而缓解心理不适应的程度。

五、破除“等靠要”思想，积极发挥移民自身主观能动性

在移民搬迁工作过程中，倡导移民积极主动地去响应和参与与移民相关的工作。了解移民的需求，提高移民搬迁工作的效率，减少搬迁过程中的困难和问题。鼓励移民积极参加移民安置和生产技能的培训，提高自身的生存和生活

技能，充分发挥自身的能力，搬迁后积极进行生产，扎实肯干，不能只依赖政府的扶助和支持，不论是在农业生产方面还是外出务工方面，都要主动地去寻求工作机会和提高家庭的收入。

在思想上，必须改变移民的传统观念，提高道德素养，培养创新创造能力，形成积极乐观正能量的人生观与价值观，不过度依赖政府，如果只是“等靠要”，就很难维持家庭的生计和生活，因此，移民自身的原因也要给予重视，安置地领导也应多组织一些技能培训和社区活动等提高移民的生产技能等，实现移民的可持续发展和生计的恢复。

六、创造条件鼓励移民积极学习并采纳适合迁入地的农业技术

为尽快帮助易地移民户增加收入、降低贫困，就需要鼓励租入土地的移民户积极采纳适合当地的农业科学技术。一方面，需要寻求“散户—大户”的土地流转路径，以规模化经营带动农业生产的技术使用；另一方面，引导农民规范土地流转合同，约定租入土地者的经营用途，根据需要的投入确定能保证盈利的租赁期限，并约定土地的续租事宜，减少租赁户的经营风险。

另外，黄土高原大部分地区处于干旱半干旱区域，近年来农业生产受气候变化影响较大。政府要拓宽气候变化知识的宣传渠道，加大宣传内容的多样性。要充分利用更多的渠道来及时宣传气候变化的情况并引导生态移民农户进行正确的科技型适应性策略。随着科学技术的发展，我们可以使用互联网来了解气候变化信息，同时利用智能手机及时获得有关气候变化的信息推送，通过微信平台和网页的查询，了解应对气候变化的方法，帮助移民农户减少因气候变化带来的经济损失。

七、政府、社会社区共同参与，推动移民社区经济文化重建协同发展

从社会方面来看，生态移民的实施需要全社会的关注，消除社会偏见。利用现代媒体对大众的宣传导向作用，在网络、电视、纸质传媒上树立起公平的理念，使人们从心理上接纳移民，消除隔阂。社会各界应该广泛参与，为生态移民添火加柴。企业也可以根据生产需要考虑移民进厂就业，承担其社会责任；原居民应该以包容、友好、平等的心态去对待移民。社会可以搭建一些平

台或者组建一些活动供人们交流，并定时定期有计划地开展心理讲座与适应性培训，帮助他们更好地适应新环境。

在各个移民村中，建议在政府的主导下，推进村居委会、社区服务系统的建立和完善，平时通过村委会和社区的活动和培训，减轻移民搬迁后的不适感，帮助移民快速融入迁入地生活，提高生活幸福度。要经常开展社区活动，增进移民与当地居民的感情，增强居民间的凝聚力与社会认同感，帮助移民尽快找到家的感觉。举办群众喜闻乐见的戏剧比赛、传统节日会演等文艺活动，增进居民对彼此的文化了解。通过社区教育，可以有效培养移民的道德素养与文明意识，更好地融入新的生活环境。社区相关部门可以通过讲座、板报和广播等途径，发挥其对移民的思想引导与树立良好观念的作用，让生态移民从心理上接受新的环境与生活方式，强化移民的心理上的归属感；建立健全社区保障体系，给予移民一个安全平等的社区环境，强化社区教育，适龄儿童必须上学，做好户籍管理工作，合理安排移民的住房布局，让移民在“最后一公里”感受到社区的温暖。

八、构建完善的文化体系，丰富移民的社会生活

文化体系的重新构建是政府工作的重点和难点。推进文化设施的有效构建，丰富移民群体的文化社会生活，将有利于增加移民群体的文化融合度，构建和谐的文化社会环境。

对于大部分的生态移民而言，由于原先的土地、生活资源、生产能力和资料等的丧失和普遍社会网络的重组，移民在搬迁后大部分的闲暇时间都是在家打发时间，尤其是老年人和丧失劳动能力的移民，原先生产生活方式的变迁很容易使他们自我积极性降低，加上经济支出的增加很容易引发其负面情绪的产生，导致各种适应性问题的出现。因此，各级地方组织和政府部门以及移民社区应该加强对于这部分群体的交流沟通，为它们搭建新的交流平台，丰富移民闲暇时间的文化生活。例如，成立移民交流协会，动员移民自发组织一些文化活动，如绘画、写作、手工艺等，让移民在文化才艺当中增强自身的文化认同感。

九、注重移民心理健康，定期组织开展相关活动

关爱易地扶贫搬迁移民心理自我成长与健康，构建和谐的移民社区氛围，定期组织开展一些相关专题活动，例如，定期开展关爱移民新区专题活动，举

行形式多样内容丰富的活动，社区建立心理文化宣传站与心理健康咨询服务机构，注重社区互助及亲密关系的建立，在节假日等在安置区内大力宣传促进精神健康的知识，通过图片宣传、视频播放及专题解说等多方途径丰富精神生活；移民搬迁前后多开导，将物质支持与心理建设同步进行，解除移民的后顾之忧，提高安置区移民的生活满意度，增强新环境下移民相互促进意识，进而促进少数民族稳定与和谐。

十、给予移民合理期望，适应移民的切身需求

一方面，政府在制订规划和搬迁时应该考虑到移民的搬迁愿意和民意诉求，根据不同的诉求和意愿进行沟通协调，如迁入地的政策规划、社会保障、社区环境、教育环境等是否允许，最大限度地满足移民诉求的同时也考虑到实现诉求的可行性，缩短移民在搬迁后的适应年限。另一方面，在搬迁前的政策宣传方面，政府相关负责人员也应本着求真务实的态度，对于移民错误的预期或依赖性态度予以一定的纠正，对于文化水平较低的移民耐心解释政策内涵，使移民在搬迁前对于政策尽可能了解、理解。对于有需要的移民，村内应设立相关报刊栏、政策咨询课程等，加强与移民间的互动，使移民的合理需求得以切实反映，使政策的有关内容移民准确了解。同时，应建立政策实施的监督和考察机制，让移民群众参与到政策实施效度的考察程序中来，使移民政策真正能够不断优化。

参考文献

[1] 阿拉腾图雅，宝音．蒙古族生态移民生产方式转型实证研究——以锡林郭勒盟蒙古族生态移民为例［J］．前沿，2012（19）：9－10.

[2] 阿明布和．锡林郭勒盟生态移民的困境与对策思考［D］．湖北大学，2016：7－8.

[3] 阿如旱，都来，盛艳，等．基于Logistic回归模型的内蒙古多伦县土地沙漠化驱动力分析［J］．干旱区地理，2019（1）.

[4] 敖敦高娃，杜富林，田颖．锡林浩特市生态移民搬迁前后收支结构的比较［J］．内蒙古农业大学学报（社会科学版），2009，11（3）：39－41.

[5] 白菊红．农村家庭户主人力资本存量与家庭收入关系实证分析［J］．西北农林科技大学学报（社会科学版），2004（5）：46－51.

[6] 白描，苑鹏．农民社会关系的现状及影响因素分析［J］．中国农村观察，2014（1）：40－49.

[7] 白南生，卢迈．中国农村扶贫开发移民：方法和经验［J］．管理世界，2000（3）：161－169.

[8] 包智明．关于生态移民的定义、分类及若干问题［J］．中央民族大学学报，2006（1）：27－31.

[9] 包智明，孟琳琳．生态移民对牧民生产生活方式的影响——以内蒙古正蓝旗敖力克嘎查为例［J］．西北民族研究，2005（2）：1－10.

[10] 包智明，任国英．内蒙古生态移民研究［M］．北京：中央民族大学出版社，2011：10.

[11] 卞莹莹．生态移民区不同生计方式农户的土地利用变化与效率分析［J］．湖北农业科学，2014（8）：1950－1954.

[12] 才国伟，张学志．农民工的城市归属感与定居决策［J］．经济管理，2011，33（2）：158－168.

[13] 蔡依平，施国庆，刘为民．水库农村移民种植业安置模式探讨［J］．安徽农业科学，2005（9）：1742－1744.

[14] 曹惠民. 基于耦合理论的城市基层社区治理研究 [J]. 探索, 2015 (6): 93 - 97.

[15] 岑颖, 凌文铨, 方俐洛. 城市居民社区意识调查 [J]. 改革与战略, 2003 (8): 35 - 38.

[16] 柴彦威, 郭文伯. 中国城市社区管理与服务的智慧化路径 [J]. 地理科学进展, 2015, 34 (4): 466 - 472.

[17] 常艳. 西部地区易地扶贫搬迁的土地安置能力分析 [J]. 经济问题探索, 2008 (6): 155 - 158.

[18] 巢小丽. 居民社区归属感对其社区参与行为的影响——基于Z省N市的实证分析 [J]. 广东行政学院学报, 2013, 25 (3): 23 - 27.

[19] 陈阿江. 非自愿移民的自愿安置——市场经济条件下农村水库移民安置策略研究 [J]. 学海, 2006 (1): 107 - 114.

[20] 陈纯柱. 论移民主体认知状态的转化——兼论重庆库区非自愿移民向自愿移民转化的成功实践 [J]. 重庆邮电学院学报 (社会科学版), 2004 (1): 10 - 13.

[21] 陈端颖, 王枫, 王娟. 丹江口库区移民心理健康及其影响因素 [J]. 现代预防医学, 2011 (20): 4205 - 4209.

[22] 陈刚, 梅昀. 非自愿性水库移民安置补偿政策绩效评估研究——以湖北省丹江口水库为例 [J]. 武汉理工大学学报 (社会科学版), 2016 (2): 238 - 244.

[23] 陈景红, 冯春琴, 等. 南水北调过渡期移民心理健康现状及返迁意愿的影响因素分析 [J]. 现代预防医学, 2015, 42 (8): 1456 - 1464.

[24] 陈凯仁, 龙茂乾, 李贵才. 超大城市城中村外来人口归属感研究——以深圳上步村为例 [J]. 地域研究与开发, 2017, 36 (5): 64 - 68, 74.

[25] 陈利文. 呼和浩特市清水河县生态移民问题分析及对策研究 [J]. 内蒙古农业大学学报 (社会科学版), 2012 (6): 100 - 102.

[26] 陈俐静, 段伟, 吕素洁, 等. 林农气候变化感知及适应性行为研究——以四川大熊猫保护区947户农户为例 [J]. 资源开发与市场, 2017 (11): 28 - 33.

[27] 陈龙. 真实生活成本指数的估计 [J]. 数量经济技术经济研究, 2010 (8): 33 - 46.

[28] 陈萍, 尹迅飞, 王国强. 谈水利水电工程建设征地农村移民生产安置规划 [J]. 水力发电, 2006 (8): 6 - 7.

［29］陈前虎，黄初冬，等．城中村相对生活成本评估体系及应用［J］．浙江工业大学学报，2010，9（2）：170－175．

［30］陈绍军，施国庆．中国非自愿移民的贫困分析［J］．甘肃社会科学，2003（5）：114－117．

［31］陈绍军，于浩淼，吴革立．生态脆弱区非自愿移民安置政策分析［J］．水电能源科学，2010（5）：105－108．

［32］陈文超，强茂山，王佳宁，郑腾飞．水库移民管理者的认知对移民满意度的影响［J］．清华大学学报（自然科学版），2015（1）：46－49，55．

［33］陈祥健．非自愿移民：世界银行移民安置政策及其启示［J］．发展战略与对策研究，2001（12）：42－44．

［34］陈旭峰．农民地位代际流动何以可能？——农民市民化水平对子女教育期望影响的实证研究［J］．人口与发展，2013（6）：43－51．

［35］陈绪敖，宗子杨，吴佳磊，田珍．陕南生态保护与产业协同发展的系统思考［J］．湖北农业科学，2017，56（14）：2773－2777．

［36］陈迎．从安全视角看环境与气候变化问题［J］．世界经济与政治，2008（4）：45－51．

［37］陈振华．利益、认同与制度供给：居民社区参与的影响因素研究［D］．清华大学，2004．

［38］陈忠祥．宁夏吊庄移民的理论分析［J］．干旱区地理，1998（4）：22－27．

［39］陈忠祥．宁夏移民问题的深层透视——对移民安置地后续发展的研究［J］．宁夏大学学报（人文社会科学版），2007（3）：161－164．

［40］程广帅，庞会，戢琨．强制性社会变迁、人力资本失灵与收入分层［J］．浙江社会科学，2013（12）：44－52，156．

［41］程燕．城郊结合部居民社区归属感和社区参与研究［D］．四川大学，2006．

［42］池永明．生态移民是西部地区生态环境建设的根本［J］．经济论坛，2004（16）：14－15．

［43］仇焕广，刘乐，李登旺，张崇尚．经营规模、地权稳定性与土地生产率——基于全国4省地块层面调查数据的实证分析．中国农村经济，2017（6）：30－43．

［44］初春霞，孟慧君．生态移民与内蒙古经济可持续发展．农业现代化研究，2006（2）．

[45] 褚彩虹，冯淑怡，张蔚文. 农户采用环境友好型农业技术行为的实证分析——以有机肥与测土配方施肥技术为例 [J]. 中国农村经济，2012(3)：68-77.

[46] 崔冀娜，王健等. 基于公平感知的移民搬迁后城镇融入研究 [J]. 干旱区资源与环境，2019，33 (2)：83-88.

[47] 崔伟，李小舟. 南水北调中线宝丰至郏县段移民安置方案分析 [J]. 人民长江，2016 (6)：191-193.

[48] 崔献勇，海鹰，宋勇. 我国西部生态脆弱区生态移民问题研究 [J]. 新疆师范大学学报（自然科学版），2004 (4)：72-76.

[49] 达瓦次仁，次仁，等. 略论西藏扶贫搬迁与生态移民间的关系 [J]. 西藏研究，2014 (5)：45-53.

[50] 戴庆中. 混杂与融合——少数民族生态移民社区文化重建图景研究. 贵州社会科学，2013 (12).

[51] 戴维. 社会学（第十版）[M]. 波普诺，李强，等，译. 北京：中国人民大学出版社，2011.

[52] 单菁菁. 城市社区情感研究 [D]. 中国社会科学院研究生院，2003.

[53] 单菁菁. 从社区归属感看中国城市社区建设 [J]. 中国社会科学院研究生院学报，2006 (6)：12-13.

[54] 单菁菁. 社区归属感与社区满意度 [J]. 城市问题，2008 (3)：58-64.

[55] 邓遂. 现代城市社区情感障碍分析 [J]. 城市问题，2003 (4).

[56] 丁百仁，王毅杰. 教育期望的户籍差异——基于四类儿童的比较研究 [J]. 教育科学，2016，32 (5)：1-10.

[57] 丁凤琴. 关于社区情感的理论发展与实证研究 [J]. 城市问题，2010(7).

[58] 丁凤琴，刘钊，等. 宁夏中部干旱带生态移民文化适应的代际差异 [J]. 农业经济问题，2016 (10)：95-104.

[59] 丁明俊. 移民安置与回族“教坊”的重构——以宁夏红寺堡移民开发区为例 [J]. 回族研究，2013 (1)：81-90.

[60] 丁勇，侯向阳，尹燕亭，等. 半农半牧区农户生产现状及对气候变化的感知与应对——基于内蒙古林西县的调查研究 [J]. 中国农学通报，2011，27 (14).

[61] 东梅. 生态移民与农民收入——基于宁夏红寺堡移民开发区的实证

分析［J］. 中国农村经济，2006（3）：48－52.

［62］东梅，王桂芬. 双重差分法在生态移民收入效应评价中的应用——以宁夏为例［J］. 农业技术经济，2010（8）：87－93.

［63］杜发春. 国外生态移民研究述评［J］. 民族研究，2014（2）.

［64］杜书云，徐景霞. 内源式发展视角下失地农民可持续生计困境及破解机制研究［J］. 经济学家，2016（7）：76－83.

［65］杜秀丽. 农村居民社区认同与政治参与研究——基于豫北乡村的实证调查［J］. 岭南师范学院学报，2015（4）.

［66］杜旭宇. 社会资本与农民增收的关联分析［J］. 农业经济导刊，2006（8）：123－126.

［67］杜云素，李飞. 外迁水库移民适应的现状、趋势与内在机制［J］. 人口与发展，2018（24）：31－78.

［68］杜宗斌，苏勤. 社区归属感对乡村旅游地居民社区参与的影响——以浙江安吉为例［J］. 旅游科学，2013，27（3）：61－71.

［69］段跃芳. IRR 模型及其对我国非志愿移民安置的现实意义［J］. 三峡大学学报：人文社会科学版，2002，24（6）：43－46.

［70］段跃芳. 印度水资源开发过程中的非志愿移民问题［J］. 南亚研究季刊，2006（4）19.

［71］恩和，阿拉坦格日乐. 草原畜牧业经济可持续发展研究——以内蒙古自治区巴彦淖尔市乌拉特后旗为例［J］. 开发研究，2018（2）：44－51.

［72］范本迅，孟朝晖. 移民安置城镇化若干问题思考［J］. 人民长江，2014（8）：102－105.

［73］范晨辉，薛东前，马蓓蓓. Rasch 模型在多维贫困测度中的应用［J］. 统计与决策，2015（6）：81－83.

［74］范志勇，宋佳音. 消费者价格指数能反映生活成本吗［J］. 经济理论与经济管理，2014（9）：26－37.

［75］方兵，彭志光. 生态移民：西部脱贫与生态环境保护新思路［M］. 南宁：广西人民出版社，2002：72.

［76］方建华. 新疆多民族地区 3～6 岁幼儿家庭教育期望状况及因素分析［J］. 学前教育研究，2014（8）：26－33.

［77］方劲. 可行能力视野下的新阶段农村贫困及其政策调整. 经济体制改革，2011（1）.

［78］方清云. 贫困文化理论对文化扶贫的启示及对策建议［J］. 广西民

族研究，2012（4）：158－162.

［79］方修琦，盛静芬．从黑龙江省水稻种植面积的时空变化看人类对气候变化影响的适应［J］．自然资源学报，2000，15（3）：213－217.

［80］风笑天．安置方式、人际交往与移民适应江苏、浙江343户三峡农村移民的比较研究［J］．社会，2008（2）：152－161，223.

［81］风笑天．“落地生根”？——三峡农村移民的社会适应［J］．社会学研究，2004（5）：19－27.

［82］风笑天，王小璐．我国三峡移民研究的现状与趋势［J］．社会科学研究，2004（1）：107－111.

［83］冯伟林，李树茁，李聪．生态移民经济恢复中的人力资本与社会资本失灵——基于对陕南生态移民的调查［J］．人口与经济，2016（1）：98－107.

［84］冯晓龙，陈宗兴，霍学喜．基于分层模型的苹果种植农户气象灾害适应性行为研究［J］．资源科学，2015，37（12）：2491－2500.

［85］冯晓龙，刘明月，霍学喜．气候变化适应性行为及空间溢出效应对农户收入的影响——来自4省苹果种植户的经验证据［J］．农林经济管理学报，2016，15（5）.

［86］冯雪红，聂君．宁夏回族生态移民迁移意愿与迁移行为调查分析［J］．兰州大学学报（社会科学版），2013，41（6）：53－59.

［87］［美］弗里德曼，等．社会心理学［M］．高地，高佳，等，译．哈尔滨：黑龙江人民出版社，1985.

［88］付诚．公民参与社区治理的经验与民主实现形式［J］．社会科学战线，2015（12）：192－198.

［89］高国荣．2010土地缘何沙化：20世纪30年代美国大平原和20世纪90年代内蒙古的比照分析［J］．江苏社会科学，2010，8（15）：54－57.

［90］高华云，皮蕾，陶丽娜．强制性社会变迁中的非自愿移民能力发展研究［J］．统计与决策，2013（1）：115－118.

［91］高圆圆，范绍丰．西部民族地区农村贫困人日精神贫困探析［J］．中南民族大学学报（人文社会科学版），2017，37（6）：131－136.

［92］高岳涵．西北少数民族学生家庭教育投入与就业意愿实证研究［J］．广西民族大学学报（哲学社会科学版），2018，40（4）：183－187.

［93］葛根高娃，乌云巴图．内蒙古牧区生态移民的概念、问题与对策［J］．内蒙古社会科学（汉文版），2003（2）：118－122.

［94］葛苑菲．新疆生态移民与生产生活方式转型研究相关问题探索［J］.

新疆职业大学学报，2013，10（5）：10－11.

［95］桂榕.“哲玛提”文化模式：理解回族社群文化的一种理论框架——以巍山回族“哲玛提”为例. 北方民族大学学报（哲学社会科学版），2013（1）.

［96］郭欢欢. 内蒙古生态移民问题研究——以通辽市为例［J］. 民族论坛，2016（10）：87－92.

［97］郭玲霞，封建民，孙铂. 陕北生态脆弱区农民环境感知状况及其影响因素［J］. 水土保持通报，2015，35（4）：235－241.

［98］郭培培，李晓婉. 城市回族社区社会关系变迁研究——以河南开封顺河回族区清平街道为例. 北方民族大学学报（哲学社会科学版），2013（3）.

［99］郭圣乾，张纪伟. 农户生计资本脆弱性分析［J］. 经济经纬，2013（3）：26－30.

［100］郭未. 中国未婚青年首次性行为时的避孕选择——基于赫克曼选择模型的分析［J］. 学海，2014（1）：26－39.

［101］郭文华. 从深山搬到城郊由贫穷迈向小康——五寨县百村大搬迁上万农民进城镇. 产业扶贫，2014（11）.

［102］韩恒. 农民工的“城市梦”及其影响因素——基于河南省“百村调查”的数据分析［J］. 中州学刊，2014（7）：87－90.

［103］韩秀丽，高桂英. 宁夏红寺堡生态移民开发效果探析［J］. 人民黄河，2010，32（10）：6－8.

［104］韩颖，侯向阳. 内蒙古荒漠草原牧户对气候变化的感知和适应［J］. 应用生态学报，2011，22（4）：913－922.

［105］韩振燕. 水库移民迁移前后人力资本变化实证分析——温州珊溪水库移民案例研究［J］. 技术经济，2006（3）：49－53.

［106］韩自强，巴战龙，辛瑞萍，钟平. 基于可持续生计的农村家庭灾后恢复研究［J］. 中国人口·资源与环境，2016，26（4）：158－167.

［107］杭承政，胡鞍钢.“精神贫困”现象的实质是个体失灵——来自行为科学的视角［J］. 国家行政学院学报，2017. 4：97－103.

［108］郝爱华，张爱国，薛龙义，王耀麟. 采煤沉陷区移民的自愿性研究——以乡宁县西坡镇为例［J］. 山西师范大学学报（自然科学版），2016，30（3）：118－122.

［109］郝芳华，欧阳威，岳勇，等. 内蒙古农业灌区水循环特征及对土地水运移影响的分析［J］. 环境科学学报，2008，28（5）.

[110] 郝龙. 家庭生计分析：民族贫困问题治理的微观视角 [J]. 北方民族大学学报（哲学社会科学版），2015 (3)：43－48.

[111] 郝思恭，张树彬，廉四才，王桂宁，杨继才. 移民搬迁脱贫之路 [J]. 老区建设，2007 (1)：48－49.

[112] 郝玉章，风笑天. 三峡外迁移民的社会适应性及其影响因素研究——对江苏227户移民的调查 [J]. 人口与发展，2005 (6)：62－67.

[113] 何得桂，党国英. 西部山区易地扶贫搬迁政策执行偏差研究——基于陕南的实地调查 [J]. 国家行政学院学报，2015 (6)：119－123.

[114] 何华玲，巢飞. 当代外来"新移民"的社区融合：困境与消解——基于苏州S区若干过渡型社区的调查 [J]. 中国名城，2018 (4)：45－50.

[115] 何仁伟，李光勤，刘运伟，李立娜，方方. 基于可持续生计的精准扶贫分析方法及应用研究——以四川凉山彝族自治州为例 [J]. 地理科学进展，2017，36 (2)：182－192.

[116] 侯东民，张耀军，等. 西部生态移民跟踪调查——兼对西部扶贫战略的再思考 [J]. 人口与经济，2014 (3)：42－50.

[117] 侯石安，谢玲. 贵州农村贫困程度及其影响因素分析——基于2001~2012年贵州农村FGT贫困指数的多维测度 [J]. 贵州社会科学，2014 (7)：122－126.

[118] 侯向阳，萨茹拉，丁勇. 北方草原区气候变化影响与适应研究进展 [A]. 中国草学会第九次全国会员代表大会暨学术讨论会论文集 [C]. 2016.

[119] 侯小富. 城市居民社区归属感的心理结构维度研究 [D]. 西南民族大学，2017.

[120] 胡阿丽，王征兵. 农村剩余劳动力迁移的充要条件分析——基于预期收入成本理论 [J]. 经济经纬，2011 (5)：90－94.

[121] 胡静，杨云彦. 大型工程非自愿移民的人力资本失灵——对南水北调中线工程的实证分析 [J]. 经济评论，2009 (4)：74－80.

[122] 胡宁生. 宁夏生态移民后续产业发展研究 [A]. 宁夏社会科学界联合会、宁夏社会学会. 2014年宁夏社会学会学术年会论文集 [C]. 宁夏社会科学界联合会、宁夏社会学会：北方民族大学社会学与民族学研究所，2015：21.

[123] 胡业翠，刘桂真，李静. 移民安置区农户土地利用与生计变化研究 [J]. 中国土地科学，2016 (10)：29－36.

[124] 胡颖. 拆迁安置社区（地方）感知融合度的研究——以西安市回迁

社区为例［J］. 绿色科技，2018（19）：212－213，216.

［125］黄超. 教育期望的城乡差异：家庭背景与学校环境的影响［J］. 社会学评论，2017，5（5）：65－78.

［126］黄超，吴愈晓. 中学生教育期望的性别差异：表现与成因［J］. 江苏社会科学，2016（4）：121－132.

［127］黄成亮. 村改居社区治理的现实困境及其破解［J］. 中州学刊，2019（2）：80－85.

［128］黄承伟，覃志敏. 贫困地区统筹城乡发展与产业化扶贫机制创新——基于重庆市农民创业园产业化扶贫案例的分析［J］. 农业经济问题，2013，34（5）：51－55.

［129］黄东东. 征地补偿、制度变迁与交易成本——以水库移民为例［J］. 中国政法大学学报，2015（1）：82－89.

［130］黄凯南. 演化博弈与演化经济学［J］. 经济研究，2009（2）：132－145.

［131］黄珂毓. 重庆生态脆弱区农户气候变化感知及适应性行为研究［D］. 西南大学，2017.

［132］黄琳. 青年社区归属感的培育途径探讨［J］. 青年探索，2003（6）：19－21.

［133］黄忠东. 组织政治行为与职业生涯成功［J］. 华东经济管理，2009（10）：101－104.

［134］贾国平，朱志玲，王晓涛，邓慧丽，裴银宝. 移民生计策略变迁及其生态效应研究——以宁夏红寺堡区为例［J］. 农业现代化研究，2016，37（3）：505－513.

［135］姜慧文. 商品型住宅小区的社区认同调查研究——以山东临沂Y花园为个案［D］. 西北民族大学. 2010.

［136］姜洁，付玉联，曾利辉. 西部地区精准健康扶贫模式探析——基于四川大学华西医院的案例分析［J］. 西南民族大学学报（人文社会科学版）2017（6）：129－133.

［137］姜林军，范建荣，李靖，司芳源，马蓉，王庆爽. 宁夏劳务移民与生态移民成效的对比研究［J］. 安徽农业科学，2015，43（24）：287－288.

［138］解彩霞. 三江源生态移民的社会适应研究——基于格尔木市两个移民点的调查［J］. 青海社会科学，2009（3）：62－66，84.

［139］解彩霞. 三江源生态移民社会适应与回迁愿望分析［J］. 攀登，

2010（6）：101－106.

［140］金慧华．世界银行非自愿移民政策探析——以环境保护为视角［J］．社会科学家，2009（7）：66－69.

［141］赖素莹．物质扶贫与精神扶贫——中国城市反贫困的新思路．法治与社会，2006（12）.

［142］兰荣蓉，曹艳辉，李彦强，等．非自愿移民政策与我国水库移民政策之比较分析［J］．人民长江，2015（21）：102－105.

［143］雷开春．城市新移民的社会认同研究［D］．上海大学，2009.

［144］雷开春．城市新移民社会资本的理性转换［J］．社会，2011（1）：74－93.

［145］黎东升．论农业可持续发展及其评价指标体系的建立［J］．湖北农学院学报，2000（8）：263－265.

［146］黎洁，李树茁，（美）格蕾琴·C. 戴利．农户生计与环境可持续发展研究［M］．北京：社会科学文献出版社，2017：19－21.

［147］黎洁．陕西安康移民搬迁农户的生计适应策略与适应力感知［J］．中国人口·资源与环境，2016，26（9）：44－51.

［148］李斌，李小云，左停．农村发展中的生计途径研究与实践［J］．农业技术经济，2004（4）.

［149］李博，左停．遭遇搬迁：精准扶贫视角下扶贫移民搬迁政策执行逻辑的探讨——以陕南王村为例［J］．中国农业大学学报（社会科学版），2016（2）：25－31.

［150］李纯，巴合提努力·巴根别尔得．生态移民与新疆少数民族生产生活方式转型的调查分析［J］．农村经济与科技，2014（5）：167－169.

［151］李聪，李萍，韩秀华，冯伟林．易地移民搬迁对家庭劳动力外出务工活动的影响机制——来自陕南地区的证据［J］．西安交通大学学报（社会科学版），2017，36（1）：64－71.

［152］李聪，李树茁，梁义成，费尔德曼．外出务工对流出地家庭生计策略的影响——来自西部山区的证据［J］．当代经济科学，2010（3）：77－85，127.

［153］李聪，柳玮，冯伟林，李树茁．移民搬迁对农户生计策略的影响——基于陕南安康地区的调查［J］．中国农村观察，2013（6）：31－44，93.

［154］李聪，柳玮，黄谦．陕南移民搬迁背景下农户生计资本的现状与影响因素分析［J］．当代经济科学，2014，36（6）：106－112，126.

[155] 李凡. 典型沙漠化地区农户对生态环境变化的感知与适应——以内蒙古自治区杭锦旗为例 [J]. 干旱区资源与环境, 2017 (3).

[156] 李飞, 唐丽霞, 于乐荣, 李小云. 农户生活满意度及影响因素分析——基于10个村庄的横截面数据 [J]. 西北人口, 2013, 34 (1): 41 -46.

[157] 李高峰, 郝润梅. 内蒙古东部农牧区生态移民中安置模式研究——以扎赉特旗为例 [J]. 西部资源, 2018 (5): 195 -196, 199.

[158] 李国恩. 安土重迁: 中国人稳定性的传统社会心理 [J]. 济南大学学报, 2000 (4).

[159] 李宏亮. 集中安置移民模式初探——以湖南郴州苏仙区塘溪乡为例 [J]. 西南民族学院学报 (哲学社会科学版), 2002 (8): 91 -93.

[160] 李洪涛. 城市居民的社区满意度及其对社区归属感的影响 [D]. 华中科技大学, 2005.

[161] 李建国. 近代甘青农牧区商贸活动问题探析. 西北师大学报 (社会科学版), 2016 (2).

[162] 李锦. 四川横断山区生态移民安置模式 [J]. 贵州民族研究, 2007 (1).

[163] 李菁怡, 施国庆, 周建. 生态移民工作中的民族心理认同——以新疆塔里木河生态移民为例 [J]. 新疆师范大学学报 (自然科学版), 2006 (9).

[164] 李靖, 姜林军, 司芳源, 王庆爽, 马蓉, 范建荣. 宁夏县内移民与县外移民成效思考 [J]. 新西部 (理论版), 2015 (9): 21 -22.

[165] 李静, 刘继杰. 从牧民到农民的心路历程 [J]. 中南民族大学学报 (人文社会科版), 2014, 34 (1): 48 -52.

[166] 李静. 生态移民之后的移民生计方式变迁与文化变迁——以甘肃省肃南县明花乡双海子村为例 [J]. 天水师范学院学报, 2012, 7 (4): 78 -81.

[167] 李禄胜. 宁夏移民安置地村落建设问题研究——基于红寺堡移民开发区的实证分析 [J]. 宁夏社会科学, 2009 (1): 52 -55.

[168] 李梦姣. 陕南大规模搬迁形势下的移民心理问题研究 [J]. 吉林省教育学院学报, 2013 (10): 142 -143.

[169] 李宁, 龚世俊. 论宁夏地区生态移民 [J]. 哈尔滨工业大学学报 (社会科学版), 2003, 5 (1): 19 -24.

[170] 李宁. 论宁夏扶贫开发性移民与回族的发展. 回族研究, 2001 (3).

[171] 李培林, 王晓毅. 移民、扶贫与生态文明建设——宁夏生态移民调

研报告 [J]. 宁夏社会科学, 2013 (3): 52 - 60.

[172] 李强. 农民工举家迁移决策的理论分析及检验 [J]. 中国人口资源与环境, 2014 (24): 65 - 70.

[173] 李生. 内蒙古草原生态移民的后续产业发展状况分析 [J]. 黑龙江民族丛刊, 2014 (2): 101 - 105.

[174] 李生. 内蒙古生态脆弱区生态移民的经验、问题与对策——以兴安盟科右前旗生态脆弱区移民搬迁为例 [J]. 中南民族大学学报 (人文社会科学版), 2015, 35 (6): 26 - 30.

[175] 李婷婷, 张杏梅. 宁夏生态移民居住文化适应情况调查——以宁夏红寺堡区弘德村为例 [J]. 山西师范大学学报 (自然科学版), 2018, 32 (3): 95 - 100.

[176] 李西良, 侯向阳, 丁勇, 等. 北方草原牧民对极端干旱感知的季节敏感性研究 [J]. 农学学报, 2012, 2 (10): 26 - 31.

[177] 李西良, 侯向阳, 丁勇, 等. 不同草地资源水平牧户对气候变化的感知与偏差途径 [J]. 中国环境科学, 2014, 34 (4): 1080 - 1088.

[178] 李霞, 文琦, 等. 基于年龄层次的宁夏生态移民社会适应性研究 [J]. 干旱区资源与环境, 2017, 31 (5): 26 - 32.

[179] 李小云, 董强, 饶小龙, 赵丽霞. 农户脆弱性分析方法及其本土化应用 [J]. 中国农村经济, 2007, 23 (4): 32 - 39.

[180] 李晓壮. 城市社区治理体制改革创新研究——基于北京市中关村街道东升园社区的调查 [J]. 城市发展研究, 2015 (1): 94 - 101.

[181] 李笑春, 陈智, 叶立国, 董华, 刘敏, 张君, 聂馥玲. 对生态移民的理性思考——以浑善达克沙地为例 [J]. 内蒙古大学学报 (人文社会科学版), 2004 (5): 34 - 38.

[182] 李秀英. "青藏高原牧民生计座谈会": 德国莱比锡大学安德雷博士在中国社科院民族所讲座 [OL]. 中国社会科学院民族学与人类学研究所网站, 2009 - 11 - 17.

[183] 李耀松, 许芬, 李霞. 宁夏生态移民可持续发展研究 [J]. 宁夏社会科学, 2012 (1): 29 - 35.

[184] 李玉娥, 林而达. 减缓稻田甲烷排放的技术研究 [J]. 农业资源与环境学报, 1995 (2): 38 - 40.

[185] 李煜, 黎氏. 影响社区归属感的要素分析 [J]. 华中理工大学学报 (社会科学版), 1992 (4).

[186] 李媛，李伟. 少数民族地区生态移民政策研究 [M]. 北京：经济科学出版社，2015：5－10，85－89.

[187] 李媛媛，玛努. 内蒙古生态脆弱地区扶贫移民发展问题研究 [J]. 内蒙古农业大学学报（社会科学版），2016（12）：40－44.

[188] 李志刚. 中国城市“新移民”聚居区居住满意度研究——以北京、上海、广州为例 [J]. 城市规划，2011，35（12）：75－82.

[189] 李智. “农转非”型居民社区归属感研究 [D]. 西南交通大学，2016.

[190] 栗志强. 郑州市都市村庄“流动人口”社区认同感研究 [D]. 郑州大学，2006.

[191] 梁文艳，叶晓梅，李涛. 父母参与如何影响流动儿童认知能力——基于 CEPS 基线数据的实证研究 [J]. 教育学报，2018，14（1）：80－94.

[192] 梁昕. “合力”与“分力”：贫困影响评价内群体心理学分析——以滇西北藏区 J 村旅游开发项目为例 [J]. 云南社会科学，2016（3）：160－164.

[193] 梁雪萍，崔永军. 少数民族村落的生态移民困境研究——以敖鲁古雅使鹿鄂温克族为例 [J]. 中国校外教育，2013（21）：29－31.

[194] 廖双双. 生态移民研究综述 [J]. 农村经济与科技，2012，23（4）：173－176.

[195] 林晓娜，王浩，李华忠. 乡村振兴战略视角下乡村休闲旅游研究：村民参与、影响感知及社区归属感 [J]. 东南学术，2019（2）：108－116.

[196] 凌经球. 推进滇桂黔石漠化片区扶贫开发的路径研究——基于新型城镇化的视角 [J]. 广西民族研究，2015（2）：143－151.

[197] 刘保中，张月云，李建新. 家庭社会经济地位与青少年教育期望：父母参与的中介作用 [J]. 北京大学教育评论，2015，13（3）：158－192.

[198] 刘成斌，雷洪. 三峡移民的角色行为障碍 [J]. 社会，2001（8）：13－16.

[199] 刘驪. 社区认同研究现状 [J]. 美与时代（城市版），2016（4）：104－105.

[200] 刘红梅，王克强，黄智俊. 影响中国农户采用节水灌溉技术行为的因素分析 [J]. 中国农村经济，2008（4）：44－54.

[201] 刘红，张洪雨，王娟. 多中心治理理论视角下的村改居社区治理研究 [J]. 理论与改革，2018（5）：153－162.

[202] 刘华民，王立新，杨劼，等. 农牧民气候变化适应意愿及影响因素——以鄂尔多斯市乌审旗为例 [J]. 干旱区研究，2013，30（1）.

[203] 刘慧君. 移民搬迁中的社会支持机制与农村老年人的心理健康 [J]. 人口与社会, 2016, 32 (3): 1-12.

[204] 刘慧, 叶尔肯·吾扎提. 中国西部地区生态扶贫策略研究 [J]. 中国人口·资源与环境, 2013, 23 (10): 52-58.

[205] 刘洁, 王瑷玲等. 胶州市胶北镇10个村庄土地集约利用水平评价 [J]. 农业工程学报, 2012 (5): 244-249.

[206] 刘琴. 三峡库区后靠移民心理健康状况及其相关因素 [J]. 中国心理卫生杂志, 2009 (1): 48-51.

[207] 刘琴, 汪洋. 三峡库区后靠移民与外迁移民心理健康状况比较分析 [J]. 第四军医大学学报, 2009, 30 (18): 1811-1813.

[208] 刘同山, 赵海, 闫辉. 农村土地退出: 宁夏平罗试验区的经验与启示 [J]. 宁夏社会科学, 2016 (1): 80-86.

[209] 刘伟, 黎洁, 李聪, 等. 移民搬迁农户的贫困类型及影响因素分析——基于陕南安康的抽样调查 [J]. 中南财经政法大学学报, 2015 (6): 41-48.

[210] 刘伟, 黎洁. 西部山区农户多维贫困测量——基于陕西安康市1404份问卷的调查 [J]. 农村经济, 2014 (5): 14-18.

[211] 刘伟, 李树茁, 任林静. 西部农村扶贫项目目标瞄准方法研究——基于陕西安康贫困山区的调查 [J]. 西安交通大学学报 (社会科学版), 2017, 37 (1): 72-78, 106.

[212] 刘小强, 王立群. 生态移民对农户收入支出的影响分析——以内蒙古多伦县为例 [J]. 林业经济, 2010 (3): 73-76.

[213] 刘学敏, 陈静. 生态移民、城镇化与产业发展——对西北地区城镇化的调查与思考 [J]. 中国特色社会主义研究, 2002 (2): 61-63.

[214] 刘学敏. 西北地区生态移民的效果与问题探讨 [J]. 中国农村经济, 2002 (4): 47-52.

[215] 刘学武. 宁夏生态移民无土安置区风险评估研究 [J]. 地域研究与开发, 2016 (12): 175-180.

[216] 刘亦民, 肖汉仕. 农村嬗变过程中的农民精神贫困问题——基于湖南两县农民精神生活状况调查 [J]. 南京人口管理干部学院学报, 2010 (4): 70-75.

[217] 刘忠权. 工程项目非自愿移民的社会管理探讨——移民安置问题实例解析 [J]. 岭南师范学院学报, 2016, 37 (2): 136-143.

[218] 龙冬平, 李同昇, 于正松. 农业技术扩散中的农户采用行为研究:

国外进展与国内趋势［J］. 地域研究与开发，2014，33（5）：132－139.

［219］鲁碧华，李艳美，贫困山区少数民族移民过渡期的贫困问题探析——以云南永仁县异地扶贫搬迁为例. 内江师范学院学报，2012，27（9）：124－128.

［220］陆益龙. 农村的个体贫困、连片贫困与精准扶贫［J］. 甘肃社会科学，2016（4）：7－13.

［221］陆自荣. 农民工城市社区融合的因子结构及影响因素分析［J］. 中共浙江省委党校学报，2013（4）：92－98.

［222］陆自荣，张颖. 城市社区感知融合度的影响因素——基于三个群体的比较［J］. 城市问题，2016（3）：92－103.

［223］陆自荣，张颖，赵永红. 社区融合结构：农民工、非农外来工、户籍居民之比较［J］. 西北农林科技大学学报（社会科学版），2016，16（4）：101－107.

［224］吕国光，刘伟民，张燕. 父辈社会分层对子代教育期望的影响——以藏族小学生及家长为例［J］. 宁波大学学报（教育科学版），2011（9）：73－78.

［225］吕亚荣，陈淑芬. 农民对气候变化的认知及适应性行为分析［J］. 中国农村经济，2010（7）：75－86.

［226］罗必良，何应龙，汪沙，尤娜莉. 土地承包经营权：农户退出意愿及其影响因素分析——基于广东省的农户问卷. 中国农村经济，2012（6）：4－19.

［227］罗楚亮. 城镇居民教育收益率及其分布特征［J］. 经济研究，2007（6）.

［228］罗家顺，杜建林等. 湖南湘西地区少数民族特困移民的心理症状现况调查［J］. 中国心理卫生杂志，2014，28（12）：159.

［229］罗金彪. 布迪厄的高等教育观哲学分析——社会关系再生产［J］. 黑龙江高教研究，2011（2）：15－18.

［230］罗静，潘家华，李恩平，等. 大学生应对气候变化的伦理取向探讨［J］. 科学与社会，2009（3）：5－9.

［231］罗强强. 宁夏民族地区的扶贫开发——移民扶贫的方法和经验分析［J］. 西南民族大学学报（人文社科版），2009，30（9）：48－51.

［232］罗秀雪. 生态移民地区土地流转问题研究——以宁夏红寺堡为例［J］. 法制博览，2018（33）：183－184.

［233］罗媛，李鹏程. 回族家庭与汉族家庭的教育投资行为比较——以甘肃省临夏回族自治州为例［J］. 民族高等教育研究，2013（7）：56－61.

［234］马德峰. 影响三峡外迁农村移民社区适应性的客观因素——来自浙

江省大丰市首批三峡移民的调查［J］. 管理世界，2002（10）：43－50.

［235］马桂芳. 青海省藏区生态移民后续产业发展问题研究［J］. 攀登，2017，36（1）：59－64.

［236］马海寿，陶健. 新疆天山北坡绿洲生态与回族生计方式研究［J］. 青海民族研究，2012（3）.

［237］马吉. 宁夏红寺堡区生态移民经济社会效益评价研究［D］. 西南交通大学，2014.

［238］马金宇，张波，李涛，等. 宁夏生态移民的心理健康现状［J］. 中国心理卫生杂志，2012（7）：537－541.

［239］马俊龙. 外出务工、教育期望与子女学习成绩［J］. 教育与经济，2017，33（5）：65－78.

［240］马平. 当代西北地区伊斯兰教新兴教派门宦问题探析［J］. 回族研究，2005（4）：109－112.

［241］马全中. 中国社区治理研究：近期回顾与评析［J］. 新疆师范大学学报（哲学社会科学版），2017（2）：93－104.

［242］马婷婷. 鄂尔多斯市生态移民生产生活状况变化分析研究——以准格尔旗和达拉特旗为例［D］. 内蒙古农业大学，2013（6）：17－21.

［243］马婷，张晓宇. 回族伊斯兰文化传播的历史与现状［J］. 回族研究，2014，24（1）：96－100.

［244］马伟华，胡鸿保. 宁夏生态移民中的宗教文化调适——以“芦草洼”吊庄移民为例［J］. 宁夏社会科学，2007（5）：74－78.

［245］马伟华. 试论吊庄移民工程对回族移民生产、生活观念的影响［J］. 西北人口，2009，30（5）：102－106.

［246］马新文. 阿玛蒂亚·森的权利贫困理论与方法述评［J］. 国外社会科学，2008（2）：69－74.

［247］马志雄，张银银，丁士军. 农村征地补偿安置政策的路径与选择［J］. 农村经济，2016（12）：34－40.

［248］迈克尔·M. 塞尼. 移民与发展：世界银行的移民政策与经验研究（一）［M］. 水库移民经济研究中心编译. 南京：河海大学出版社，1996.

［249］苗艳梅. 城市居民的社区归属感——对武汉市504户居民的调查分析［J］. 青年研究，2001（1）：36－41.

［250］牟丽霞. 城市居民的社区感：概念、结论与测量［D］. 浙江师范大学，2007.

［251］纳慧．甘肃少数民族地区产业结构现状分析［J］．西北民族大学学报（哲学社会科学版），2006（5）：40－44.

［252］纳慧．宁夏红寺堡生态移民经济效益提升的调研分析［J］．北方民族大学学报（哲学社会科学版），2016（2）：142－144.

［253］倪建伟．快速转型期农村土地利用方式的变迁——一个东部沿海村落的个案解析［J］．学术研究，2011（12）：57－60.

［254］聂鑫，汪晗，郭洁雯，等．微观福利视角下的库区移民搬迁意愿调查［J］．中国人口·资源与环境，2010，20（9）：159－164.

［255］宁越敏，杨传开．新型城镇化背景下城市外来人口的社会融合［J］．地理研究，2019，38（1）：23－32.

［256］宁泽逵．农户可持续生计资本与精准扶贫［J］．华南农业大学学报（社会科学版），2017，16（1）：86－94.

［257］潘明明，龚新蜀，张洪振．新疆城镇少数民族流动人口社会融合：水平测度与障碍找寻——422份新疆城镇少数民族流动人口调研数据［J］．新疆大学学报（哲学·人文社会科学版），2018，46（2）：33－42.

［258］潘云华，薛瑞．家庭教育投资的多层分析——基于CFPS2014数据的应用［J］．上海教育科研，2018（5）：30－35.

［259］潘允康，关颖．社区归属感与社区满意度［J］．社会学研究，1996（3）：7－17.

［260］庞海蓉．老人的社区环境满意度与社区归属感的关系研究［D］．四川师范大学，2009.

［261］彭春凝．当前我国农村精准扶贫的路径选择研究［J］．农村经济，2016（5）：91－95.

［262］彭豪祥，段跃芳，蔡厚清，张国兵，谭平．三峡工程移民社会适应性与心理健康研究［J］．三峡大学学报（人文社会科学版），2009，31（2）：14－17.

［263］彭建，周尚意．公众环境感知与建立环境意识——以北京市南沙河环境感知调查为例［J］．人文地理，2001，16（3）：21－25.

［264］皮海峰．小康社会与生态移民［J］．农村经济，2004（6）：58－60.

［265］祁进玉．三江源地区生态移民的社会适应与社区文化重建研究［J］．中央民族大学学报（哲学社会科学版），2015（3）：47－53.

［266］秦大河，Stocker T. IPCC第五次评估报告第一工作组报告的亮点结论［J］．气候变化研究进展，2014，10（1）：1－6.

[267] 卿志军，孔德明．公众的媒介使用与政策认同的互动——以海南国际旅游岛建设为例的实证研究 [J]．当代传播，2013 (3)：28 - 31.

[268] 丘海雄．社区归属感——香港与广州的个案比较研究 [J]．中山大学学报（哲学社会科学版），1989 (2)：59 - 63.

[269] 任继周．草原生态系统存在的基本方式——兼论放牧的转型 [J]．自然资源学报，2012 (8).

[270] 任李付，陈忠祥．宁夏移民安置地深化农业发展研究 [J]．宁夏大学学报（人文社会科学版），2007 (6).

[271] 任天波，余白露，等．宁夏地区生态移民、移居地及原居地居民自杀意念现况分析 [J]．宁夏医科大学学报，2016，38 (5)：519 - 523.

[272] 任雪娇．生态移民对牧民生产生活状况的影响研究 [J]．内蒙古财经学院学报，2008 (5)：43 - 44.

[273] 任义科，张彩，杜海峰．社会资本、政治参与与农民工社会融合 [J]．甘肃行政学院学报，2016 (1)：83 - 129.

[274] 任远，陶力．本地化的社会资本与促进流动人口的社会融合 [J]．人口研究，2012 (5)：47 - 57.

[275] 任远，邬民乐．城市流动人口的社会融合：文献述评 [J]．人口研究，2006 (3).

[276] 桑才让．对三江源生态移民文化适应性问题的调查与思考 [J]．攀登，2011 (6)：5 - 20.

[277] 桑志芹，夏少昂．社区意识：人际关系、社会嵌入与社区满意度——城市居民的社区认同调查 [J]．南京社会科学，2013 (2)：63 - 69.

[278] 上官木子．当代父母对孩子未来的期望 [J]．社会，1997 (12)：14 - 15.

[279] 邵安银，刘嫣．三峡工程农村外迁移民心理适应性现状分析 [J]．广西大学报，2013，28 (1)：64 - 66.

[280] 沈关宝，李耀锋．网络中的蜕变：失地农民的社会网络与市民化关系探析 [J]．复旦学报（社会科学版），2010 (2)：99 - 107.

[281] 盛济川，梁爽，施国庆．中国农村非自愿性移民自愿迁移的经济分析 [J]．西北人口，2009 (3)：8 - 13.

[282] 施国庆．非自愿移民：冲突与和谐 [J]．江苏社会科学，2005 (5)：22 - 25.

[283] 施国庆，严登才，周建．生态移民社会冲突的原因及对策 [J]．宁

夏社会科学，2009（6）：75－78.

［284］施蓖，眭海霞．农村社区认同现状及成因分析——对鄂、皖两省的调查［J］．中共四川省委省级机关党校学报，2010（3）.

［285］石智雷，杨云彦，田艳平．非自愿移民经济再发展：基于人力资本的分析［J］．中国软科学，2011（3）：115－127.

［286］时鹏，余劲，加贺爪优，等．基于农户视角的生态移民搬迁意愿及影响因素探析［J］．中国水土保持，2012（11）：7－9.

［287］时鹏，余劲．农户生态移民意愿及影响因素研究——以陕西省安康市为例［J］．中国农业大学学报，2013，18（1）：218－228.

［288］史俊宏．干旱风险冲击下牧户适应性生计策略及其影响因素［J］．中国农业资源与区划，2015（7）：89－95.

［289］史俊宏，赵立娟．非自愿迁移人口生计转型困境及发展能力提高策略研究［J］．农业现代化研究，2015（4）：603－609.

［290］史梦薇．易地扶贫搬迁移民感知融合研究——基于云南移民点的调查［J］．中南民族大学学报（人文社会科学版），2018，38（3）：156－160.

［291］史兴民．公众对气候变化的感知与适应行为研究进展［J］．水土保持通报，2016（6）.

［292］束锡红，聂君．宁夏生态移民迁移意愿的实证研究［A］．//2013中国生态移民与区域发展学术研讨会论文集［C］．2013.

［293］税伟，徐国伟，兰肖雄等．生态移民国外研究进展［J］．世界地理研究，2012（1）：150－157.

［294］斯琴，乔巴生．论生态移民中的问题——以塔里木河流域的生态移民为例［J］．今日中国论坛，2013（15）：385－386.

［295］宋春晓，马恒运，黄季焜，等．气候变化和农户适应性对小麦灌溉效率影响——基于中东部5省小麦主产区的实证研究［J］．农业技术经济，2014（2）：4－16.

［296］宋佳．内蒙古呼伦贝尔地区生态移民心理健康与社会适应调查分析［J］．语文学刊，2013（5）：39－40.

［297］苏芳，蒲欣冬，徐中民，王立安．生计资本与生计策略关系研究——以张掖市甘州区为例［J］．中国人口·资源与环境，2009，19（6）：119－125.

［298］苏志新．干旱风沙区生态移民对农牧民生产、生活方式的影响研究——以宁夏为例［D］．宁夏大学，2015（5）：16－17.

［299］隋艺，陈绍军．生态移民行为选择及其演化——以青海省德令哈市

生态移民村为例 [J]. 青海民族研究, 2016 (1): 77 - 81.

[300] 隋艺. 生态移民迁移的动因分析——以三江源×村生态移民为例 [J]. 青海社会科学, 2012 (3): 71 - 75.

[301] 孙海兵, 段跃芳. 生计资本视角下水库移民的稳定发展 [J]. 水电能源科学, 2014 (2): 151 - 154.

[302] 孙敬水, 于思源. 物质资本、人力资本、政治资本与农村居民收入不平等——基于全国31个省份2852份农户问卷调查的数据分析 [J]. 中南财经政法大学学报, 2014 (5): 141 - 149.

[303] 孙曼莉. 迁入区生态移民项目的效益评估 [D]. 陕西师范大学, 2008.

[304] 孙燕一, 王振洲, 刘懿, 崔丽, 韩瑾. 政府主导型生态移民的实效、问题与对策——宁夏西海固山区生态移民调查分析 [J]. 西部论坛, 2013, 23 (2): 44 - 50.

[305] 孙咏梅. 中国农民工精神贫困识别及精准扶贫策略——基于建筑学的调查 [J]. 社会科学辑刊, 2016 (2): 76 - 84.

[306] 邰秀军, 畅冬妮, 郭颖. 宁夏生态移民居住安置方式的减贫效果分析 [J]. 干旱区资源与环境, 2017, 31 (4): 47 - 53.

[307] 邰秀军, 李树茁. 中国农户贫困脆弱性的测度研究 [M]. 北京: 社会科学文献出版社, 2012.

[308] 邰秀军, 杨慧珍. 民族文化视角下黄土高原生态移民的生计重建 [J]. 农业现代化研究, 2017, 38 (6): 1009 - 1015.

[309] 邰秀军, 殷蕾蕾. 经济扶持的生态保护政策与山区农户的收入——基于响应与参与视角的考察 [J]. 山西师范大学学报 (自然科学版), 2014, 28 (3): 75 - 81.

[310] 邰秀军, 赵翌彤. 宁夏生态移民户的社会融合与教育期望 [J]. 西北人口, 2018 (6): 115 - 123.

[311] 覃明兴. 扶贫自愿性移民的迁移决策及主体选择性研究 [J]. 南方人口, 2007 (4): 32 - 38.

[312] 覃明兴. 扶贫自愿性移民研究 [J]. 求索, 2004 (9): 129 - 131.

[313] 谭灵芝, 马长发. 中国干旱区农户气候变化感知及适应性行为研究 [J]. 水土保持通报, 2014, 34 (1).

[314] 谭灵芝, 王国友, 马长发. 气候变化对干旱区居民生计脆弱性影响研究——基于新疆和宁夏两省区的农户调查 [J]. 经济与管理, 2013 (3): 10 - 16.

[315] 谭英, 奉志伟, 牛宝亮, 等. 气候变化背景下的农牧交错区村民认

知与应对行为调查分析［J］．中国农学通报，2009，25（23）：413－419.

［316］谭英．社区感情、社区发展与邻里保护［J］．国外城市规划，1999（3）：11－15.

［317］谭智心．农民对气候变化的认知及适应行为：山东证据［J］．重庆社会科学，2011（3）：56－61.

［318］汤榕，张闽剑，李吴萍，等．宁夏生态移民迁徙意愿性影响因素研究［J］．宁夏医科大学学报，2014，36（8）：883－885.

［319］唐晨翕，崔文芳．村改居社区认同的调查与分析——以天津市姚村为例［J］．改革探索，2016（11）.

［320］唐宏，张新焕，杨德刚．农户生态移民意愿及影响因素研究——基于新疆三工河流域的农户调查［J］．自然资源学报，2011，26（10）：1658－1669.

［321］唐丽霞，林志斌，李小云．谁迁移了——自愿移民的搬迁对象特征和原因分析［J］．农业经济问题，2005，26（4）：38－43.

［322］唐为，陆云航．社会资本影响农民收入水平吗——基于关系网络、信任与和谐视角的实证分析［J］．经济学家，2011（9）：77－85.

［323］陶传进．工程移民搬迁动力分析框架［J］．社会学，2000（6）：105－111.

［324］田朝晖，孙饶斌，张凯．三江源生态移民的贫困问题及其社会救助策略［J］．生态经济，2012（9）.

［325］田璞玉，郑晶，张金华．农民工社会融合的概念与理论框架建构［J］．江苏农业科学，2016，44（11）：509－513.

［326］田阡，李虎．人往低处迁：武陵山区土家族自愿搬迁移民的理性选择——基于重庆石柱县汪龙村的调查［J］．思想战线，2015（5）：17－22.

［327］田素妍，陈嘉烨．可持续生计框架下农户气候变化适应能力研究［J］．中国人口·资源与环境，2014，24（5）.

［328］田晓娟．同心县生态移民的生活状况与社会适应研究——以石狮管委会惠安村移民点黄家水为例［J］．宁夏社会科学，2012（4）.

［329］田欣，赵建坤．安土重迁观念的产生及其变化［J］．河北师范大学学报（哲学社会科学版），2005（3）：97－101.

［330］佟雪铭．知识型新移民文化融合的内容与路径［J］．城市问题，2015（12）：97－103.

［331］汪辉平，王增涛，马鹏程．农村地区因病致贫情况分析与思考——基于西部9省市1214个因病致贫户的调查数据［J］．经济学家，2016（10）：

71－81.

[332] 汪韬，李文军，李艳波. 干旱半干旱区牧民对气候变化的感知及应对行为分析——基于内蒙古克什克腾旗的案例研究 [J]. 北京大学学报（自然科学版），2012，48（2）：285－295.

[333] 汪雁，风笑天，朱玲怡. 三峡外迁移民的社区归属感研究 [J]. 上海社会科学院学术季刊，2001（2）：129－136.

[334] 汪洋，冯怡宁，刘晶. 重大建设工程非自愿性移民贫困与治理研究评述 [J]. 工程管理学报，2018，32（2）：103－107.

[335] 王碧玉，庞柏林. 我国农村贫困发生率变化趋势与贫困缺口率量化研究 [J]. 商业研究，2006（3）：150－152.

[336] 王长燕，郁耀闯. 陕南民众气候变化感知时空变化研究 [J]. 中国农学通报，2015，31（28）：244－251.

[337] 王春光. 新生代农村流动人口的社会认同与城乡融合的关系 [J]. 社会学研究，2001（3）：63－76.

[338] 王放，王益谦. 论生态移民与长江上游可持续发展 [J]. 人口与经济，2003（2）：63－68.

[339] 王耕源，田鹏，等. 生态移民聚集区基础教育水平综合评价 [J]. 统计与决策，2019（3）：114－116.

[340] 王国红. 试论政策执行中的政策认同 [J]. 湖南师范大学社会科学学报，2007（4）：46－49.

[341] 王海，席运官，陈瑞冰，等. 太湖地区肥料、农药过量施用调查研究 [J]. 农业资源与环境学报，2009，26（3）：10－15.

[342] 王浩，何文虎，马博，杨云龙. 生态移民地区金融资源均衡配置研究：宁夏固原个案分析 [J]. 北方民族大学学报（哲学社会科学版），2012（6）.

[343] 王宏丽. 新疆少数民族贫困县贫困程度的测度与分析 [J]. 新疆社会科学，2012（5）：37－43.

[344] 王建革. 定居与近代蒙古族农业的变迁 [J]. 中国历史地理论丛，2000（2）：25－42，250－251.

[345] 王建鹏，李杰，杜金平，等. 西藏水利建设征地移民畜牧业生产安置规划探讨——以拉洛水利枢纽及配套灌区工程为例 [J]. 人民长江，2013（2）：38－41.

[346] 王娟娟. 游牧人口定居：改善牧区发展环境的引擎——以甘南牧区

为例［J］. 北方民族大学学报（哲学社会科学版），2011（5）：75－80.

［347］王兰峰. 南水北调移民心理健康与社会支持及其心理干预研究［J］. 农业现代化研究，2010（4）：416－420.

［348］王丽萍，曾祥岚. 宁夏生态移民社会适应与心理健康现状调查［J］. 宁夏社会科学，2015（3）：60－64.

［349］王露，史兴民，孙立凡. 陕北黄土丘陵沟壑区农户气候变化的适应行为及影响因素分析［J］. 气候变化研究进展，2017（1）：61－68.

［350］王茂福，张明义. 环境在中国水库移民返迁中的推拉作用——以五大水库移民返迁为例［J］. 中国人口科学，2000（3）：52－57.

［351］王鹏，王亚娟，等. 干旱地区生态移民土地利用变化生态风险［J］. 干旱地区农业研究，2019，39（1）：58－65.

［352］王奇. 内蒙古牧民气候变化感知与适应性研究［D］. 内蒙古大学，2017.

［353］王世金，李曼，谭春萍. 山区居民对气候变化及其影响与适应的感知分析——以玉龙雪山地区为例［J］. 气候变化研究进展，2013，9（3）.

［354］王涛. 荒漠化治理中生态系统、社会经济系统协调发展问题探析——以中国北方半干旱荒漠区沙漠化防治为例［J］. 生态学报，2016，36（22）：7045－7048.

［355］王伟军，赵雪雁，万文玉，等. 甘南高原农户对极端天气的适应障碍及适应意向［J］. 生态学报，2017，37（23）.

［356］王文涛，饶怡冰. 控制性水库移民的综合型生产安置方式探析［J］. 人民长江，2015（8）：101－106.

［357］王潇，焦爱英. "村改社区"居民主观幸福感、社区认同与社区参与关系的实证研究［J］. 兰州学刊，2014（11）.

［358］王小林，SabinaAlkire. 中国多维贫困测量：估计和政策含义［J］. 中国农村经济，2009（12）：4－10，23.

［359］王晓敏，金建君，高艺玮. 农户适应气候变化的行为及影响因素——基于实验经济学方法的研究？［J］. 北京师范大学学报（自然科学版），2016，52（4）.

［360］王晓琦，顾昕. 中国贫困线水平研究［J］. 学习与实践，2015（5）：76－87.

［361］王晓毅. 从适应能力的角度看农牧转换［J］. 学海，2013（1）：46－54.

[362] 王晓毅. 易地搬迁与精准扶贫：宁夏生态移民再考察 [J]. 新视野，2017 (2)：27-34.

[363] 王英姿. 中国现代农业发展要重视舒尔茨模式 [J]. 农业经济问题，2014 (2)：41-44.

[364] 王永平，吴晓秋，黄海燕，等. 土地资源稀缺地区生态移民安置模式探讨——以贵州省为例 [J]. 生态经济，2014 (1)：66-69.

[365] 王永平，袁家榆，等. 欠发达地区易地搬迁扶贫面临的问题与对策探讨——从贵州扶贫主题调研引发的思考 [J]. 特区经济，2008 (1)：208-210.

[366] 王永平，袁家榆，曾凡勤，等. 贵州易地扶贫搬迁安置模式的探索与实践 [J]. 生态经济：学术版，2008 (1)：400-401, 422.

[367] 王媛. 杭州市. 拱墅区老年人生活成本及影响因素分析 [J]. 浙江树人大学学报 (自然科学版)，2017 (17)：56-60.

[368] 王玥，卢新海. 社区情感依附对房屋征收的影响及其测度 [J]. 城市问题，2015, 33 (4)：52-57.

[369] 王宗礼. 习近平新时代中国特色社会主义思想的生成逻辑 [J]. 国外理论动态，2017 (11)：12-13.

[370] 韦尔曼. 社区存在与否的问题 [M]. 蔡勇美译. 东犹克居民的亲近社群网，正中译业，1980.

[371] 韦惠兰，王光耀. 沙化区农户家庭总收入结构对家庭消费支出的影响分析 [J]. 干旱区资源与环境，2017, 31 (12)：13-19.

[372] 韦惠兰，周夏伟. 沙区沙化土地封禁保护补偿标准的估算——最小数据方法在甘肃省民勤县的运用 [J]. 自然资源学报，2018, 33 (4)：600-608.

[373] 韦仁忠，唐任伍. 文化调适与社会资本重建：以三江源生态移民为例 [J]. 中国藏学，2015 (2)：157-161.

[374] 魏珊，余江. 非自愿性移民的可持续安置——基于移民安置控制权分配的规范分析 [J]. 中国人口·资源与环境，2009 (5)：76-81.

[375] 魏勇，马欣. 家长教育期望的影响因素研究——基于 CEPS 的实证分析 [J]. 教育与经济，2018 (7)：55-62.

[376] 魏勇，马欣. 中学生自我教育期望的影响因素研究——基于 CEPS 的实证分析 [J]. 教育学术月刊，2017 (10)：69-78.

[377] 温忠麟，刘红云，侯杰泰. 调节效应和中介效应分析 [M]. 北京：教育科学出版社，2012.

［378］文冰，宋媛，张体伟，乔召旗．生态移民的搬迁形式研究——云南永善县马楠乡案例分析［J］．生态经济，2005（1）：27－31.

［379］文长存，崔琦，吴敬学．农户分化、农地流转与规模化经营［J］．农村经济，2017（2）：32－37.

［380］闻立军．法治背景下的“吊庄”回族寺坊组织——以宁夏银川市兴泾镇为例［J］．北方民族大学学报，2013（5）：83－87.

［381］乌日陶克套胡．论蒙古族游牧经济的特征［J］．中央民族大学学报，2005（2）：32－36.

［382］吴铎，丘士杰，李业甫，等．中国大百科全书社会学卷［M］．北京：中国大百科全书出版社，1991：361.

［383］吴缚龙，约翰·罗根，唐磊，刘晓玉．农村移民的城市归属感：基于北京市社区邻里关系的研究［J］．国外社会科学，2017（1）：154－156.

［384］吴理财．农村社区认同及重构［J］．中共天津市委党校学报，2011（3）.

［385］吴理财．农村社区认同与农民行为逻辑［J］．经济社会体制比较，2011（3）：123－128.

［386］吴伟．我国居民收入差距研究［J］．调研世界，2016（7）：3－7.

［387］吴小影，刘冠秋，齐熙，等．气候变化对渔区感知指数、生计策略和生态效应的影响［J］．生态学报，2017（1）：313－320.

［388］吴晓林，郝丽娜．“社区复兴运动”以来国外社区治理研究的理论考察［J］．政治学研究，2015（1）：47－58.

［389］吴忠涛，张丹．城乡预期收入差距对农村人口迁移的影响——基于托达罗模型［J］．西北大学学报（哲学社会科学版），2013（4）：74－79.

［390］伍黎芝．三峡工程农村移民安置的途径与政策建议［J］．人口与经济，2001（2）：48－51.

［391］向安强，薛小龙，蔡喜梅，朱洁怡．水库农村移民社区认同与适应的多重关联因子分析—广东惠州博罗新丰江与三峡水库移民的外部影响比较［J］．古今农业，2017（1）.

［392］肖兰兰．农民对气候变化认知及适应的差异性分析——基于山东省部分地区的实证调研［J］．农林经济管理学报，2014（2）：153－159.

［393］谢宏佐，陈涛．中国公众应对气候变化行动意愿影响因素分析——基于国内网民3489份的调查问卷［J］．中国软科学，2012（3）：79－92.

［394］谢剑锋，贾凯威．我国城乡居民生活成本实证研究［J］．辽宁工程

技术大学学报，2017，19（6）：610－616.

［395］谢秀英，谢秀琴，宁金鸽，侯向阳．农业气象观测技术要点分析［J］资源与环境科学，2017（12）：231－235.

［396］谢元媛．生态移民政策与地方政府实践：以敖鲁古雅鄂温克生态移民为例［M］．北京：北京大学出版社，2010.

［397］辛悦，谭英．浅谈如何打造农民需要的科技信息微信公众平台——以农民日报微信公众平台为例［J］．科技传播，2016，8（23）：92－94，126.

［398］辛自强，凌喜欢．城市居民的社区认同：概念、测量及相关因素［J］．心理研究，2015，8（5）：64－72.

［399］邢丹，朱国琴，等．丹江口库区过渡期移民心理社会应激状况及影响因素［J］．中国公共卫生，2017，33（5）：834－837.

［400］熊和妮．底层式“望子成龙”——劳动阶层父母教育期望的内容与特点［J］．民族教育研究，2017，28（142）：105－112.

［401］徐赣丽，黄洁．资源化与遗产化：当代民间文化的变迁趋势［J］．民俗研究，2013（5）：5－12.

［402］徐丽萍，王小林，等．中国老年人生活成本和标准消费系数测算［J］．人口与发展，2011（3）：26－34.

［403］徐文德．“社群”研究的省思：跨世纪台湾人类学的展望之一［M］．台北：“中央”研究院民族学研究所，2000.

［404］徐娴英，马钦海．基于期望视角的感知服务质量与顾客满意度区别研究［J］．数理统计与管理，2012（5）：863－870.

［405］许传新．家庭教育：流动家庭与留守家庭的比较分析［J］．中国青年研究，2012（5）：59－62.

［406］许汉石，乐章．生计资本、生计风险与农户的生计策略［J］．农业经济问题，2012，33（10）：100－105.

［407］许红，袁长海，等．三峡移民与当地居民心理健康状况对比及影响因素分析［J］．中国卫生事业管理，2013（3）：222－223.

［408］许佳君，王沛沛．中国非自愿移民研究回顾与分析［J］．西北人口，2010，31（3）：106－109.

［409］闫丽娟，张俊明．少数民族生态移民异地搬迁后的心理适应问题研究——以宁夏中宁县太阳梁移民新村为例［J］．中南民族大学学报（人文社会科学版），2013，33（5）：24－28.

［410］杨聪敏．新生代农民工的“六个融合”与市民化发展［J］．浙江

社会科学，2014（2）：71－78.

［411］杨红. 浅谈宁夏生态移民中回族文化的变迁与适应［J］. 企业导报，2012（15）：169.

［412］杨怀中，杨进. 宁夏“十二五”期间回族生态移民工程记［J］. 回族研究，2014（3）：5－15.

［413］杨辉，胡华，等. 三峡库区就地后靠移民心理健康与生活事件及人格特征研究［J］. 重庆医学2009，38（7）：766－768.

［414］杨菊华. 中国流动人口的社会融入研究［J］. 中国社会科学，2015（2）：61－79.

［415］杨军昌. 贵州农村特困人口移民搬迁及扶贫开发［J］. 人口与经济，2003（4）：8－13.

［416］杨卡. 新城居民社区归属感研究——以南京市为例［J］. 池州学院学报，2010，24（3）：66－69.

［417］杨立雄，谢丹丹. “绝对的相对”，抑或“相对的绝对”——汤森和森的贫困理论比较［J］. 财经科学，2007（1）：59－66.

［418］杨龙，贾春光，吴桂林，毛东雷. 西北干旱半干旱区生态移民可持续发展策略探讨［J］. 新疆师范大学学报（自然科学版），2004（4）：77－81.

［419］杨婷，靳小怡. 资源禀赋、社会保障对农民工土地处置意愿的影响——基于理性选择视角的分析［J］. 中国农村观察，2015（4）：14－24.

［420］杨威. 流动儿童家庭教育期望的影响因素探析——基于北京市某区的问卷调查［J］. 西北人口，2012（2）：98－102.

［421］杨维军. 西部民族地区生态移民发展对策研究［J］. 西北第二民族学院学报（哲学社会科学版），2005（2）：32－36.

［422］杨文杰，秦加加. 流动人口社会融合度测量指标体系完善研究［J］. 河北大学学报（哲学社会科学版），2016，41（3）：128－135.

［423］杨文婷. 内蒙古自治区乌审旗生态移民安置中牧民在就业问题探析［J］. 经济师，2014（7）：27－33.

［424］杨习超，姚远，张顺. 家庭社会地位对青少年教育期望影响研究——基于CEPS2014调查数据的实证分析［J］. 中国青年研究，2016（7）：67－73.

［425］杨显明，米文宝，齐拓野，程子彪. 宁夏生态移民效益评价研究［J］. 干旱区资源与环境，2013，27（4）：16－23.

［426］杨欣. 陕南移民搬迁后续产业发展问题探析——以宁强县为例

[J]. 陕西理工学院学报（社会科学版），2015，33（2）：13－16，55.

[427] 杨宜音. "社会认同的理论与经验研究"工作坊召开研讨会 [J]. 社会学研究，2005（4）：240－242.

[428] 杨宜勇，吴香雪. 中国扶贫问题的过去、现在和未来 [J]. 中国人口科学，2016（5）：2－12，126.

[429] 杨永峰. 公共政策制定中影响政策认同的因素分析 [J]. 学理论，2013（32）：25－26.

[430] 杨云峰. 农民工反精神贫困探析——以社会工作视角 [J]. 社会科学战线，2007（5）：192－197.

[431] 杨云彦，赵锋. 可持续生计分析框架下农户生计资本的调查与分析——以南水北调（中线）工程库区为例 [J]. 农业经济问题，2009（3）：58－65，111.

[432] 姚先国，俞玲. 农民工职业分层与人力资本约束 [J]. 浙江大学学报（人文社会科学版），2006（9）：16－22.

[433] 叶继红. 城郊农民集中居住区移民社区归属感研究 [J]. 西北人口，2011，32（3）：27－30.

[434] 叶嘉国，雷洪. 三峡移民对经济发展的适应性——对三峡库区移民的调查 [J]. 中国人口科学，2000（6）：58－64.

[435] 易余胤，盛昭瀚，肖条军. 企业自主创新、模仿创新行为与市场结构的演化研究 [J]. 管理工程学报，2005（1）：14－18.

[436] 余德华. 论精神贫困 [J]. 哲学研究，2002（12）：15－20.

[437] 余德华，麻朝晖. 欠发达地区的精神贫困与精神脱贫思路探析 [J]. 社会科学，2001（2）：59－63.

[438] 俞刚. 可持续发展观视角下的民勤县生态移民问题研究 [J]. 财会研究，2010（3）.

[439] 俞国良，王青兰，杨治良，等. 环境心理学 [M]. 北京：人民教育出版社，2001.

[440] 郁耀闯，周旗，王长燕. 陕北地区公众气候变化感知的时空变异 [J]. 西北大学学报（自然科学版），2011，41（1）.

[441] 袁振龙. 社区认同与社区治安——从社会资本理论视角出发的实证研究 [J]. 中国人民公安大学学报（社会科学版），2010（4）.

[442] 悦中山. 当代西方社会融合研究的概念、理论及应用 [J]. 公共管理学报，2009（2）.

［443］云雅如，方修琦，田青．乡村人群气候变化感知的初步分析——以黑龙江省漠河县为例［J］．气候变化研究进展，2009，5（2）．

［444］曾天山．以新理念新机制精准提升教育扶贫成效——以教育部滇西扶贫实践为例［J］．教育研究，2016（12）：35－42．

［445］翟彬，梁流涛．基于可持续生计的农村反贫困研究——以甘肃省天水贫困地区为例［J］．农村经济，2015（5）：55－60．

［446］詹姆斯·C．斯科特．国家的视角：那些试图改善人类状况的项目是如何失败的［M］．北京：社会科学文献出版社，1998．

［447］张爱国，薛龙义．黄土高原地区生态移民论［M］．北京：中国社会出版社，2013．

［448］张彩霞，刘华民，王立新，王炜，等．乌审旗气候变化与农牧业生产之间的关系［J］．内蒙古大学学报（自然版），2014（6）：653－660．

［449］张春兴．青年的认同与过失［M］．台北：台湾东华书局、世界图书出版社，1993．

［450］张帆．社会融合的四个衡量维度［J］．理论与现代化，2015（6）：113－120．

［451］张锋．乡村振兴背景下农村社区协商治理机制研究［J］．上海行政学院学报，2019（6）：82－90．

［452］张国栋，谭静池，李玲．移民搬迁调查分析——基于陕南移民搬迁调查报告［J］．调研世界，2013（10）：25－27．

［453］张红霞．新生代农民工社会融合的内生机制创新研究——人力资本、社会资本、心理资本的协同作用［J］．农业现代化研究，2013（7）：412－416．

［454］张红霞，余劲．巩固退耕还林成果生态移民消费结构变动研究——基于商洛市三县506个农户的调查［J］．湖北农业科学，2017，56（19）：3792－3795．

［455］张宏亮，付丽丽，吕本富．非自愿移民的综合性补偿机制研究［J］．中国行政管理，2015（11）：121－124．

［456］张华山，吴旭鹏，周现富．移民安置方式与社会适应性的关系［J］．水力发电，2013（10）：8－11．

［457］张建军．轮台维吾尔族生态移民生产方式变迁调查［J］．塔里木大学学报，2013，3（1）：64－67．

［458］张锦华，沈亚芳．家庭人力资本对农村家庭职业流动的影响——对苏中典型农村社区的考察［J］．2012（4）：26－35．

[459] 张晶晶. 小浪底水库移民的社会适应研究——以济源市移民为例 [D] 武汉：华中师范大学，2008.

[460] 张磊. 中国扶贫开发政策演变 [M]. 北京：中国财政经济出版社，2007：241.

[461] 张丽君，吴俊瑶. 阿拉善盟生态移民后续产业发展现状与对策研究 [J]. 民族研究，2012 (2)：23－33，108.

[462] 张丽君，杨秀明. 牧区生态移民中女性经济参与研究 [J]. 贵州社会科学，2016 (9)：142－149.

[463] 张丽君. 中国牧区生态移民可持续发展实践及对策研究 [J]. 民族研究，2013 (1)：22－34，123－124.

[464] 张丽丽. 农村社区认同危机及其应对 [J]. 沈阳农业大学学报（社会科学版），2012 (2)：146－148.

[465] 张灵俐. 近三十年来生态移民研究述评. 东北农业大学学报 [J]. 2014，12 (3)：33－42.

[466] 张璐璐. 生态系统理论视阈下农民工子女社会融合教育探微 [J]. 黑河学刊，2013，(4)：181－183.

[467] 张闽剑. 宁夏南部山区生态移民的实践研究 [J]. 宁夏社会科学，2006 (5)：66－69.

[468] 张敏. 草原牧区生态移民生计资本对其生计策略的影响——以锡林郭勒盟正蓝旗为例 [J]. 内蒙古工业大学学报（自然科学版），2018，37 (2)：149－155.

[469] 张乃和. 认同理论与世界区域化研究 [J]. 吉林大学社会科学学报，2004 (3)：116－123.

[470] 张盼峰. 基于公众人地观的气候变化适应性研究 [D]. 东北师范大学，2015.

[471] 张钦，赵雪雁，王亚茹，等. 高寒生态脆弱区农户对气候变化的适应需求——以甘南高原为例 [J]. 生态学报，2017，37 (5)：1688－1698.

[472] 张全红，周强. 中国多维贫困的测度及分解：1989～2009 年 [J]. 数量经济技术经济研究，2014，31 (6)：88－101.

[473] 张铁军. 农民工随迁子女融合教育问题探论 [J]. 理论导刊，2018 (6)：111－116.

[474] 张伟，张爱国. 我国中西部生态移民的效益分析 [J]. 山西师范大学学报（自然科学版），2016，30 (4)：119－123.

［475］张晓山．促进以农产品生产专业户为主体的合作社的发展——以浙江省农民专业合作社的发展为例［J］．中国农村经济，2004（11）：4－10.

［476］张星远．阿拉善右旗生态移民后的变迁与调适研究——以某移民安置点为个案的调查［D］．兰州：兰州大学，2015（5）：13－19.

［477］张秀艳，潘云．贫困理论与反贫困政策研究进展［J］．经济问题，2017（3）：1－5.

［478］张学科，李发明，刘娟．中宁县生态移民现状与发展建议［J］．宁夏农林科技，2013，54（10）：119－120，127.

［479］张云帆．固原市生态移民对回族地区的生产文化适应研究［J］．社会民生，2014（5）：273.

［480］张云亮．亲子互动、学校资源与学生教育期望——基于“中国教育追踪调查”的异质性分析［J］．青年研究，2018（2）：46－95.

［481］张云雁．民族地区生态移民模式探析——以宁夏回族自治区为例［J］．安徽农业科学，2011，39（32）：20152－20154.

［482］张震华．城镇老人社区归属感提升的社会工作介入研究［D］．井冈山大学，2018.

［483］张紫云，王金霞，黄季焜．农业生产抗冻适应性措施：采用现状及决定因素研究［J］．农业技术经济，2014（9）.

［484］赵彪，郭琦．水电工程农村移民生产安置若干问题思考［J］．中国农村水利水电，2007（12）：99－100，104.

［485］赵璨，费梅苹，冯承才，金振浪，周会敏．城市在校外来青少年社区归属感研究［J］．广东青年干部学院学报，2008（3）：20－25.

［486］赵剑波，余劲．陕南生态移民政策对农户收入的影响研究［J］．武汉理工大学学报（社会科学版），2015，28（3）：526－530.

［487］赵鹏．农户对气候变化的感知与生计适应——基于中部与东部村庄的调查对比［J］．生态学报，2017（1）：286－293.

［488］赵雪雁．不同生计方式农户的环境感知——以甘南高原为例［J］．生态学报，2012，32（21）：6776－6787.

［489］赵雪雁．高寒牧区生态移民、牧民定居的调查与思考——以甘南牧区为例［J］．中国草地学报，2007（2）：94－101.

［490］赵雪雁．农户对气候变化的感知与适应研究综述［J］．应用生态学报，2014，25（8）：2440－2448.

［491］赵雪雁，薛冰．高寒生态脆弱区农户对气候变化的感知与适应意

向——以甘南高原为例［J］. 应用生态学报，2016，27（7）：2329－2339.

［492］赵媛媛，何春阳，李晓兵，等. 干旱化与土地利用变化对中国北方草地与农牧交错带耕地自然生产潜力的综合影响评价研究［J］. 自然资源学报，2009，24（1）：123－135.

［493］郑国光. 科学应对全球气候变暖提高粮食安全保障能力［J］. 求是，2009（23）：47－49.

［494］郑国琴，王朝良. 论宁夏吊庄移民实践中的环境治理与可持续发展［J］. 宁夏社会科学，2008（6）：107－109.

［495］郑国琴，王朝良. 宁夏吊庄移民及其对新农村建设的启示［J］. 宁夏社会科学，2006（6）：79－80，84.

［496］郑宇. 中国少数民族生计方式转型与资源配置变迁［J］. 北方民族大学学报（哲学社会科学版），2015（1）：23－30.

［497］郑振源. 把转变土地利用方式、集约用地置于土地利用战略的首位［J］. 中国土地科学，2011（6）：20－23.

［498］钟海青，张燕妮，张国磊. 城镇化程中流动人口子女融合教育问题究基于符号互动理论视角［J］. 广西社会科学，2014（4）：197－200.

［499］钟一彪，李娜娜. 外来工子女留守与流动的教育状况比较［J］. 南方人口，2009（1）：35－39.

［500］钟涨宝，李飞等. 城市化进程中失地农民城市适应的社会学探析［J］. 农村经济，2009（2）：104－107.

［501］周波. 东胜地区生态移民政策分析［D］. 内蒙古大学，2012.

［502］周传斌. 宁夏吊庄移民的民族关系和宗教生活［J］. 宁夏社会科学，2001（4）：52－58.

［503］周风，莫敏道. 彭水水电站农村移民生产安置“补偿到户”实践［J］. 人民长江，2007（12）：67－68.

［504］周国华，贺艳华，唐承丽，于涛，肖国珍. 中国农村聚居演变的驱动机制及态势分析［J］. 地理学报，2011，66（4）：515－524.

［505］周皓. 流动人口社会融合的测量及理论思考［J］. 人口研究，2012（3）.

［506］周佳娴. 城市居民社区感研究——基于上海市的实证调查［J］. 甘肃行政学院学报，2011（4）：56－71，127.

［507］周景博. 适应气候变化的认知与政策评价［J］. 中国人口·资源与环境，2011，21（7）：57－61.

［508］周旗，郁耀闯．关中地区公众气候变化感知的时空变异［J］．地理研究，2009，28（1）：47－56．

［509］周强，张全红．中国家庭长期多维贫困状态转化及教育因素研究［J］．数量经济技术经济研究，2017（4）：3－19．

［510］周孝，郭青霞，白中科，赵富才．平朔露天矿区土地征用对搬迁农民生活水平的影响分析［J］．山西农业大学学报（自然科学版），2006（2）：210－212．

［511］周怡．贫困研究：结构解释与文化解释的对垒［J］．社会学研究，2002（3）．

［512］周宜君，周银珍，黄瑶．影响水库移民回流返迁相关因子比较分析［J］．人民长江，2012，43（23）：105－108．

［513］朱国锋，秦大河，任贾文，等．山区牧民对极端气候事件的感知与适应——基于祁连山区少数民族乡的调查［J］．气候变化研究进展，2015，11（5）：371－378．

［514］朱红根，康兰媛，周曙东．南方稻区季节性干旱农户适应行为及其影响因素实证分析［J］．自然资源学报，2016，31（9）：1540－1552．

［515］朱红根，周曙东，Hong－Gen Z，等．南方稻区农户适应气候变化行为实证分析——基于江西省36县（市）346份农户调查数据［J］．自然资源学报，2011，26（7）：1119－1128．

［516］朱琳．中小城市社区情感研究［D］．南京理工大学，2010．

［517］朱儒顺，史俊宏．草原牧区生态移民可持续发展问题研究——以内蒙古乌拉特中旗为例［J］．干旱区资源与环境，2007（3）．

［518］朱珊珊，王传胜．宁南山区生态移民后的生态旅游产业开发——以西吉县为例［J］．生态经济，2012，（3）：83－86．

［519］庄立辉，郭继志，等．三峡移民的心理健康研究［J］．中国卫生事业管理，2006，22（8）：492－494．

［520］邹薇，方迎风．关于中国贫困的动态多维度研究［J］．中国人口科学，2011（6）：49－59，111．

［521］A. B. Adam，John R. Owen，Deanna Kemp. Households，livelihoods and mining－induced displacement and resettlement. The Extractive Industries and Society，2015（2）：581－589．

［522］Adam A. B & John R. Owen，Deanna Kemp. Households，livelihoods and mining－induced displacement and re1settlement［J］. The Extractive Industries and Society, 2015 (2): 581 - 589.

[523] Adam Okulicz - Kozaryn. Income and Well - being across European Provinces [J]. Social Indicators Research. 2012 (2): 371 - 392.

[524] Agnes RD, Solle MS, Said A, et al. Effects of construction of the Bili - Bili Dam (Indonesia) on living conditions of former residents and their patterns of resettlement and return. Water Resources Development, 2009 (25): 467 - 477.

[525] Aina Tarabini, Judith Jacovkis. The Poverty Reduction Strategy Papers: An analysis of a hegemonic link between education and poverty [J]. International Journal of Educational Development, 2012, 32 (4): 507 - 516.

[526] Akinori Tomohara. Does immigration crowd out foreign direct investment inflows? Tradeoff between contemporaneous FDI - Immigration substitution and ethnic network externalities [J]. Economic Modelling, Volume 64, August 2017, Pages 40 - 47.

[527] A. Konyus. The Problem of the True Index of the Cost of Living [J]. Econometrica, 1939 (7): 1 - 12.

[528] Alba R, NeeV. Remaking the American mainstream: Assimilation and contemporary immigration [M]. Boston: Harvard University Press, 2003.

[529] Alejandro Portes. Economic Sociology and the Sociology of Immigration: A conceptual Overview [M]. New York: Russell Sage Foundation. Economic Sociology of Immigration, 1995: 1 - 41.

[530] Alkire S, Foster. Counting and multidimensional poverty measurement [J]. Journal of Public Economics, 2011, 95 (7): 476 - 487.

[531] Allmendinger, P. and M. Tewdwr - Jones, *Planning futures: new directions for planning theory.* 2002: Psychology Press.

[532] Amber Saylor Mase et al, Vulnerability to climate change in the Arctic: a case study from Arctic Bay, Canada. Global Environmental Change, 2006, 16 (2): 145 - 160.

[533] Amelia Rock, Clare Barrington, Sara Abdoulayiet. Social networks, social participation, and health among youth living in extreme poverty in rural Malawi [J]. 2016, 170 (11): 55 - 62.

[534] Arimi K S. Determinants of climate change adaption strategies used by fish Farmers in Epe local Government Area of Lagos State, Nigeia [J]. Journal of the Science of Food & Agriculture, 2013, 94 (7): 1470 - 1476.

[535] Arnim Scheidel. Tactics of land capture through claims of poverty reduction in Cambodia [J]. Geoforum, Volume 75, October 2016, Pages 110 - 114.

[536] Artjoms Ivlevs, Roswitha M. King. Does More Schooling Make You Run for the Border? Evidence from Post - Independence Kosovo [J]. Journal of Development Studies, 2012, 48 (8): 1108 - 1120.

[537] Atwood, J. A., Helmers, G. A. and Shaik, S. Farm and nonfarm factors influencing farm size [C]. American Agricultural and Applied Economics Association Annual Meetings, Long Beach, California, July, 2002.

[538] Ayalew G. Migration patterns of children exposed to sexual exploitation in selected zones of Ethiopia [J]. Journal of Children's Services, Society & Natural Resources volume, 2012: 74.

[539] Bafia Afroz and Rulia Akhtar, Traditional peoples and climate change [J]. Global Environmental Change, 2009 (19): 137 - 139.

[540] Baird I G, Shoemaker B. Unsettling Experiences: Internal Resettlement and International Aid Agencies in Laos [J]. Development & Change, 2007, 38 (5): 865 - 888.

[541] Baron R M, Kenny D A. The moderator - mediator variable distinction in social psychological research: Conceptual, strategic, and statistical considerations [J]. Journal of Personality and Social Psychology, 1986, 51 (6): 1173 - 1182.

[542] Battaglini A, Barbeau G, Bindi M, et al. European winegrowers' perceptions of Climatechange impact and options for adaptation [J]. Regional Environmental Change, 2009, 9 (2): 61 - 73.

[543] Behrman J R, Wolfe B L. The socioeconomic impact of schooling in a developing country [J]. The Review of Economics and Statistics, 1984: 296 - 303.

[544] Behrooz Morvaridi. Resettlement, rights to development, and the Ilisu Dam, Turkey [J]. Development and Change, 2004, 4 (35).

[545] Berry, J. W. "Acculturation: Living successfully in Two Cultures," International Journal of Intercultural Relations, 2005 (29): 697 - 712.

[546] Block S, Webb P. The dynamics of livelihood diversification in post - famine Ethiopia [J]. Food Policy, 2001, 26 (4): 333 - 350.

[547] BOHON S A, MACPHERSON H. Educational Barriers for New Latinos in Georgia [J]. Journal of Latinos and Education, 2005, 4 (1): 43 - 58.

[548] Bord R J, Fisher A, O'connor R E. Public perceptions of global war-

ming: United States and international perspectives [J]. Clmate Research, 1998 (11): 75 - 84.

[549] Bostrom A, Morgan M G, Fischhoff B, et al. What do people know about global climate changes? [J]. Risk Analysis, 1994, 14 (6): 959 - 970.

[550] Brocke K V, Trouche G, Weltzien E, et al. Participatory variety development For Sorghum in Burkina Faso; farmers' selection and farmers' criteria [J]. FieldCr Research, 2010, 119 (1): 183 - 194.

[551] Brody Anticipating vulnerability to climate change in dryland pastoral systems: using dynamic systems models for the Kalahari. [J] Ecology and Society, 2010, 15 (2): 17 - 36.

[552] Brooke W, Mark W. Voluntary and involuntary resettlement in China: a false dichotomy? [J]. Development in Practice, 2015: 255.

[553] Bryan E, Deressa T T, Gbetibouo G A, et al. Adaptation to climate change in Ethiopia and South Africa; options and constraints [J]. Encironmental Science & Policy2009, 12 (4): 413 - 426.

[554] B. Wilmsen, M. Wang. Voluntary and involuntary resettlement in China: a false dichotomy? [J]. Development In Practice, 2015, 6 (3): 612 - 627.

[555] Cernea, Michael. The risks and reconstruction model for resettling displaced populations [J]. World development, 1997, 25 (10): 1569 - 1587.

[556] Cernea, Michael. Compensation and investment in resettlement: theory, practice, pitfalls, and needed policy reform [M]. Can compensation prevent impoverishment, 2008: 15 - 98.

[557] Cernea, Michael M. Eight main risks: Impoverishment and social justice in resettlement [M]. World Bank Environment Department, Washington, DC, 1996.

[558] Cernea, Michael M. Why economic analysis is essential to resettlement: a sociologist's view [M]. Economic and Political Weekly, 1999: 2149 - 2158.

[559] Cernea, M. M. and K. Schmidt - Soltau, The end of forcible displacements? Conservation must not impoverish people. Section I: The complexities of governing protected areas, 2003: 42.

[560] Cernea, M. M., Compensation and investment in resettlement: theory, practice, pitfalls, and needed policy reform. Can compensation prevent impoverishment, 2008: 15 - 98.

[561] Cernea MM. Compensation and investment in resettlement: theory, prac-

tice, pitfalls, and needed policy reform. Can compensation prevent impoverishment, Society & Natural Resources volume, 2008 (3): 15 -98.

[562] Cernea, M. M. , Eight main risks: Impoverishment and social justice in resettlement. World Bank Environment Department, Washington, DC, 1996.

[563] Cernea M M, Guggenheim S E. Anthropological approaches to resettlement : policy, practice, and theory [M] Anthropological approaches to resettlement: policy, practice, and theory, 1993.

[564] Cernea M M, Mcdowell C. Risks and reconstruction. Experiences of resettlers and refugees. [J]. 2000, 32 (1): 184 -186.

[565] CERNEA M M. The Economics of involuntary resettlement: questions and challenges [M]. Washington, DC: The World Bank, 1999.

[566] Cernea, M. , The Economics of Involuntary Resettlement: Questions and Challenges (Directions in Development, Washington, DC). 1998.

[567] Cernea M. The risks and reconstruction model for resettling displaced populations [J]. World Development, 1997, 25 (10): 1569 -1587.

[568] Chambers, Robert, and Gordon Conway. Sustainable rural livelihoods: practical concepts for the 21st century [R]. Institute of Development Studies (UK), 1992.

[569] Chatterjee P. Innovative Approaches for Involuntary Resettlement: Lunawa Environmental Improvement and Community Development Project. New York: UN -HABITAT, 2009 (7): 11 -03.

[570] Coleman, J. S.. Social capital in the creation of human capital [J]. American Journal of Sociology, 1988 (94): 95 -120.

[571] David M. Hummon. City Mouse, Country Mouse: The Persistence of Community Identity. Qualitative Sociology, 1986, 9 (1): 3 -25.

[572] De Jong G F. Expectations, gender, and norms in migration decision - making [J]. Population Studies, 2000, 54 (3): 307.

[573] Deressa T T, Hassan R M, Ringler C, et al. Determinants of farmers' choice of Adaptation methods to climate change in the Nile Basin of Ethiopia [J]. Global Environmentalchange, 2009, 19 (2): 248 -255.

[574] De Sherbinin, A. , et al. , Preparing for resettlement associated with climate change. Science, 2011. 334 (6055): 456 -457.

[575] De Wet C J. Development - induced displacement : problems, policies

and people [M]. Berghahn Books, 2005.

[576] Dhakal N, Nelson K, Davidsmith J L. Resident Well – Being in Conservation Resettlement: The Case of Padampur in the Royal Chitwan National Park, Nepal [J]. Society & Natural Resources, 2011, 24 (6): 597 –615.

[577] Dhakal, N. P. & K. C. Nelson, et al. Resident Well – Being in Conservation Resettlement: The Case of Padampur in the Royal Chitwan National Park, Nepal [J]. Society & Natural Resources volume, 2011, 24 (6): 597 –615.

[578] Dickinson, D. and M. Webber, Environmental resettlement and development, on the steppes of Inner Mongolia, PRC. The Journal of Development Studies, 2007. 43 (3): 537 –561.

[579] Downing, T. E. , Avoiding new poverty: mining – induced displacement and resettlement. Vol. 52. 2002: International Institute for Environment and Development.

[580] Downing T E, Gitu K W, Kamau C M. Coping with drought in Kenya; national And local strategies [J]. Coping with Drought in Kenya National&Local Strategies, 1989.

[581] Drèze, J. , M. Samson, and S. Singh, The dam and the nation: Displacement and resettlement in the Narmada valley. 1997: Oxford University Press New Delhi.

[582] Duncan, G, Brooks – Gunn, J (Eds.). Consequences of growing up poor [R]. New York. NY: Russell Sage Foundation, 1997.

[583] Ellis F. Household strategies and rural livelihood diversification [J]. Journal of Development Studies, 1998, 35 (1): 1 –38.

[584] Emam M. Esmayel, Mohsen M. Eldarawy, Mohamed M. Hassan, et al. Mental Health Problems and Sociodemographic Correlates in Elderly Medical Inpatients in a University Hospital in Egypt [J]. CurrentGerontology and Geriatrics Research, 2013, 37 (10): 11 –14.

[585] Emily T. Yeh, "Tibetan range wars : Spatial Politics and Authority on the Grasslands of Amdo," Development and change, Vol. 34, No. 3, 2003.

[586] Eriksen, J. Comparing the Economic Planning for Voluntary and Involuntary Resettlement [C]. In The Economics of Involuntary Resettlement: Questions and Challenges, edited by M. Cernea, Washington, D. C. : The World Bank. 1999.

[587] Evrard O, Goudineau Y. Planned Resettlement, Unexpected Migrations

and Cultural Trauma in Laos [J]. Development & Change, 2004, 35 (5): 937 - 962.

[588] Foggin, J Marc. Rethinking 'Ecological Migration' and the value of cultural continuity: a response to Wang, Song, and Hu [J]. Ambio, 2011, 40 (1): 100 - 101.

[589] Francis H D, Rick S L, Michael P B. Adoption of conservation tillage in Australian croppingregions; an application of duration analysis [J]. Technological-Forecasting and Social Change, 2006, 73 (6): 630 - 647.

[590] Gebre Y D. Contextual Determination of Migration Behaviours: The Ethiopian Resettlement in Light of Conceptual Constructs [J]. Journal of Refugee Studies, 2002, 15 (3).

[591] Gebre Y. Differential Reestablishment of Voluntary and Involuntary Mogrants: The case of Metekel Settlers in Ethiopia [J]. American Journal of Agricultural Economics, 2002, 84 (4): 1031 - 1040.

[592] Gerson, Kathleen, Attachment to Place, in Fischer Claude S. Networks and Places. The Free Press, 1977.

[593] Gordon MM. Assimilation in American Life: The role ofrace, religion, and national or [M]. New York: Oxford University Press, 1964.

[594] Goudy, Willis J. Community Attachment in a Rural Region, Rural Sociology, 55, 1990.

[595] Grothmann, Adaptation to climate change in Ethiopia and South American [J]. Environment, 2005, 34 (9): 12 - 21.

[596] Gubhaju B, Jong G F D. Individual versus Household Migration Decision Rules: Gender and Marital Status Differences in Intentions to Migrate in South Africa [J]. International Migration, 2009, 47 (1): 31 - 61.

[597] Hageback J, Sundberg J, Ostwald M, et al. Climate variability and Land - use Change in Danangou Watershed, China: Examples of small - scale farmers' adaptation [J]. Climatic Change, 2005, 72 (1/2): 189 - 212.

[598] Hansen A, Oliversmith A. Involuntary migration and resettlement:, the problems and responses of dislocated people [J]. Boulder Colo Westview Press, 1982.

[599] Harpham T. Urbanization and mental health in developing countries: a research role for social scientists [J]. public health professionals, Soc Sci Med, 1994, 39 (2): 233 - 245.

[600] Harris, J. R. and M. P. Todaro, Migration, unemployment and development: a two - sector analysis. The American Economic Review, 1970: 126 - 142.

[601] HECKMAN J J. Sample selection bias as a specification error [J]. Econometrica, 1979, 47 (1): 153 - 161.

[602] HECKMAN J J. The common structure of statistical models of truncation, sample selection and limited dependent variables and a simple estimator for such models [J]. Annals of economic and social measurement, 1976, 5 (4): 475 - 492.

[603] Henny Osbahr The vulnerability context of a savanna area in Mozambique household drought coping strategies and responses to economic change [J]. Environmental Science and Policy, 2009 (12): 33 - 52.

[604] HL Koirala, SU Yi, W Deng, J Zhang, PK Shanta. Relationship between Livelihood Capital and Livelihood Strategies of Rural Households in Melamchi Basin of Central Mountainous Area in Nepa [J]. Mountain Research, 2016.

[605] Hosmer D W, LEMESHOWS. Applied logistic regression [M]. 2nded. New York: John Wiley and Sons, 2000: 156 - 164.

[606] H Tajel. Differentiation between social groups: Studies in the social psychology of intergroup relations [M]. London (etc.): Academic Press, 1978.

[607] Huang J H. Discussion about the development of agricultural mechanization in new countryside construction [J]. Times Agricultural Machinery, 2016.

[608] Hummon. David M "Community attachment: local sentiment and sense of place." in place attachment [M] New York: Plenum, 1992.

[609] ISHAYA S, ABAJE I B. Indigenous people's perception of climate change and adaptation strategies in Jemas localgovernment area of Kaduna state, Nigeria [J]. Journal of Geography and Regional Planning, 2008 (1): 138 - 143.

[610] Ivlevs A, King R M. Family Migration Capital and Migration Intentions [J]. Journal of Family & Economic Issues, 2012, 33 (1): 118 - 129.

[611] Jack B K. Barriers to the adoption of agricultural technologies in developing Countries [J]. Agricultural Technology, 2009, 24 (12): 132 - 143.

[612] Jackson, S. and A. Sleigh, Resettlement for China's Three Gorges Dam: socio - economic impact and institutional tensions. Communist and Post - Communist Studies, 2000. 33 (2): 223 - 241.

[613] Janet M. Wilmoth. Health Trajectories among Older Movers [J]. Journal of Aging and Health. 2010, 22 (7): 862 - 881.

[614] Jeniffer. E. Cross. Conceptualizing community attachment, E – journal of sociology, 2001.

[615] Jenny Springer. Addressing the social impacts of conservation: lessons from experience and future directions [J]. Conservation and Society, 2009, 1 (7).

[616] John Sharp. Relocation and the problem of survival in Qwaqwa: A report from the field [J]. Social Dynamics, 1982, 8 (2): 11 – 29.

[617] Jong G F D, Root B D, Gardner R W, et al. Migration Intentions and Behavior: Decision Making in a Rural Philippine Province [J]. Population & Environment, 1985, 8 (1 – 2): 41 – 62.

[618] Jyotsna Agrawal, Pratima Murthy, Mariamma Philip, et al. Socio – demographic Correlates of Subjective Well – being in Urban India [J]. Social Indicators Research. 2011 (3): 419 – 434.

[619] Kaiser T, Rohner M S, Matzdorf B, et al. Validation of grassland indicator Species selected for result – oriented agri – environmental schemes [J]. Bio – diversity And Conservation, 2010, 19 (5): 1297 – 1314.

[620] Kai S S, Dan B. Protected Areas and Resettlement: What Scope for Voluntary Relocation? [J]. World Development, 2007, 35 (12): 2182 – 2202.

[621] Kann Amit, Howard Litwin. The Subjective Well – Being of Immigrants Aged 50 and Older in Israel [J]. Social Indicators Research. 2010, 98 (1): 89 – 104.

[622] Kasarda, John and Janowitz, Morris, Community Attachment in Mass Society. American Sociological Review, 1974 (6): 328 – 339.

[623] Katja Aue, Jutta Roosen, Helen H. Jensen. Poverty dynamics in Germany: Evidence on the relationship between persistent poverty and health behavior [J]. Research article Social Science & Medicine, Volume 153, March, 2016, 153 (3): 62 – 70.

[624] Kebede Kunjal Coffin. The perception of and adaptation to climate change in Africa [R]. Discussion Paper No. 10, Centre for Environmental Economics and Policy in Africa (CEEPA), Pretoria, South Africa: University of Pretoria, 2006.

[625] KEBEDE Y, GUNJAL K, COFFIN G. Adoption of new technologies in Ethiopian agriculture: the case of Tegulet – Bulga district Shoa province [J]. Agricultural economics, 1990, 4 (1): 27 – 43.

[626] Kempton W. How the public views climate change [J]. Environment,

1997, 39 (9): 12 -21.

[627] Kibue G W, liu X, zheng J, et al. Farmers' perceptions of climate variability and Factors influencing adaptation; evidence from Anhui and Jiangue, China [J]. Environmental Management, 2016, 57 (5): 976 -986.

[628] Koenig HG, Meador KG. Parkerson G Religion index for psychiatric research; 1997 (6).

[629] Kroemker. The livelihood vulnerability index: a pragmatic approach to assessing risks from climate variability and change—a case study in Mozambique [J]. Global Environmental Change, 2009 (19): 74 -88.

[630] Kurukulasuriya P, Mendelsohn R. A regional analysis of the impact of climate change on African agriculture [R]. School of Forestry and Environmental Studies, Yale University, 2006.

[631] Kurukulasuriya P, Mendelsohn R, Hassan R, et al. Will African Agriculture Survive Climate Change? [J] World Bank Economic Review, 2006, 20 (3): 367 -388.

[632] LAHAIE C. School Readiness of Children of Immigrants: Does Parental Involvement Play a Role? [J]. Social Science Quarterly, 2008, 89 (3): 684 -705.

[633] Lane, M. B. , Public participation in planning: an intellectual history. Australian Geographer, 2005. 36 (3): 283 -299.

[634] Lasco R D, Espaldon M L O, Habito C M D. Smallholder farmers' perceptions of climate change and the roles of trees and agroforestry in climate risk adaptation: Evidence from Bohol, Philippines [J]. Argofoestry Systems, 2016, 90 (3): 521 -540.

[635] Leiserowitz A. Climate change risk perception and policy preferences: The role Of affect, imagery, and values [J]. Climatic Change, 2006, 77 (1 -2): 45 -72.

[636] Lewis Oscar. Five families: Mexican case studies in the culture of poverty [M]. New York: Basic Books, 1959.

[637] Lewis O. Urbanization without breakdown: A Case Study [J]. Scientific monthly, 1952, 75 (1): 31 -41.

[638] Libby L W, Sharp J S. Land - use Compatibility, Change, and Policy at the Rural - Urban Fringe: Insights from Social Capital [J]. American Journal of Agricultural Economics, 2003, 85 (5): 1194 -1200.

[639] Lillard L A, Willis R J. Intergenerational educational mobility: Effects of family and state in Malaysia [J]. Journal of Human Resources, 1994: 1126 – 1166.

[640] Linda Krueger. Protected areas and human displacement: improving the interface between policy and practice [J]. Conservation and Society, 2009, 1 (7).

[641] Lindsay et al. Effects of climate changes on animal production and sustainability of livestock systems [J]. Livestock Science, 2010 (130): 57 – 69.

[642] Lorenzoni I, Pidgeon NF. Public views on climate change : European and USA Perspectives [J]. Climatic Change, 2006, 77 (1): 73 – 95.

[643] Louis. Wirth 1938 " Urbanism as a way of way of life" Paul Hatt and Alber tiss, Jr. (eds) cities an d Society. New York : Free Press.

[644] Lu Yu, Lin Mo, Yan Tang, Xiaoyan Huang, Juan Tan. Effects of nursing intervention models on social adaption capability development in preschool children with malignant tumors: a randomized controltrial [J]. Psycho – Oncology, 2014: 236.

[645] Mackrell D D, Kerr D D, Hellens L V. A qualitative case study of the adoption And use of an agricultural decision support system in the Australisan cotton Industy; the socio – technical view [J]. Decision Support Systems, 2009, 47 (2): 34 – 35.

[646] Maddison D. The perception of and adaptation to climate change in Africa [R]. Discussion Paper No. 10, Centre for Environmental Economics and Policy in Africa (CEEPA), Pretoria, South Africa: University of Pretoria, 2006.

[647] Manfred Wallenborn. Skills development for poverty reduction (SDPR): The case of Tajikistan [J]. International Journal of Educational Development. 2009, 29 (6): 550 – 557.

[648] Marc Foggin, "Rethinking 'Ecological Migration' and the Value of Cultural Continuity – A Response to Wang, Song and Hu," A Journal of the Human Environmental, Vol. 40, No. 1, 2011.

[649] Massey E, Huiterma D. The emergence of climate change adaptation as a newFiled of public policy in Europe [J]. Regional Environmental Change, 2016, 16 (2): 553 – 554.

[650] Mathur HM. Displacement and resettlement in India: the human cost of development: Routledge, Society & Natural Resources volume, 2013 (5): 17 – 28.

[651] Matzdorf B, Lorenz J. How cost - effective are result - oriented Agri - environmental measures? An emoirical analysis in Germany [J]. Land Use Policy, 2010, 27 (2): 535 -544.

[652] MA X, SHEN J, KRENN H Y. The relationship between parental involvement and adequate yearly progress among urban, suburban, and rural schools [J]. School Effectiveness and School Improvement, 2013, 25 (4): 629 -650.

[653] Mayda A M. International migration: a panel data analysis of the determinants of bilateral flows [J]. Journal of Population Economics, 2010, 23 (4): 1249 -1274.

[654] McDonald, B. D. From compensation to development: involuntary resettlement in the People's Republic of China [J]. Ajr American Journal of Roentgenology, 2006, 186 (6): 1799 -800.

[655] Mcdonald B, Webber M, Yuefang D. Involuntary Resettlement as an Opportunity for Development: The Case of Urban Resettlers of the Three Gorges Project, China [J]. Journal of Refugee Studies, 2008, 21 (1): 82 -102.

[656] McDowell, Christopher, & Gareth Morell. Development and Displacement: Institutionalizing responsibility [J]. Development, 2007, 50 (4): 33 -38.

[657] McDowell, C., Involuntary resettlement, impoverishment risks, and sustainable livelihoods. The Australasian Journal of Disaster and Trauma Studies, 2002 (2).

[658] Mcdowell C, Morell G. Development and Displacement: Institutionalizing responsibility [J]. Development, 2007, 50 (4): 33 -38.

[659] McMillan DW, Chavis DM, sense of community a definition and theory [J]. Journal of Community Psychology, 1986 (1): 6 -23.

[660] Mendelsohn R, Seo S N. Climate change adaptation in Africa: a Microeconomic analysis of livestock choice [J]. Research Working Papers, 20071 (1): 1 -39.

[661] Mengping Li, Xuexi Huo, Changhui Peng et. Complementary livelihood capital as a means to enhance adaptive capacity: A case of the Loess Plateau, China [J]. Global Environmental Change, 2017, 10 (4): 1 -12.

[662] Mertz O, Mbow C, Reenberg A, et al. Farmers'perceptions of climate change and Agricultural adaptations strategies in rural Sahel [J]. Environmental

Management, 2009, 43 (5): 804 -816.

[663] Meyer, Natalie. "DesertificationandrestorationofgrasslandsinInner Mongolia." Journal of Forestry 2006. 104 (6): 328 -31.

[664] Michael B, Dan R, Trevor Y. Adoption and abandonment of organic farming; An empirical investigation of the Irish drystock sector [J]. Journal of Agricultural Economics, 2010, 61 (3): 697 -714.

[665] Michael Cernea. For a new economics of resettlement: a sociological critique of the compensation principle [J]. International Social Sciences Journal, 2003 (55).

[666] Michael Wells, Thomas McShane. Integrating protected area management with local needs and aspirations [J]. AMBIT - Journal of the Human Environment, 2004, 8 (33).

[667] MILNE M, STENEKES N, RUSSELL J. Climate Risk and Adaptation [M]. Canberra, Australia: Bureau of Rural Sciences, 2008.

[668] Mohapatra R. Farmers' education and profit efficiency in sugarcane production; A stochastic frontier profit function approach [J]. The IUP Journal of Agricultural Economics, 2011, 8 (2): 18 -31.

[669] Muggah, H., Conflict - induced Displacement and Involuntary Resettlement in Colombia: Putting Cernea's IRLR Model to the Test. Disasters, 2000. 24 (3): 198 -216.

[670] Nakayama, M., et al., Resettlement issues of Cirata Dam project: a post - project review. International Journal of Water Resources Development, 1999. 15 (4): 443 -458.

[671] Nardone A, Ronchi B, Lacetera N, et al. Effects of climate changes on animal production and sustainability of livestock systems. Livestock Science, 2010, 130 (1): 57 -69.

[672] Naruhiko T, Jagath M, Lakshman H I. Resettler choices andlong - term consequences of involuntary resettlement caused by construction of Kotmale Dam in Sri Lanka [J]. Lakes & Reservoirs Research & Management, 2010, 13 (3): 245 -254.

[673] Nelson R, Kokic P, ElllistonL, King J A. Structural adjustment: A vulnerability index for Australian broadacre agriculture [J]. Australian Commodities, 2005, 12 (1): 171 -179.

[674] Nguyen T P L, Seddaiu G, Virdis S G P, et al. Perceiving to learn or

learning to Perceive? Understanding farmers, perceptions and adaption to climate uncertainties [J] Agricultural Systems, 2016 (143); 205 -216.

[675] NHEMACHENA C, HASSAN R M. Micro - level analysis of farmers' adaptation to climate change in Southern Africa [J]. Ifpri discussion papers, 2007, 7778: 5 -15.

[676] O'Connor A. Swimming against the tide, a brief history of federal policy in poor communities [J]. The community development reader. 2008: 9 -27.

[677] Olaizola A M, Chertouh T, Manrique E. Adoption of a new feeding technology In mediterraneansheep farming systems; implications and economic evaluation [J]. Small Ruminant Research, 2008, 79 (3): 137 -145.

[678] Olasehinde T S, Shitu G A, Kolawole E A. Driver factors of climate change Household perception in southwest, Nigeria an application of interaction Probit model [J]. Asian Journal Of Multidisciplinary Studies, 2018, 6 (1): 48 -56.

[679] Papapanagos H, Sanfey P. Intention to emigrate in transition countries: the case of Albania [J]. Journal of Population Economics, 2001, 14 (3): 491 -504.

[680] Parcel, Toby L. , M. J. Dufur, R. C. Zito. Capital at Home and at School: A Review and Synthesis [J]. Journal of Marriage & Family 2010, 72 (4).

[681] Paul Bernard. Social cohesion: A critique [R]. Ottawa, Canadian Policy Research Network, 1999.

[682] P. Bourdieu. , J. G. Richardson. Handbook of Theory for the Sociology of Education. [M] Westport, CT: Greenwood Press, 1986: 46 -58.

[683] Petersen, W. A General Typology of Migration [J]. America Sociological Review, 1958, 23 (3).

[684] Puddifoot J E. Dimensions of community identity. Journal of Community & Applied SocialPsychology, 1995, 5 (5): 357 -370.

[685] Puddifoot J E. Some initial considerations in the measurement of community identity. Journal of Community Psychology, 1996, 24 (4): 327 -336.

[686] Pytrik Peidsma, Klein R J T. Climate change vulnerability assessments: an evolution of conceptual thinking. [J]. Climatic Change, 2006 (75): 301 -329.

[687] RAMIREZ A Y F. Dismay and Disappointment: Parental Involvement of Latino Immigrant Parents [J]. The Urban Review, 2003, 35 (2): 93 -110.

[688] Ramlogan R. Environmental refugees: A review [J]. Environmental Conservation, 1996, 1 (23): 81 -88.

[689] Redfield R, Linton R, Herskovits M J. Memorandum for the study of acculturation [J]. American Anthropologist, 1936 (38): 149 - 152.

[690] Reid R, Vogel C. Living and responding to multiple stressors in South Africa—glimpses from KwaZuluNatal [J]. Global Environmental Change, 2006 (16): 195 - 206.

[691] Reuveny R. Climate change - induced migration and violent conflict [J]. Political Geography, 2007, 6 (26): 656 - 673.

[692] Robert D. Abbott, G. Webster Ross, Lon R. White, Wayne T. Sanderson, Cecil M. Burchfiel, Michael Kashon, Dan S. Sharp, Kamal H. Masaki, J. David Curb, Helen Petrovitch. Environmental, life - style, andphysical precursors of clinical Parkinson's disease: recentfindings from the Honolulu - Asia Aging Study [J]. Journal of Neurology, 2003: 2503.

[693] Rogers S, Mark W. Environmental resettlement and social dis/re - articulation in Inner Mongolia, China [J]. Population and Environment, 2006, 28 (1): 41 - 68.

[694] Rojek, Dean C. Summers Gene F. Community Satisfaction: A Study of Contentment With LocalService [J]. Rural Sociology, 1975 (40): 177 - 200.

[695] Sarah Rogers and Mark Wang, "Environmental Resettlement and Social Dis/Re - articulation in InnerMongolia, China," Population&Environment, Vol. 28, No. 1, 2006.

[696] Sarason, S. B. (1974), The psychology sense of community, prospects for a community psychology, San Francisco : Jossey - bass.

[697] Schmidt - Soltau, K. and D. Brockington, Protected areas and resettlement: What scope for voluntary relocation? World Development, 2007. 35 (12): 2182 - 2202.

[698] Scoones, I. , Sustainable rural livelihoods: a framework for analysis. 1998.

[699] Scudder, T. and E. Colson, From welfare to development: a conceptual framework for the analysis of dislocated people. 1982.

[700] Seginer, R. Parents' educational expectations and children's academic achievement: A literature review [J]. Merrill - Palmer Quarterly - Journal of Developmental Psychology, 1983, 29 (1): 1 - 23.

[701] Sen A. The political economy of targeting [R]. World Bank, 1992: 36.

[702] Seymour B. Sarason. The psychological sense of community: Prospects

for a community psychology. San Francisco: Jossey - Bass. 1974.

[703] Shackleton C M, Shackleton S E, Buiten E, et al. The importance of dry woodlands and forests in rural livelihoods and poverty alleviation in South Africa [J]. Forest Policy and Economics, 2007, 9 (5): 558 -577.

[704] Singer, J. and H. Hoang, Participation in resettlement decision - making by dam - displaced villagers in central Vietnam. Asia Journal of Global Studies, 2014, 6 (1): 16 -29.

[705] Sjaastad I. A. The Cost and Returns of Human Migration [J]. Journal of Political Eeonomy, LXX, 1962: 50 -93.

[706] Stinner, William F. and Loon, Mollie Van. Community Size, Individual Social Position and Community Attachment, Rural Sociology, 1990: 55.

[707] Susanne Katus, Diana Suhardiman, Sonali Senaratna Sellamutu. When local power meets hydropower: Reconceptualizing resettlement along the Nam Gnouang River in Laos [J]. Geoforum, 2016 (72): 6 -15.

[708] Tajfel H. &J. C. Turner. The social identity theory of intergroup behavior. in Psychology of Intergroup Relations, Worchel S, Austin W (eds). Nelson-Hall: Chicago, 1986: 7 -24.

[709] Tambo J A, Abdoulaye T. Smallholder farmers' perceptions of and adaptations to Climate change in the Nigerian savanna [J]. Regional Environmental change, 2013, 13 (2): 375 -388.

[710] Teachman, J. D. , Paasch, K. The family and educational aspirations [J]. Journal of Marriage and Family, 1988 (60), 704 -714.

[711] Thomas D S G, Twyman C, Osbahr H, et al. Adaptation to climate change and Variability: Farmer responses to intra - seasonal precipition trends in South Africa [J] Climatic Change, 2007, 83 (3): 301 -322.

[712] Todaor M P. City Bias and Rural Negleet: The Dilemma of Urban Development [M]. NewYork: The Population Couneil, 1968: 60 -76.

[713] Topophilia: A study of environmental perception, attitudes, and values: Yi - fu Tuan, Engelwood Cliffs, New Jersey: Prentice - Hall, 1974.

[714] Uebelmesser S. To Go or Not to Go: Emigration from Germany [J]. German Economic Review, 2010, 7 (2): 211 -231.

[715] UlrikBeck, Benedikte Bjerge. Pro - poor land transfers and the importance of land abundance and ethnicity in the Gambia [J]. World Development,

Volume 99, November 2017, Pages 122 - 140.

[716] Van den Berg, Marrit. Household income strategies and natural disasters: Dynamic livelihoods in rural Nicaragua [J]. Ecological Economics, 2010, 69 (3): 592 - 602.

[717] Visser M C, Fletcher A E, Parr G, Simpson A, Bulpitt C J. A comparison of three quality of life instruments in subjects with angina pectoris: the Sickness Impact Profile, the Nottingham Health Profile, and the Quality of Well Being Scale. [J]. Journal of clinical epidemiology, 1994: 472.

[718] Wadsworth M E J. Social class and generation differences in pre - school education [J]. British Journal of Sociology, 1981: 560 - 582.

[719] Wakabayashi, C. Effects of Immigration and Age on Health of Older People in the United States [J]. Journal of Applied Gerontology. 2010, 29 (6): 697 - 719.

[720] WA Scott, R Scott. Some predictors of migrant adaptation available at selection time [J]. Australian Psychologist, 1985, 20 (3): 313 - 343.

[721] Webber, M. and B. McDonald, Involuntary resettlement, production and income: Evidence from Xiaolangdi, PRC. World Development, 2004. 32 (4): 673 - 690.

[722] Webber M. Environmental resettlement and development, on the steppes of Inner Mongolia, PRC [J]. Journal of Development Studies, 2007, 43 (3): 537 - 561.

[723] Wet C D. Brief Communications: Recent Deliberations on the State and Future of Resettlement Anthropology [J]. Human Organization, 1995, 50 (1): 104 - 109.

[724] W Fernandes. Power and Powerlessness: Development Projects and Displacement of Tribals [J]. SocialAction, Vol. 41. NO. 3. 1991: 243 - 260.

[725] Wilmsen B and Wang M. Voluntary and involuntary resettlement in China: a false dichotomy? Development in Practice, 2015 (25): 612 - 617.

[726] World Bank. World development indicators [M]. The WorldBank, Washington, DC. 2007: 234.

[727] Xue, Longyi, Mark Y Wang, & Tao Xue. "Voluntary" Poverty Alleviation Resettlement in China [J]. Development and Change, 2013, 44 (5): 1159 - 1180.

[728] Xun, L. and Z. Bao, Government, market and households in the ecological relocation process: a sociological analysis of ecological relocation in S banner. Social Sciences in China, 2008, 29 (1): 113 - 128.

[729] Yang TZ, Xu XC et al. Mental health status and related characteristics of Chinese male rural - Urban migrant workers [J]. Comm Ment Health, 2012, 48 (3): 342 - 351.

[730] Yeh E T. Green governmentality and pastoralism in western China: 'converting pastures to grasslands' [J]. Nomadic Peoples, 2005, 9 (1/2): 9 - 30.

[731] Yimin, Haihong, Suhong. Relocation Selection for Poverty Alleviation: Factor Analysis and GIS Modeling [J]. Journal of Mountain Science, 2011, 8 (3): 466 - 475.

[732] Yntiso G. Differential Reestablishment of Voluntary And Involuntary Migrants: the Case of Metekel Settlers in Ethiopia [J]. African Study Monographs, 2001 (23): 31 - 46.

[733] Yuzhe Wu, Liping Shan, Zhen Guo, Yi Peng. Cultivated land protection policies in China facing 2030: Dynamic balance system versus basic farmland zoning [J]. Habitat International, 2017 (69): 126 - 138.

[734] Zhang, Q. The Dilemma of Conserving Rangel and by Means of Development: Exploring Ecological Resettlement in a Pastoral Township of Inner Mongolia. Nomadic Peoples [J]. Nomadic Peoples, 2012, 16 (1): 88 - 115.

后　记

付梓之际，既有欣喜，又很惶恐。

生态移民问题是一个既简单又复杂的问题，说简单是因为生态移民后主要的问题还是增加收入、谋求可持续生计发展，说复杂是因为要想增加移民后的收入渠道需要综合考虑其资产禀赋、文化传统、社区治理、民族宗教等多种因素。然而，由于我们时间较短，对生态移民的了解也不够，加之水平有限，许多问题和解决策略还需要深入进行研究，书中的不足和错误还希望读者给予指出来，有利于我们在以后的研究中继续深入思考。

书中的文献资料、原始数据、统计图表、运行程序都可以向作者索要，学术问题也可以同作者讨论。第一作者邮箱为 taixiujun@163.com，欢迎随时来信。

最后，感谢国家社会科学基金项目（15BMZ094）、山西省留学人员科技活动项目择优资助（2016&19）、山西省回国留学人员科研资助项目（2017－77）、山西省研究生教育改革课题（2019JG121）、山西师范大学研究生双语课程建设项目（YJSSY201805）、山西师范大学重点学科“攀升计划”等诸多项目的大力资助，以上基金资助为本研究顺利开展提供了必要的保障。

作者

2020 年 10 月